[図8] 錯誤の体系

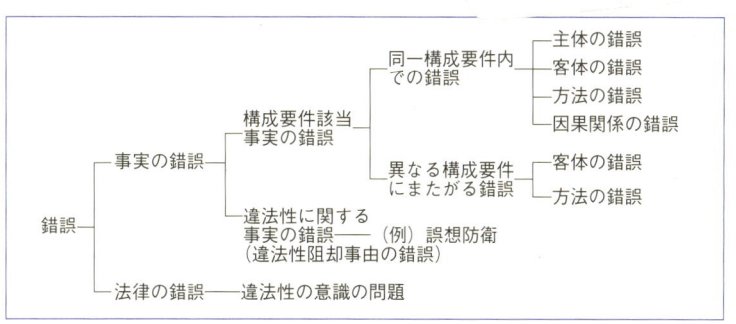

[図9] 同一構成要件内での錯誤

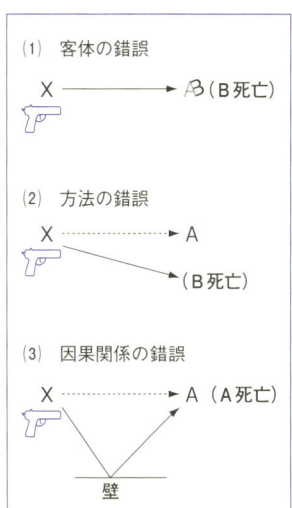

[図10] 故意と過失

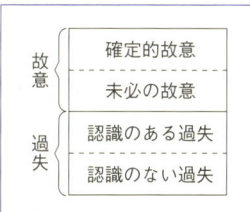

[図11] 正当防衛と緊急避難の基本構造

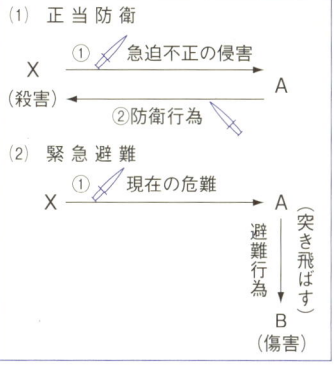

ブリッジブック
刑法の基礎知識
Bridgebook

町野　朔
丸山雅夫 編著
山本輝之

信山社
Shinzansha

はしがき

　そこそこの成績で法学部を卒業して，法律に直接関係のない職場で立派に働いている元学生は次のようにいっていた。

　私は大学に入る前から少年法に興味を持っていた。しかし，自分の頭の中にある少年の事件と，教室で話されている「少年法」とがどう関係するのか，全然，分からなかった。精神障害と犯罪の問題についても，授業では何も分からなかった。

　刑法各論の時間で覚えているのは，"キスマークのことを裁判官は「吸引性皮下出血」と呼ぶ。それが「傷害」（刑法204条）に該当するかが問題であり，それを肯定すると「強姦致傷」（刑法176条2項）として刑が重くなる。強姦が未遂に終わっても同じだ。キスマーク1つで天国と地獄の差がある。"という話だ。刑法各論はこれに限らず，それぞれのテーマにはインパクトがあって面白かった。"事件は現場で起きているのだ。"ということが分かった気がした。しかし，終わってみたら，結局何がどうつながっているのか，結局分からなかった。

　刑法総論になると，何の話か，最初から最後までわからなかった。"事件は会議場で起きているんじゃないんだ！"と叫ばないまでも，毎回虚しさが残った。

　社会人になってしばらく経った今，あの授業はこんなことをいっていたのか，こうつながっていたのか，やっと分かったという気がする。もっと勉強しておけば良かった。

この種の話しは，よく聞く。
　私たち法律の教師は，授業とは教室での啓蒙や啓示ではなく，学生諸君の自習努力によって，ゆっくりと効果を発揮するものだと思っている。目からウロコはいずれは落ちるだろう。
　しかし，それにしても，もう少し早く，もうちょっと授業の意味が分かってもらえたら，1日でも早く，1枚でも多くウロコが落ちてくれたら，学生諸君にも，私たちにとってもどんなに嬉しいことだろう。

　本書は，刑法典のなりたちと変遷，刑法学者と刑法の学説，実際に大きな意味をもっている特別刑法（「刑法」という法律とあわせて「広義の刑法」という）など，体系書，基本書があまりとりあつかわない問題を，簡明に説明している。激動する少年法，医療観察法についてもそれぞれ1章を割いている。
　「違法阻却事由」とか，「心神喪失」とか，「偽造」とか，「財物」とかは，私たち教師には自分たちの共通語であり，その内容も学生諸君の常識の一部のはずだと信じてしまう傾向がある。そこで，刑法の授業を聞いたことのない人にも理解しやすいように，問題となっているキーワード，論点，学説については図版を用い，説明メモを挿入するなどの工夫をした。学説史上重要な刑法学者の写真を載せたのも，少しでも刑法に親しみを覚えてもらおうという意図からである。

　私たちは，この本が高校と大学の橋（ブリッジ）となって，読者が刑法の世界に素直に入っていけるようになることを希望している。読者には，刑法の授業の始まる前に，また体系書を

はしがき

開く前に，この本を読むことをお勧めしたい。これによって，刑法の授業と勉強が格段に分かりやすく，楽しくなると思う。

 2011年6月

町 野 　 朔
丸 山 雅 夫
山 本 輝 之

ブリッジブック刑法の基礎知識　Bridgebook

目　次

はしがき

第1章　刑法の基礎知識 …………………………………… 1

Ⅰ　刑法とは何か (1)

1　「犯罪」と「刑罰」の根拠 (1)
(1)常識的な判断 (1)　(2)法律が決める (2)　*1 刑罰の軽減事由と加重事由 (2)

2　犯罪と刑罰 (3)
(1)自然犯と法定犯 (3)　(2)わが国の刑罰 (4)

3　犯罪と刑罰を規定する「刑法」(5)
(1)刑法の意義 (5)　*2 特別刑法と行政刑法 (5)　(2)日本の刑法 (6)

4　刑法の近代化——大陸型刑法の変遷 (7)
(1)ヨーロッパの前近代における刑法 (7)　*3 アンシャン・レジーム期の刑事司法 (8)　(2)ヨーロッパ近代市民社会と刑法 (8)

Ⅱ　犯罪論をめぐる理論の対立——学派の対立 (10)

1　2つの仮説 (10)
(1)旧派の刑法理論 (10)　*4 2つの旧派 (11)　(2)新派の刑法理論 (11)　*5 新派刑法理論の2つの方向 (12)　*6 リストとビルクマイヤーの論争 (13)

2　日本への影響 (13)
(1)日本における学派の対立 (13)　*7 滝川事件 (15)　*8 ナチスの刑法 (15)　(2)対立から調和へ (16)

Ⅲ　刑法の役割 (17)

1　法益の保護と社会秩序の維持 (17)

　　　　(1)法益の保護 (17)　(2)社会秩序の維持 (18)
　2　人権の保障 (19)
　3　調和的な運用の必要性 (20)

第2章　刑法の基本原理 …………………………………… 21

I　法律が犯罪と刑罰をつくる —— 罪刑法定主義 (21)

　1　罪刑法定主義の目的 (21)
　　　(1)罪刑法定主義の意義 (21)　＊9 罪刑法定主義のあり方 (22)
　　　(2)基本原理としての法律主義 (22)　＊10 官報 (23)　(3)法律主義の拡張 (23)
　2　法律主義から導かれる予告機能 (24)
　　　(1)慣習で処罰することはできない (24)　(2)遡って処罰することはできない (25)　(3)借り物の罰則で処罰することはできない (27)　＊11 看護師による秘密漏示の処罰 (28)
　3　罪刑法定主義の考え方の徹底 (29)
　　　(1)罪刑法定主義の実質化 (29)　(2)あいまいな罰則は許されない (29)　＊12 絶対的不定刑と絶対的不定期刑 (30)
　　　(3)罰則の内容は適切でなければならない (31)　＊13 実体的デュー・プロセス (32)

II　責任がなければ処罰されない —— 責任主義 (33)

　1　責任主義の意義と重要性 (33)
　　　(1)結果責任から規範的責任へ (33)　(2)責任主義の意義 (34)
　2　責任主義の内容 (34)
　　　(1)主観的責任の原則 (34)　＊14 結果的加重犯の扱い (35)
　　　(2)主観的責任の帰結 (35)　＊15 原因において自由な行為の理論 (36)
　3　消極的責任主義と積極的責任主義 (36)
　　　＊16 執行猶予制度 (37)　＊17 起訴裁量主義 (37)

III　刑法はでしゃばらない —— 謙抑性，補充性，断片性 (38)

　1　刑法の謙抑性 (38)
　2　謙抑性からの要請 (38)

第3章　刑法の解釈 …… 40

I　条文解釈の必要性と解釈の方法 (40)

1　条文解釈の必要性 (40)
2　解釈の種類と方法 (41)
　(1)文理解釈と目的論的解釈 (41)　(2)条文解釈の方法 (41)

II　刑法における解釈の特徴——民法の解釈との違い (43)

1　法律が予測していなかった事態への対処の方法 (43)
　(1)民法の対応 (43)　(2)刑法の対応 (44)　＊18「疑わしきは被告人の利益に」の原則 (45)
2　刑法における拡張解釈と類推解釈 (46)
　(1)拡張解釈の例 (46)　(2)類推解釈の例 (46)
3　拡張解釈と類推解釈の限界 (47)
　(1)電気窃盗事件 (47)　(2)コピーの文書性 (48)　(3)わいせつ物 (49)

III　立場の違いが解釈を左右する (50)

1　犯罪の実質に関する２つの見方 (50)
　(1)２つのアプローチ (50)　(2)結果無価値論 (50)　＊19 結果無価値論 (51)　(3)行為無価値論 (51)
2　犯罪の成否にどう反映するか (52)
　(1)主観的違法要素 (52)　(2)主観的正当化要素 (53)

第4章　犯罪が成立するための要件(1)
——基本類型 …… 55

I　法益の保護と犯罪の類型化 (55)

1　刑法で保護するだけの利益があるか——法益論 (55)
　(1)刑法の役割と法益の意義 (55)　(2)誰に帰属する法益か——法益の種類 (56)　(3)刑事立法のラッシュ現象 (57)
2　犯罪の判断方法と犯罪論体系 (58)
　(1)犯罪の成立を判断する方法 (58)　(2)犯罪論の体系と意義 (59)

目　次

　　3　犯罪の段階的判断と推定機能 (60)
　　　　(1)行為 (60)　(2)構成要件該当性 (60)　(3)違法性 (61)　(4)責任 (61)　＊20 構成要件該当性による推定機能の扱い (62)

Ⅱ　目的的行為論の登場とその影響 (62)

　1　故意犯と過失犯の区別 (62)
　　　(1)結果無価値論による区別 (62)　(2)目的的行為論の主張 (63)
　　　＊21 目的的行為論を学ぶ (63)
　2　故意の内容と体系上の位置づけ (63)
　　　(1)故意説の主張 (63)　(2)責任説の主張 (64)
　3　わが国の刑法学に対する目的的行為論の影響 (65)

Ⅲ　犯罪を区別する「型」── 構成要件論 (66)

　1　犯罪を行う者はだれか── 犯罪の主体 (66)
　　　(1)自然人処罰の原則と法人処罰 (66)　＊22 その他の法人処罰 (67)　(2)人の属性が犯罪の成立を左右する（身分犯）(67)　(3)背後であやつる者（間接正犯）(69)
　2　行為の種類が犯罪を区別する (71)
　　　(1)身体の動（作為）を処罰する犯罪（作為犯）と身体の静（不作為）を処罰する犯罪（真正不作為犯）(71)　(2)作為犯処罰の原則の意義 (72)
　3　不作為による作為犯構成要件の実現── 不真正不作為犯 (73)
　　　(1)不真正不作為犯の正当化根拠 (73)　＊23 改正刑法草案の提案 (74)　(2)不真正不作為犯の主体 (74)　＊24 一般的救護義務 (76)
　4　犯罪の成立要件としての結果 (76)
　　　(1)結果の態様に応じた犯罪の分類 (76)　＊25 挙動犯の否定 (77)　(2)犯罪の終了と法益侵害との関係 (79)　＊26 行為事情 (80)
　5　行為と結果のつながり── 因果関係論 (80)
　　　(1)因果関係とは何か (80)　(2)事実的因果関係とその確認方法（条件説）(80)　＊27 択一的競合事例の扱い (82)　(3)刑法的因果関係とその確認方法（相当因果関係説）(83)　＊28 米兵ひき逃げ事件 (83)　(4)客観的帰属論による帰責範囲

の限定 (85)　＊29 仮定的因果関係 (87)
- 6 罪を犯す意思 —— 故意 (88)
 (1)刑法 38 条 1 項の意味 (88)　(2)客観的事実の認識 (89)　(3)故意の態様 (90)　(4)認識と客観的事実が一致しない場合の扱い (91)　(5)予想外の経過をたどった結果発生の扱い (94)
- 7 不注意な内心 —— 過失 (95)
 (1)主観的構成要件要素としての過失 (95)　(2)認識なき過失と認識ある過失 (96)
- 8 故意以外の主観的要素を必要とする犯罪 (97)
 (1)主観的要素の意義 (97)　(2)構成要件が規定する主観的要素 (97)　(3)構成要件に明示されていない主観的要素 (98)

Ⅳ 社会が許さない行為と許す行為 —— 違法性と違法(性)阻却 (99)

- 1 違法と違法(性)阻却の関係 —— 違法阻却の根拠 (99)
 (1)刑法の規定方法 (99)　(2)違法阻却の実質的根拠 (100)
- 2 法益を守るための反撃行為 —— 正当防衛 (101)
 (1)正当防衛の性質と構造 (101)　(2)正当防衛の成立要件 (102)　＊30 対物防衛 (103)　(3)錯誤の扱い (104)　(4)その他の論点 (105)
- 3 法益を守るための逃避行為 —— 緊急避難 (106)
 (1)緊急避難の構造と性質 (106)　＊31 古典的な問題 (106)　(2)緊急避難の成立要件 (108)
- 4 正当性にもとづいて違法阻却される行為 (110)
 (1)法令行為 (110)　(2)正当業務行為と正当行為 (111)　(3)正当行為性が問題となる事例 (111)
- 5 条文にない違法阻却事由 —— 超法規的違法阻却事由 (114)
- 6 処罰に値しない行為 —— 可罰的違法性論 (115)
 (1)可罰的違法性論の意義 (115)　(2)違法性の量と質 (115)

Ⅴ 社会が行為者を非難する —— 責任 (117)

- 1 成熟度が犯罪の成立を左右する —— 責任能力 (117)
 (1)責任能力 (117)　＊32 部分的責任能力 (119)　＊33 瘖唖者規定の削除 (119)　(2)責任無能力・限定責任能力の規定方法と判定方法 (119)　＊34 鑑定 (120)　＊35 鑑定の拘束

　　　　　力(121)

　　2　行為が許されないことの認識——違法性の意識(122)
　　　　(1)違法性の意識の要否(122)　(2)「許されていない」と思わなかった(123)

　　3　適法な行為が期待できない——期待可能性の理論(125)
　　　　(1)期待可能性論の意義(125)　(2)期待可能性の判断基準(126)

Ⅵ　処罰を左右する例外的な事情(127)

　　1　処罰するための条件——客観的処罰条件(127)
　　2　処罰を免除する条件——刑罰阻却事由(128)
　　3　被害者が処罰を左右する——親告罪(128)

第5章　犯罪が成立するための要件(2)
　　　　——拡張類型 …………………………………… 130

Ⅰ　意図した結果が発生しなかった——未遂犯論(130)

　　1　結果が発生しなくても処罰されることがある(130)
　　　　(1)既遂犯の処罰拡張類型(130)　＊36 予備罪と陰謀罪の規定(131)　(2)未遂犯の規定と種類(132)

　　2　犯罪の実現が妨げられた——障害未遂(134)
　　　　(1)障害未遂の意義(134)　(2)実行の着手(134)　＊37 早すぎた結果の発生(135)　(3)犯罪の不完成(136)

　　3　自分の意思で犯罪実現を阻止した——中止未遂(136)
　　　　(1)中止未遂の特殊性(136)　(2)中止未遂の成立要件(137)

　　4　結果を発生させられない場合——不能犯(140)
　　　　(1)不能犯の意義と種類(140)　＊38 幻覚犯, 迷信犯, 構成要件の欠缺(140)　(2)障害未遂との区別の方法・基準(141)

Ⅱ　不注意も処罰されることがある——過失犯論(143)

　　1　不注意とその犯罪化(143)
　　　　(1)過失犯の例外的処罰(143)　＊39 不注意の程度と過失犯(144)

　　2　過失(犯)の実質(144)

　　　　　(1)過失犯の意義と構造(144)　(2)旧過失論の主張(145)
　　　　　(3)新過失論の主張(146)　＊40「許された危険」の法理(147)
　　　　　(4)わが国特有の過失犯論(147)
　　3　過失犯をめぐる論点(148)
　　　　　(1)管理・監督過失(148)　(2)信頼の原則(149)

Ⅲ　複数の者が実現する犯罪 ── 共犯論(151)

　　1　さまざまな関与形態(151)
　　　　　(1)共犯現象と共犯論(151)　(2)必要的共犯と任意的共犯(152)
　　2　複数の者が対等に関与する共犯 ── 共同正犯(154)
　　　　　(1)共同正犯の構造と成立要件(154)　＊41 同時犯(156)
　　　　　＊42 片面的共同正犯と承継的共同正犯(157)　＊43 共同意思主体説(158)　(2)共同すべき犯罪(158)
　　3　関与の程度に差がある共犯 ── 従属的共犯(160)
　　　　　(1) 2つの従属的共犯(160)　(2)従属的共犯の処罰根拠と従属性(161)　(3)従属性の意味(164)
　　4　共犯論における若干の問題(164)
　　　　　(1)共犯関係からの離脱(164)　(2)共犯と錯誤(164)

Ⅳ　犯罪にも数がある ── 罪数論(167)

　　1　なぜ犯罪の数が問題になるのか(167)
　　2　一罪と数罪(168)
　　　　　＊44 単純一罪と単純数罪(169)　＊45 連続犯(169)　＊46 併合罪(169)
　　3　犯罪の数とその扱い(169)
　　　　　(1)本来的一罪(169)　(2)科刑上一罪(171)　＊47 行為の単複(172)
　　4　犯罪の数は何を基準に決定されるか(172)

第6章　どのような刑法が適用されるのか ── 刑法の適用範囲 …………………………… 174

Ⅰ　刑法の適用範囲はなぜ問題になるのか(174)

Ⅱ　刑法の時間的適用範囲と場所的適用範囲(175)

1 刑法の時間的適用範囲 (175)
　(1)事後法の禁止 (175)　(2)事後法の判断 (176)
2 刑法の場所的適用範囲 (176)
　(1)前提としての国内犯処罰 (176)　＊48 訴訟障害 (177)
　(2)処罰拡張としての国外犯 (177)　(3)刑事司法における国際協力 (179)　＊49 外国判決の効力 (180)

第7章　刑法も不変ではない
——刑法改正の動向と内容 …………………… 181

Ⅰ　実現しなかった刑法典の全面改正 (181)

1 全面改正に向けた動き (181)
　(1)刑法の安定性 (181)　(2)全面改正の機運と動向 (181)
2 改正刑法草案の内容と社会の反応 (183)
　(1)草案の内容 (183)　(2)草案に対する反応 (184)

Ⅱ　刑法典の部分改正 (185)

1 第2次世界大戦前の改正 (185)
2 終戦から刑法典の口語化までの改正 (186)
3 刑法典の口語化とその後の改正 (189)

Ⅲ　特別刑法における立法動向 (191)

1 新たな事態への対応 (191)
　(1)特別刑法による対応 (191)　(2)薬物犯罪への対応 (193)
　(3)軽微な犯罪への対応 (193)
2 犯罪の国際化への対応 (194)
　＊50 コントロールド・デリバリー (195)　＊51 マネーロンダリング罪 (195)　＊52 特別刑法における没収・追徴 (196)
　＊53 不法収益の推定 (196)
3 刑法理論・刑事法上の原則と処罰の必要性(刑事政策)との不調和？ (196)

第8章　少年の犯罪に対する特別な扱い
——少年司法システム ………………………… 199

Ⅰ 少年司法システムの独立 (199)

1 欧米における動向 (199)
(1)少年観の変化 (199) (2)子どもの救済運動と福祉モデル少年法制 (201) *54 大陸法系の少年法制 (202)

2 日本における動向 (202)
(1)懲治からの出発 (202) *55 江戸期における犯罪少年の扱い (202) (2)感化から司法システムへ (203)

Ⅱ 1922年少年法（旧少年法）とその内容 (204)

1 少年保護と処遇における二分体制の確立 (204)
2 旧少年法の内容 (205)
(1)旧少年法の性格と構造 (205) *56 刑事処分の対象にならない少年 (206) (2)刑事事件における特別な配慮 (206) (3)保護事件としての扱い (207)

Ⅲ 1948年少年法（現行少年法）——保護主義の徹底 (208)

1 福祉モデル少年法制の採用 (208)
(1)現行少年法の基本的性格 (208) (2)少年法の管轄 (209)

2 少年の保護事件 (210)
(1)審判の前段階 (210) *57 全件送致主義の例外 (210) (2)少年審判 (211) (3)保護処分とその執行 (213) *58 強制的措置 (214) *59 保護観察 (215)

3 少年の刑事事件 (215)
(1)逆送制度 (215) *60 交通事犯の特殊な扱い (216) (2)逆送事件の扱い (217)

4 同一性情報の報道禁止 (218)
(1)従前の対応 (218) (2)状況の変化 (218)

Ⅳ 少年法をめぐる動向 (219)

1 少年法改正 (219)
(1)実現しなかった抜本的改正 (219) (2)2000年の改正 (221) (3)その後の改正 (222)

2 今後の課題 (223)
(1)国際的動向 (223) (2)対応の二分化 (223) *61 修復的司

法 (224)

第9章　犯罪を犯した精神障害者に対する特別な扱い —— 心神喪失者等医療観察法 …………… 225

I　新法制定に至るいきさつとその法的な性格 (225)

1　犯罪を犯した精神障害者に対する従来の処遇 (225)
(1)措置入院の概要 (225)　(2)措置入院の問題点 (225)

2　心神喪失者等医療観察法の制定への流れ (226)
(1)治療処分・禁絶処分の導入をめざして —— 1974年改正刑法草案 (226)　(2)保安処分制度導入の失敗と精神保健法制定 (227)　(3)措置入院の拡充を求める動き —— 道下研究 (228)　(4)心神喪失者等医療観察法の制定に至る社会的な動き (228)

II　医療観察法のあらまし (229)

(1)法律の目的 (229)　(2)新たな司法処分制度の創設 (229)　(3)手続の流れ (230)　(4)決定の種類 (230)

III　改善された点と今後への課題 (231)

1　治療水準の向上 (231)
2　問題点① —— 検察官の強い権限と捜査段階の簡易鑑定 (232)
(1)検察官の広範な裁量 (232)　(2)簡易鑑定にともなう問題 (232)　(3)訴追か医療かを判断する専門機関の導入 (233)

3　問題点② —— 責任能力と処遇の申立てのリンク (234)
(1)治療は責任能力がない場合にはじめて行われる (234)　(2)治療は刑罰執行の適否にかかわらず行うべき (234)　(3)刑事施設内の受刑者に対する精神医療 (235)

4　問題点③ —— 合議体の構成 (235)
(1)審判をするのは裁判官と精神保健審判員の2名 (235)　(2)精神保健参与員も合議体に加えるべき (236)

5　問題点④ —— 治療方針の改善 (236)
(1)治療反応性がないかぎり処遇の対象とならない (236)　(2)治療の受け皿の欠如 (237)　(3)人格障害者に対しても治

療を行う諸外国(237)　(4)疑わしきは医療に(237)
6　問題点⑤——処遇困難者への対応(238)
　　(1)取り残された処遇困難者(238)　(2)指定入院医療機関の活用(238)

事項索引

略 語 一 覧

＜法令略語＞

医　師	医師法
刑	刑法
刑　訴	刑事訴訟法
憲	日本国憲法
少	少年法
民	民法
民　再	民事再生法
明　憲	大日本帝国憲法

＜判例略語＞

大　判	大審院判決
最大判	最高裁判所大法廷判決
最　判	最高裁判所判決
最　決	最高裁判所決定
高　判	高等裁判所判決
地　判	地方裁判所判決
家　審	家庭裁判所審判
刑　録	大審院刑事判決録
刑　集	最高裁判所（大審院）刑事判例集
民　集	最高裁判所民事判例集
高刑集	高等裁判所刑事裁判例集
刑　月	刑事裁判月報
家　月	家庭裁判月報
判　時	判例時報

Bridgebook
第1章
刑法の基礎知識

I　刑法とは何か

1　「犯罪」と「刑罰」の根拠

(1) 常識的な判断

　他人の身体を傷つけること，他人を殺すこと，他人の物を盗むことは，それぞれ，傷害罪，殺人罪，窃盗罪という犯罪として処罰されることが法律（刑法）の条文に明示されている（順に，刑204条，199条，235条）。しかし，個々の条文の具体的な内容を知らなくても，さらにはそのような条文が存在することを意識していなかったとしても，これらの行為が犯罪として処罰されることは，常識として広く一般に共有されている。また，人を殺した者が死刑や無期懲役で処罰されたりすることも，一般によく知られている。こうしたことから，われわれは，「何が犯罪であり，それにどのような法的効果（刑罰）が与えられるか」について，何となく，常識的に判断できるように思い込んでいるところがある。

　しかし，世の中が複雑になるにつれて，犯罪として刑罰で対処すべき行為は，犯罪であることが常識的に判断できるものに限らず，広範囲で多種多様なものにまで及んでいる。現在では，どのような

行為が犯罪になるかを判別することでさえ，すでに簡単なものではなくなっているのである。

(2) 法律が決める

誰もが犯罪であることを知っている殺人についても，刑罰としての死刑や無期懲役刑を知っている者は多いが，その最低（刑の下限）が5年以上（2004〔平成16〕年12月31日までは3年以上であった）の懲役であることを知っている者は決して多くない。ましてや，特別な事情がある場合に，刑の執行が見あわされること（執行猶予〔刑25条～27条〕）や，個々の条文に規定する刑（法定刑）の下限より軽い刑罰が科されたり（減軽），逆に法定刑より重い刑罰が科されたりすること（加重）については，常識からただちに判断できるわけではない[*1]。また，そのような対処の方法や根拠も，常識的な判断に求めることはできない。

どのような行為を犯罪とし，どのような刑罰で個々の犯罪に対処するかは，犯罪対策および犯罪者処遇に関する国家の基本政策（刑事政策）にもとづいて，国家が決定することである。犯罪者を処罰する権利（刑罰権）が国家の専権となった近代社会においては，犯罪と刑罰を決める主体として，国家以外のものを想定することはできない。そして，犯罪と刑罰が法律の規定として国民に示されることによって，はじめて，われわれは，さまざまな社会的な事象のなかから犯罪を判別し，それに対する具体的な刑罰の内容を知ることができるのである。

---

*1　**刑罰の減軽事由と加重事由**　一定の事由にもとづいて法定刑を減軽するものには，①法律上の減軽（法定減軽）と②裁判上の減軽（酌量減軽）がある。①は，さらに，ⓐ法定の事由があれば必ず減軽しなければならない必要的減軽事由と，ⓑ法定事由があっても減軽するか否かを裁判官の裁量に委ねる任意的減軽事由とに区

別される。ⓐの例は，心身耗弱（刑39条2項）や従犯（刑63条）等であり，中止未遂（刑43条但書）等では免除との選択も認められる。ⓑの例は，自首・首服（刑42条）や障害未遂（刑43条本文）等があり，過剰防衛や過剰避難（刑36条2項，37条1項但書）等では免除との選択も認められる。また，②は，一般に犯罪の情状に酌量すべきものがある場合（刑66条）のほか，予備罪等に見られ，放火予備と殺人予備（刑113条但書，201条但書）では酌量免除も認められる。他方，刑の加重事由には，併合罪加重（刑47条）と再犯加重（刑56条～59条）があり，いずれも必要的加重事由とされている。

2　犯罪と刑罰

(1)　自然犯と法定犯

　犯罪は，それを認識する根拠の違いに応じて，自然犯 と 法定犯 とに区別される。自然犯（刑事犯 ともいわれる）は，法律以前に存在する社会的規範（道徳や倫理）から，人間がその本性に従って（自然的に），反社会的で許されない行為であることがわかる犯罪で，殺人罪や窃盗罪，傷害罪などがその典型である。しかし，社会的規範に反することが明らかな行為であっても，それを犯罪として明示する法律（処罰規定）がなければ，それを犯罪として扱うことができない点に注意しなければならない。他方，法定犯（行政犯 ともいわれる）は，倫理的・道徳的には無色な行為であるが，行政取締罰則に見られるように，法律が犯罪として規定することによって，はじめて反社会的で許されない行為であることがわかるものである。たとえば，自動車の右側通行の禁止は，人間の本性から当然に判断できるわけでなく，その違反に刑罰を規定する法律（条文）が存在することを前提として判別できるにすぎない。

　ただ，自然犯と法定犯の区別は，必ずしも明確なものではなく，相対的で流動的である。倫理や道徳は社会によって異なり，時代に応じて可変的であるし，法律が倫理や道徳の内容に影響を与えるこ

ともある。たとえば，飲酒運転は，当初は法定犯であったが，現代社会では，反倫理性の強い行為として自然犯と考えることができる。他方，かつては自然犯として規定されていた姦通罪は（1947年改正前の刑183条），法の下の平等（憲14条）に反するとして1947年に削除されたが，個人の性的自由を尊重する現代社会においては，法定犯としても規定することはできないといえよう。

(2) わが国の刑罰

刑罰は，犯罪に対する法的効果（制裁）として，犯罪者に不利益を与えるものである。不利益の内容に応じて，①生命刑（犯罪者の生命を奪う），②身体刑（犯罪者の身体を害する〔手足の切断や刺青など〕），③自由刑（犯罪者の身体の自由を奪う〔追放や居住制限，拘禁など〕），④財産刑（犯罪者の財産を奪う），⑤名誉刑（犯罪者の名誉を奪う〔公権の剥奪など〕），に区別される。わが国の現行刑法は，①としての死刑，③としての懲役・禁錮・拘留，④としての罰金・科料・没収の7種類の刑罰だけを認めている（9条，11条〜17条）。②および⑤の刑罰は，古い時代やごく限られた国に例が見られるが，現在では，人道的な観点から一般に採用されていない。

刑罰のうち，それ自体を独立して科せるものを 主刑 とよび，重い順に，死刑・懲役・禁錮・罰金・拘留・科料の6種類がある（9条）。他方，没収は，主刑の言渡しがある場合にかぎって，主刑に付加して科しうる刑罰で，付加刑 とよばれる（9条）。また，それ自体は刑罰ではないが，罰金・科料および没収が不可能な場合の代替的な処分として（換刑処分），労役場留置（18条）と追徴（19条の2）が規定されている。さらに，刑罰を科されたことの付随効果として，犯罪者（であった者）は，多くの法令において，資格制限を受けること（公務員の欠格事由など）が規定されている。

3 犯罪と刑罰を規定する「刑法」

(1) 刑法の意義

どのような行為が犯罪となるか、また個々の犯罪に対してどのような種類と程度の刑罰が科せられるかは、罪刑法定主義の要請にもとづいて（→21頁）、成文の（文章で示された）法律の形（成文法）で国民に明示されている。このような、犯罪と刑罰を規定する法を 刑法 とよぶ。その典型は、1907（明治40）年に制定され翌年から施行された現行の刑法典（明治40年法律第45号）であり、狭義の刑法 とよばれたり、形式的意味の刑法 とよばれている。一般に刑法という場合は、刑法典を意味することが多く、大学での講義なども刑法典を中心として行われる。

他方、刑法典以外にも、軽犯罪法や爆発物取締罰則のように、特別刑法 の形で犯罪と刑罰を規定するものや、公職選挙法のように、行政刑法 の形で犯罪と刑罰を規定するものがある[*2]。また、民事再生法などのように、本来的には犯罪や刑罰とは関係のない法律であっても、そのなかに犯罪と刑罰を規定する条文（刑罰法規、罰則）をもつものも少なくない。しかし、どのような方法によるにしても、犯罪と刑罰を規定する法律・条文である以上は、すべて刑法ということができる。刑法典以外の刑法は、広義の刑法 とよばれたり、実質的意味の刑法 とよばれている。

[*2] **特別刑法と行政刑法** 刑法典の付属的性格ないしは補充的性格をもつ刑法を特別刑法といい、行政上の取締目的のために制定された刑法を行政刑法（行政取締法規）という。ただ、刑法典以外であっても、実質的な意味での刑法の数が増大し、その対象範囲も拡大している現在では、両者を明確に区別することはきわめて困難である。また、特別刑法であろうと行政刑法であろうと、実質的な意味の刑法である以上は、刑法としての効力等に違いはなく、したがって両者を区別する実益もほ

とんどない。

(2) 日本の刑法

前近代の刑法　日本の現行刑法（典）は，明治時代に，大陸（ヨーロッパ）法系の刑法を受け継いだ1880（明治13）年刑法（旧刑法）に起源をもっている。それ以前には，中国法の影響のもとで，日本に固有の刑法が用いられていた。7世紀中期（646年）に始まった大化の改新で律令が制定され，日本の法制は大きな進歩をとげたが，中国の唐律にならって制定された大宝律令（701年完成）と養老律令（757年施行）は，当時の世界でもっとも完成された成文刑法であったといわれている。その後，平安時代には，検非違使庁の裁判実務から生まれた庁例が刑法（慣習刑法）として使われ，鎌倉・室町時代には，武家法としての御成敗式目（貞永式目）（1232年）が使われていた。そして，江戸時代には，8代将軍の徳川吉宗が，評定所に命じて，刑法に関する幕府の法令と先例を集めた公事方御定書を完成させ（1742年仮完成），刑事裁判の準則として広く用いられたといわれている。

徳川幕府が朝廷に大政を奉還して（1867年）始まった明治維新においては，当初，王政復古の精神にもとづいて，古来の日本的なものへの復帰がめざされた。その結果，刑法の分野においても，大宝律令や養老律令の形式への復帰をめざした仮刑律（1868年）や新律綱領（1870〔明治3〕年），改定律令（1873〔明治6〕年）が制定された。

ヨーロッパ刑法の継受　しかし，そうした動きでは激変する当時の社会情勢に対応することができず，政府は，ヨーロッパの近代市民社会的な体制をとり入れる方向に政策を大転換することになる。明治政府は，福澤諭吉が1885年3月16日の時事新報の社説で主張

したように，アジア的なものから脱却して
ヨーロッパ的な近代国家に追随すること
(脱亜入欧) をめざしたのである。

その結果，仮刑律等はほどなく廃止され，
ヨーロッパ大陸の刑法がとり入れられることになった。1873年に お雇い外国人 として
てフランスから招聘されたボアソナード
(1825-1910年) が政府の法律顧問として立
法作業に当たることになり，1880 (明治

ボアソナード
(1825-1910)

13) 年に刑法 (明治13年太政官布告第36号) が制定され (旧刑法)，
1882 (明治15) 年1月1日から施行されることになった。旧刑法は，
1810年に成立したフランス刑法 (ナポレオン刑法典) を母法として，
近代刑法理論 (前期旧派理論→11頁) を修正して受け継いだもので
あったが，制定当初から日本の実情にあわないとして批判された。
その後，改正の動きが急なものとなり，いくつかの草案が出された
後，1907 (明治40) 年に改正刑法が成立することになった。これが，
今日まで続く現行刑法である。現行刑法は制定されたばかりのドイ
ツ刑法 (学) の影響を強く受けて成立したものであり，したがって，
その後のわが国の刑法理論もドイツ刑法理論の影響を強く受けて今
日に至っている。

4 刑法の近代化 ── 大陸型刑法の変遷

(1) ヨーロッパの前近代における刑法

われわれが当たり前のように思っている近代的な法制度は，フラ
ンス革命 (1789年) に象徴されるヨーロッパ近代市民社会 (近代国
家) のもとで確立してきたものである。それより前の絶対君主制に

もとづくアンシャン・レジーム（旧体制）期においては，刑法のあり方や役割も今日のものとは大きく異なっていたといわれる。

前近代の国家は，暴力で獲得した君主（国王）の地位を神によって正当化する（王権神授説）一方で，体制に不都合な人々を排除するために刑法と刑事裁判が利用されたといわれる。当時の刑法は，何を犯罪としてどのように処罰するかを裁判官（国家）の自由裁量に委ねており（罪刑専断），処罰の恣意性（国家の都合によって処罰の範囲や程度を左右しうる）を特徴とする。さらに，刑罰の威嚇効果に対する盲目的信頼（威嚇刑罰思想）にもとづく処罰の過酷性（過酷な処罰による犯罪の抑止），刑法が宗教・道徳から明確に区別されなかったことによる過度の干渉性（宗教的・道徳的な悪に対しても刑罰を科す），身分制度にもとづく処罰の不平等性（身分に応じて処罰範囲・程度・方法が異なる）も，大きな特徴として指摘されている。また，刑事裁判手続においては，自白が絶対的な証拠として利用され（「自白は証拠の女王である」といわれた），国家にとって都合の悪い者（政治犯など）を非公開の手続（密室裁判）で秘密裡に有罪とすることもあったようである[3]。

> *3　**アンシャン・レジーム期の刑事司法**　ヨーロッパ前近代の刑法や刑罰（処罰方法），刑事裁判の内容や詳細については，必ずしも明らかにされているわけではない。ただ，マルタン・モネスティエ（吉田春美＝大塚宏子訳）『［図説］死刑全書』（原書房，1996），秋山裕美『［図説］拷問全書』（原書房，1997）などを読めば，おおよそのイメージをつかむことができる。

(2) ヨーロッパ近代市民社会と刑法

前近代と近代市民社会の橋渡しをした啓蒙期（17世紀後半から18世紀）においては，神話にもとづいた国家の正当性が否定されて，国家は市民の契約にもとづいて成立するものとされ（1762年のル

ソーの『社会契約論』)，犯罪者を処罰する権利（刑罰権）もそのような国家に委ねられるべきものとされた。とくに，イタリアの高名な啓蒙思想家であったベッカリーア（1738-1794年）は，1764年に，刑罰制度を中心としてアンシャン・レジーム期の刑法を厳しく批判し，その克服をめざした『犯罪と刑罰』を著して，近代刑法（理論）の基礎を確立した。

ベッカリーア
(1738-1794)

近代国家（近代市民社会）は，生まれながらに平等な人間が，自由な意思によって自己のあり方のすべてを理性的に決定し，合理的に行動するという人間観を前提にするものであった。それによれば，人間の行動はさまざまな経過をたどるにしても，最終的には，あたかも神の意思に導かれるかのように最善のところに落ち着くものとされる。こうした考え方は，経済学などでは，神の見えざる手によって予定調和が達成されると表現され，一般には，「最大多数の最大幸福」という言葉で知られている。したがって，国家は，外敵から私有財産を守ることと国内の治安を維持するという最低限の役割を果たせば足り，それ以外のことには一切干渉せず，人々の理性的な行動に任せること（レッセ・フェール）が求められた（夜警国家論）。私法分野で所有権の絶対といわれるのも，このような意味においてである。

犯罪論においては，何ものにも拘束されない自由意思にもとづく理性的な行動可能性を認めることから，犯罪とそれに対する害悪（刑罰）を予告しておきさえすれば（罪刑法定主義），人間は，犯罪による利益と刑罰による不利益を冷静に比較（損得勘定）したうえ

で犯罪以外の行為を選択するはずだと考えられた。また，一度は誤って犯罪を選択した者も，誤った判断に対する非難としての刑罰を科されることによって学習し（規範意識がめざめ），再び犯罪を選択することはないと考えられた。このような考え方を，旧派（古典学派）の犯罪論（刑法理論）という。

II 犯罪論をめぐる理論の対立 —— 学派の対立

1 2つの仮説

(1) 旧派の刑法理論

　旧派[*4]の刑法理論は，その哲学的前提などの点で論者によって具体的内容は異なるが，人間が自由な（何ものからも拘束されない）意思（自由意思）にもとづいて行動を選択しうるとする仮説（非決定論）から，自由な行動選択のための前提として犯罪と刑罰を予告しておくべきことを要請し（罪刑法定主義），刑罰は誤った選択（犯罪）に対する社会の非難として科せられるとする点（応報刑論）で，一般的な共通性が見られる。旧派によれば，犯罪とそれに見合う刑罰を予告しておきさえすれば，人びとは犯罪から遠ざかる（犯罪の予防）とともに，少なくとも再び誤った選択をすることはなくなる（再犯や累犯者，常習犯罪者は消滅していく）はずであった。

　しかし，このような仮説と予測は，当時の社会の現実によって完全に裏切られることになった。18世紀後半のイギリスから急激に進展した産業革命によって，資本主義経済が飛躍的な発達をとげるとともに，都市人口の急増とその結果としての失業者の増大にともなって犯罪が激増し，累犯者・常習者・少年・女性による犯罪（と

くに軽微な財産犯)の増加現象が顕著になっ
た。しかし，このような犯罪者に対する応
報としての刑罰（とくに短期自由刑）は，
犯罪の減少という期待された（旧派理論が
当然視していた）成果をあげることができ
なかったのである。

F・v・リスト
(1851-1919)

*4 **2つの旧派** 旧派は，主張された時期に応じ
て，前期旧派と後期旧派とに区別され，その内容も
それぞれの時代背景からの影響を強く受けている。
前期旧派は，啓蒙期の刑法思想を受け継いで，近代
市民社会の理想（個人主義と自由主義）と強く結びつき，カント（1724-1804年），
フォイエルバッハ（1775-1833年），ヘーゲル（1770-1831年）に代表される。他方，
後期旧派は，19世紀半ばのプロイセンの国家主義を背景に登場し，国家主義的・権
威主義的傾向が強いもので，ビンディング（1841-1920年），ビルクマイヤー（1847
-1920年），ベーリング（1866-1932年）に代表される。両者の典型的な相違は，前
期旧派が法と倫理を峻別して，人々が犯罪から遠ざかるのに必要なかぎりでの応報
を要求した（心理強制にもとづく一般予防論）のに対して，後期旧派は法と倫理を
密着させ，道義的な責任に対応する応報（贖罪としての絶対的応報）を要求したこ
とに見られる。

(2) 新派の刑法理論

こうした状況のもとで，19世紀の終わり頃から，現実的妥当性
を否定された旧派の仮説と理論に対して，厳しく批判する人びとが
登場することになった。これが，新派（近代学派）とよばれる立場
である。新派は，当時の自然科学の飛躍的な発達の影響のもとで，
犯罪（者）の実証主義的研究の必要性を強調し（実証主義的犯罪論），
旧派の非決定論（自由意思論）に反対して，人間の行動は個々人の素
質と環境によって決定されているという仮説（決定論）を主張した*5。

新派を代表するリスト（1851-1919年）は，犯罪行動の決定要因
として環境を重視する社会学的実証主義の立場（犯罪社会学派）か

ら出発して，イタリア学派の方法論をもとり入れながら新派刑法理論を展開した。マルブルク大学の教授就任時（1882年）の「刑法における目的思想」という講演は「マルブルガー刑法綱領」として有名である。リストは，刑罰は本能的・衝動的な応報として科されるものではなく，法益保護の目的と必要性にもとづくべきものとした（目的刑論）。また，犯罪者の違いに応じて刑罰の内容も個別化（威嚇，改善，隔離）されるべきだとし（特別予防論），累犯者と常習犯罪者に対する不定期刑の導入を主張した。さらに，その後の新派理論の展開によって，刑罰は教育的なものでなければならないとされ（教育刑論），犯罪は行為者の反社会性の顕在化したものであるから，行為者の危険性が犯罪行為に表出した以上は刑法上の処分を加えるべきものとされた（犯罪徴表説）。また，リストは，多くの同調者とともに国際刑事学協会を設立して（1889年），新派理論にもとづく刑法改正運動を実践し，当時の社会に大きな影響を与えた。現在のヨーロッパ諸国で一般化している，犯罪者処遇における保安処分制度の導入は，新派刑法理論にもとづくものである。

　新派の前提（決定論）と旧派の前提（非決定論）は対極に位置する仮説であり，どちらを前提とするかに応じて具体的な内容と結論が大きく異なることから，リストとビルクマイヤーとの間で激しい論争が繰り広げられることになった[6]。

*5　**新派刑法理論の2つの方向**　新派刑法理論は，1876年の『犯罪人論』で犯罪人類学を主張したイタリアのロンブローゾ（1836-1909年）に始まる。刑務所の医師であったロンブローゾは，犯罪者の形態などを科学的に検証したうえで，犯罪を決定する要因としての素質を重視し，一定の身体的・精神的特性をもつ「生来性犯罪人」が存在すると結論づけた。そして，その原因を「隔世遺伝（先祖返り）」に求め，その対策として社会的隔離（排外）を主張した。それはフェリー（1856-1929年）やガロファロ（1851-1934年）に受け継がれ，犯罪人類学派（イタリア学派）

Ⅱ 犯罪論をめぐる理論の対立 ── 学派の対立

を形成することになった。他方,決定要因としての環境を重視するリストらは,犯罪人類学の極端な内容と予想される結果の深刻さ(生来性犯罪人と認められるだけで社会から排除され,ナチス的な人種隔離政策に至りうる)を批判して,犯罪社会学派(フランス学派)を形成することになった。

＊6 リストとビルクマイヤーの論争 両者の論争は,決定論と非決定論(自由意思論)という理論的な前提の対立だけにとどまらず,社会的責任論と道義的責任論,主観主義・行為者主義・徴表主義と客観主義・行為主義,目的刑論・社会防衛処分論と応報刑論,不定期刑主義と罪刑均衡主義・定期刑主義,特別予防論と一般予防論,という具体的な内容

富井政章
(1858-1935)

や結論の対立にまで及んでいた。また,それは,将来の刑法のあり方をも視野に入れたものであったから,互いに引くに引けない激しいものとして展開された。

2 日本への影響

(1) 日本における学派の対立

前期旧派理論から新派理論へ 日本の旧刑法は,自由主義的な前期旧派理論を修正したフランス折衷主義刑法理論にもとづく ボアソナード の刑法草案を土台として,社会防衛的に修正された折衷主義的刑法理論を大幅にとり入れたものであった。したがって,当時の刑法理論も,ボアソナードに学び,パリ大学に留学した 宮城浩蔵 (1852-1893年)や 井上正一 (1850-1936年)の理論を通じて,フランス折衷主義刑法理論の強い影響のもとで展開されていた。

しかし,明治期の中頃になると,犯罪の急増現象を背景として,旧刑法とその理論的基礎(折衷主義的刑法理論)に対して批判が加えられるようになった。その先駆けとなったのが,新派のガロファロに学んだ 富井政章 (1858-1935年)であり,ヨーロッパの新派刑

法理論を精力的に紹介した勝本勘三郎（1866-1922年）である。その後，牧野英一（1878-1970年）と宮本英脩（1882-1944年）が，新派刑法理論の展開に指導的な役割を果たした。とくに，リストに学んだ牧野の新派理論は「リストよりもリスト的である」といわれるほどに徹底したものであり，その後，その本質的内容は木村亀二（1897-1972年）と正木亮（1892-1971年）に引き継がれた。こうして，牧野を中心に展開された新派刑法理論は，明治末期から第2次世界大戦後までの日本の刑法学界に大きな影響を及ぼしたのである。

牧野英一
（1878-1970）

宮本英脩
（1882-1944）

旧派理論の巻き返し　他方，後期旧派の中心であったビルクマイヤーに学んだ大場茂馬（1869-1920年）は，道徳観念にもとづいた応報刑論を主張して，新派理論に対抗した。その後，旧派刑法理論は，小野清一郎（1891-1986年）と滝川幸辰（1891-1962年）を中心として強力に主張されることになる。小野は，後期旧派の立場を前提として，日本の文化的土壌を強調した独特の刑法理論を展開した。その特色は，法の本質を倫理ないしは道義ととらえ，国家的道義秩序の形成と維持を刑法の任務としたところにある。一方，滝川の刑法理論は，前期旧派の立場を前提として，自由主義的な内容のものであると同時に，マルクス主義の影響を受けた社会観を背景としていた点に大きな特徴をもっていた*7。

II 犯罪論をめぐる理論の対立 ―― 学派の対立

争いの終息 このように，日本における学派の対立は，明治中期以降，新派理論，後期旧派理論，前期旧派理論がほぼ同時期に日本に紹介され，展開された点に特徴をもっている。しかし，このような学派の対立も，第2次世界大戦の直前頃から全体主義と国家主義の流れのなかに呑み込まれ，対立の意義を見失ったままで終戦を迎えることになった。こうした事情は，正反対に位置づけられる刑法理論を展開した牧野と小野が，結果的には当時の国家体制を支持する方向で一致したことに象徴されている。同じような結末は，学派の対立の本場ともいうべきドイツにおいて，ナチス・ドイツが旧派と新派の見かけ上の統合を実現したことにも示されている*8。

小野清一郎
(1891-1986)

滝川幸辰
(1891-1962)

*7 **滝川事件** 滝川の刑法理論は，マルクス主義思想の影響を受けていただけでなく，基本的に自由主義的な内容のものであった点で，全体主義・軍国主義のもとで近代天皇制国家を確立しつつあった当時の日本にとって，絶対に受け入れられないものであった。そのため，1932年の中央大学法学部での講演「『復活』を通して見たるトルストイの刑法観」を契機に，同年公刊の『刑法讀本』（大畑書店）などの著作の内容を口実として，1933年に滝川は京都帝国大学教授の地位を追われることになった。これは滝川事件（京都大学事件）とよばれる。滝川以外の教授7名，助教授5名，専任講師以下8名の教官が辞職して事態は一応の収束をみたが，その後に大きな禍根を残すものであった。

*8 **ナチスの刑法** 1920年代のヨーロッパでは，各国の刑事立法が新派の刑事政策的提言のいくつかを積極的にとり入れたことから，両派の間に一定の（望ましい）立法的妥協が実現され，かつてのような尖鋭的な理論的対立は見られなくなっ

15

ていた。しかし，その後，1933年に政権の座についたナチスの刑法理論は，旧派の応報刑論の一部をとくに強調することで，民族共同体への誠実義務違反に対する道義的非難に刑罰の本質を求めて，応報刑論の威嚇力を絶対視すると同時に，新派の主観主義・社会防衛論・行為者主義の主張の一面だけを強調して，意思刑法論・民族共同体保護論・行為者刑法論を確立していった。このようなナチスの刑法理論は，新・旧両派の理論を全体主義国家の手段のために統合するもので，どちらの学派も予想すらしていなかったものであり，きわめて不本意なものであったといわなければならない。

(2) 対立から調和へ

事実上の歩み寄り　犯罪をめぐる理論的対立は，ドイツと日本のいずれにおいても，全体主義的・国家主義的な時代のなかに埋没することで終わりを迎え，その後も，かつてのような二者択一的な対立軸のもとで争われることはなくなった。現行刑法の解釈・運用を中心とした現在の刑法学においても，あまりに単純化され誇張された論争は必ずしも生産的でないことが自覚され，それぞれに事実上の歩み寄りが見られる。たとえば，新派の主張になじむ執行猶予制度や仮釈放制度（刑28条〜30条）が現行刑法に採用され，実際にも相応の成果をあげている現実のもとで，純粋な応報刑論の立場（旧派理論）からそれらを批判してみても，それはもはや立法論としてさえも説得力がない。

　また，学派の対立の出発点であった自由意思の存否をめぐる仮説についても，それを無条件に認める立場（非決定論）や完全に否定する立場（決定論）はなくなり，一定程度は不自由な側面のあることを認めながらも，基本的に自由意思の存在を承認するという結論で広い一致が見られる。それは，旧派を前提とする立場からは 相対的意思自由論 として展開され（団藤重光），新派を基礎とする立場からは やわらかな決定論 として展開された（平野龍一）。

刑事司法への反映　このような背景のもとで，現在の日本の状況をごく一般的な形でいえば，犯罪理論としては旧派の考え方を基本的に受け継いだうえで，刑罰理論ないしは行刑理論においては新派の考え方を積極的にとり込もうとするものになっている。したがって，刑法理論の全体としては，旧派的な立場が優勢であるといってよい。これに対して，成人に比べて相対的に未成熟な段階にある少年の犯罪や非行については，少年の性格を矯正し環境を調整するための保護処分によって積極的な再社会化を図ろうとする点で（少1条），新派的な考え方が強く前面に出ている（→第8章）。

Ⅲ　刑法の役割

1　法益の保護と社会秩序の維持

(1)　法益の保護

　刑法が果たすべき役割は，何よりも，犯罪を抑止することによって法益（刑法が守ろうとしている生活利益→55頁）を保護することに求められる。刑法は，一定の犯罪行為を行えばそれに対して刑罰が科されることを事前に予告することによって，そのような犯罪行為が行われることを防止する（一般予防）。また，そのような犯罪行為が現実に行われてしまった場合には，その犯罪者に対して実際に刑罰を科すことによって，二度とそのような犯罪が行われないように抑止しなければならない（特別予防）。このように，刑法は，犯罪の事前的・事後的な防止と抑止を通じて，個人・社会・国家の重要な法益を保護しようとしているのである。たとえば，他人の物を盗んだ場合（窃盗）には，10年以下の懲役刑が科されることを予告

するとともに，実際に窃盗を行った者に対しては，10年以下の懲役の範囲内の刑罰を科すことによって，窃盗という犯罪行為を防止し，個人の法益としての財産を保護することになる。

こうした法益保護の役割は，実際に法益が侵害されたり（実害），法益が危険にさらされた（危殆化）場合に，はじめて刑法が適用されることを要求する（法益保護の原則）。このことを犯罪の成立要件に反映させたのが，違法性 の要件である（→99頁）。この立場は，後に述べる結果無価値論 と親近性をもっている（→50頁）。

(2) 社会秩序の維持

もっとも，このような刑法は，法益の保護とともに，社会倫理や道徳秩序をも維持するという側面をもっている。そこから，むしろ社会的秩序の維持の側面を強調して，それを刑法の主たる役割と考えるべきだとする立場も見られる。こうした立場は，法益保護の役割を強調する立場とは異なる違法性の理解であり，後に述べる 行為無価値論 と親近性をもっている（→51頁）。

たしかに，刑法は，社会倫理や道徳と密接に関係している。刑法において犯罪として処罰される行為（とくに自然犯）は，社会倫理的観点ないしは道徳的観点から考えても，禁止されるべき行為である。他方，社会倫理・道徳によって賞賛される行為は，刑法において犯罪として処罰されることはありえない。たとえば，人を殺す行為や他人の物を盗む行為は，刑法に違反し，犯罪として処罰されるべき行為であるばかりでなく，社会倫理や道徳にも反する行為である。これに対して，道路に落ちているゴミを拾う行為，老人をいたわり，親切にする行為を刑法上の犯罪として処罰するということはありえない。

しかし，現代社会においては，社会倫理や道徳と刑法とは明確に

区別して考えなければならない。倫理や道徳は，本来的に個人の内心における価値観の問題であり，法によって強制すべきものではなく，刑法よりも高い次元の領域に属するものである。したがって，倫理や道徳といった社会秩序の維持に刑法の役割を求めることは，国家が刑罰によって一定の価値観を国民に強制すること（リーガル・モラリズム）を認めるもので，妥当とは思われない。とくに，個人の多様な価値観が認められている現代社会においては，刑法は，多様な価値観をもった人々が平和に共存していくうえで，どうしても侵害・危殆化してもらっては困る重要な法益に限定して保護する役割を果たすべきものである。

2　人権の保障

　刑法のもう1つの重要な役割は，国家権力による恣意的な刑罰権の行使を制約し，国民の人権を保障することに求められる。刑法は，犯罪として処罰すべき行為をあらかじめ明確に法律に規定し，犯罪として処罰される行為と処罰されない行為とを明確に区別することによって，国民の行動の自由を保障する役割を果たしている（罪刑法定主義）。いかに反社会的だと思われる行為を行った場合であっても，それが犯罪行為として法律に規定されていないかぎり，国民は絶対に処罰されることはありえない。こうして，刑法は，犯罪者になる可能性をもった国民に対して，犯罪と刑罰に関する予測可能性を与えることによって，国民の人権を保障しているのである。

　それと同時に，刑法は，実際に犯罪を行った者の人権をも保障している。すなわち，いかに悪い犯罪者であっても，刑法に定められている種類以外の刑罰を科せられたり，刑法が可能なものとしている範囲を超えた刑罰を科せられることはありえない。たとえば，ど

んなに価値の高い他人の財物を盗んだ者に対しても、死刑を科すことはできないし、複数の犯罪の併合罪加重（45条以下）や常習犯などの累犯加重（57条）の要件を満たさない以上は10年を超える懲役刑を科すこともできない。犯罪者の人権をも保障する役割を果たす点で、刑法は、犯罪者のマグナ・カルタといわれるのである。

国民および犯罪者の人権保障の内容は、次章に述べる罪刑法定主義において具体化されている。

3 調和的な運用の必要性

以上のように、刑法は、法益保護と人権保障を役割とする法律である。しかし、この2つの役割は、互いに矛盾する要素を含んでいることも否定できない。法益保護だけを重視して刑法を運用しようとすれば、国民の行動の自由や犯罪者の人権を保障する役割がおろそかになってしまう。また、逆に、人権保障だけを強調して、刑法の適用を厳格にする場合には、法益を保護するという役割を十分果たすことができなくなる。それでは、刑法に対する国民の信頼を失い、ひいては、犯罪の抑止による法益の保護という刑法の役割も果たせなくなってしまう。

このように、刑法の2つの役割は、いずれか一方を過度に重視・強調する形で運用するのは適切でなく、両者をうまく調和させていかなければならない。社会的に望ましい形で両者の調和的な運用のあり方を検討することが、刑法学の重要な課題なのである。

Bridgebook

第2章

刑法の基本原理

I 法律が犯罪と刑罰をつくる——罪刑法定主義

1 罪刑法定主義の目的

(1) 罪刑法定主義の意義

近代市民社会の刑法（近代刑法）は、ヨーロッパ中世の絶対王政期の恣意的な刑法を克服するため、罪刑法定主義という原理を採用した*9。それは、どのような行為が犯罪とされるのか（罪）と、どのような犯罪にどのような種類と程度の刑罰が科されるのか（刑）を、法律に明示（法定）して予告しておかなければ、いかなる行為も犯罪として処罰することはできないとするものである。このような考え方を 法律主義 という。近代刑法学の父とよばれるフォイエルバッハ（1775-1833年）は、このことを、法律なければ犯罪なく、法律なければ刑罰なし という分かりやすい言葉で表現した。

近代刑法は、犯罪と刑罰を事前に明示しておくことで、どのような行為がどのように処罰されるかの予測可能性を人びとに与え、安心して行動する自由を保障するとともに、国家権力による刑罰権の専断的・恣意的な行使を阻止しようとしたのである。その目的は、犯罪と刑罰を予告することで、国家による不意打ち的な処罰を回避

21

することに求められる。「何人(なにびと)も、法律の定める手続によらなければ、その生命若しくは自由を奪はれ、又はその他の刑罰を科せられない」と規定する憲法の条文は（憲31条）、この趣旨を明示的に宣言したものである。

A・フォイエルバッハ
(1775-1833)

*9 **罪刑法定主義のあり方** 近代刑法の大原則とされる罪刑法定主義も、歴史的には、全体主義国家や独裁国家の刑法、あるいは特殊な体制をめざす刑法のもとでは否定されることがありうる。そのような例として、1926年のソビエト刑法、ナチス時代の1935年改正刑法、1979年の中華人民共和国刑法を指摘することができる。その意味では、絶対的な原理としての扱いを受けているわけではない。しかし、現在の世界においては、1948年の世界人権宣言に明記され、1976年発効の国際人権規約B規約で再確認されているように、すでに否定しえない原理として広く承認されている。中華人民共和国刑法も、1997年の改正により、罪刑法定主義を採用することになった。

(2) 基本原理としての法律主義

犯罪と刑罰はすべての国民に対して等しく予告されなければならないから、予告の方法は、国家の制定する成文の法律によるのが最適だとされている（成文法主義）。予告について、わが国では、明治初年以来、官報*10によって法令を公布する方式が採用されている。また、国家刑罰権の専断的・恣意的な行使を確実に阻止するためには、犯罪と刑罰を法定する機関（立法）は、犯罪の成否を確認する機関（司法）や実際に刑罰を執行する機関（行政）から独立していなければならない。このため、罪刑法定主義は、三権分立主義にもとづく法律（成文法）主義を前提とするものになる。

さらに、それは、人びとの自由を保障する点で自由主義と結びつき、立法機関が犯罪と刑罰を決める点で、国民主権主義（国家刑罰

権が国民の意思に由来する）と代表制民主主義（国家刑罰権の範囲と内容が国民を代表する議会で決定される）とも必然的に結びついている。このように，罪刑法定主義は，近代刑法の原理であることにとどまらず，近代市民社会を基礎づけるさまざまな基本原理と密接に関連しているのである。

*10 **官報** 独立行政法人国立印刷局が発行するもので，国の公告のための機関誌として，指定された官報販売所を通じて普及される。憲法改正，各種の法令，条例をはじめとして，およそ官公務に関する事項が記載される。

(3) 法律主義の拡張

法律主義を徹底すれば，すべての犯罪と刑罰は，議会で制定された法律に規定されなければならないことになる。しかし，あまりに複雑化した今日の社会状況に適切に対応するためには，犯罪と刑罰のすべてを法律に規定することは不可能に近いだけでなく，現実的なものでもない。

そこで，憲法73条6号但書は，法律が個別的・具体的に委任していることを条件として（最大判昭和49年11月6日刑集28巻9号393頁参照〔猿払事件〕），罰則（刑罰法規）の制定を政令に委ねることができるとして，法律主義に一定の修正を認めている（特定委任）。また，憲法94条は地方公共団体に条例制定権を認め，それを受けた地方自治法14条3項は，条例に一定範囲の刑罰を定めることを包括的に委任している（包括的委任）。これらは，刑罰法規の根拠があくまでも法律にあることから，法律主義の例外ではなく，法律主義の拡張によるものである。とくに，条例における罰則については，それが公選の議員からなる地方公共団体の議会で制定される自治立法である点で，国民の公選による議員からなる国会で制定される法

23

律に類似した性質をもっているといえる（最大判昭和37年5月30日刑集16巻5号577頁参照）。

2 法律主義から導かれる予告機能

(1) 慣習で処罰することはできない

慣習の法源性　私法上（私人間）の紛争については，慣習法にも法としての効力が認められている。その理由は，私法上の紛争に関するかぎり，成文法の規定だけでは解決できない場合があり，当事者間に確立された慣習に拘束力を認めてもよい場合があるからである。私法上の紛争は，適用可能な成文法が存在しないからといって未解決のままに放置することはできないし，慣習を熟知している当事者間の紛争を慣習によって解決することも何ら不都合ではない。このため，法の適用に関する通則法3条は，「公の秩序又は善良の風俗に反しない慣習は，法令の規定により認められたもの又は法令に規定されていない事項に関するものに限り，法律と同一の効力を有する」としている。また，大学の「法学入門」などの講義でも，一般論として，慣習法が重要な法源の1つであることが教えられる。

慣習刑法の禁止　これに対して，成文法主義は，すべての国民に対して，犯罪と刑罰が等しく予告されていることを要求する。ここから，ただちに，特定の場所や特定の人びとにしか通用しないルール（慣習法）にもとづいて行為者を処罰することが禁じられる。これを 慣習刑法の禁止 の原則という。

刑事事件については，罪刑法定主義にもとづき，成文法で予告された行為にしか犯罪は成立しえないから，犯罪として法定されていない行為は無罪にするしかない。無罪判決も刑事事件の解決の1つであり，無罪判決は刑事事件の解決の放置を意味するものではない。

成文法に規定されていない行為をどうしても処罰したいのであれば，それを犯罪化する主張（立法論）を展開し，それを処罰する刑罰法規を立法したうえで，将来に向けての効力を予告しておかなければならない。慣習法に一般的な法源性を認めることと慣習刑法の禁止という，一見矛盾するかのような結論は，紛争の性格や法律の目的の違いから合理的に説明できるものである。

(2) 遡って処罰することはできない

法律は変化する　社会を規律するルールは，時代背景や社会情勢の変化などにともなって変わることがある。強制力によって社会を規律するルールとしての法律は，安定性の観点からは，目まぐるしく頻繁に変わることは望ましくないが，不変なものとして硬直化することも避けなければならない。法律も，時代や現実の社会のなかで，適切な方向に変わっていく（改正される）ことが認められる。

刑法に関しても，犯罪に対する社会の見方や処罰感情の変化などにともなって犯罪への対処の仕方が変わり，改正されることがある（→第7章）。典型的には，かつては合法とされていた行為が後に犯罪化されたり，軽い刑罰の対象であった犯罪が重罰化されることが考えられる。逆に，犯罪とされていた行為が不可罰とされたり，より軽い刑罰の対象に変更される例も見られる。

事後法の禁止　こうしたことから，行為の時点に存在していた刑法（行為時法）と裁判の時点で効力をもっている刑法（裁判時法）とが異なったり，さらには，行為時法・裁判時法の両者の間に存在した刑法（中間時法）のすべてが異なる事態が生じうる。このような場合，どの時点の刑法を適用すべきかを判断しなければならず，一般に刑法の時間的適用範囲（時際刑法）の問題として論じられている（→175頁）。

行為時法が行為後に重い（行為者に不利益な）方向で変更された場合（合法的行為の犯罪化と軽い刑罰の対象であった犯罪の重罰化の場合）には，行為時法を適用して対処する以外にない。このような場合は，行為時法が規定していた犯罪と刑罰だけが行為者に予告されていたのであり，重い内容となった事後法を適用することは，行為者を不意打ち的に処罰するものとして，罪刑法定主義に違反する。これは，法律主義からの当然の帰結であり，事後法の禁止 の原則とよばれている。「何人も，実行の時に適法であつた行為……については，刑事上の責任を問はれない」とする憲法39条前段は，事後法の禁止の原則を明示したものである。

行為者にもっとも有利な扱い　これに対して，行為後に行為時法が軽い（行為者に利益な）方向で変更された場合（犯罪であった行為の不可罰化と重罰対象であった犯罪に対する刑罰の軽減化の場合）は，行為時法による予告が明らかであった以上，行為時法を適用することに理論的な問題はなく，それが筋であるともいえる。しかし，罪刑法定主義の精神と目的を，不意打ち的な重い（不利益な）処罰の禁止だけに見るならば，社会の処罰感情が行為時よりも弱まった場合は，それを裁判時に反映してよいと考えることもできる。行為後に利益に変更された事後法の適用を認めても，罪刑法定主義の精神は守られるからである。行為者にとって利益に変更された事後法の適用を認める刑法6条は，このような考え方にもとづいている。

ところが，刑法6条は，利益に変更された裁判時法の場合だけでなく，「犯罪後の法律によって刑の変更があったときは，その軽いものによる」と規定し，中間時法による変更をも想定して，数回の変更があった場合には，もっとも軽い内容を規定する刑罰法規を適用することまでを明示している。また，「刑の変更」には「刑の廃

止」を含むと解されており、刑法6条の射程はさらに拡張されている。刑法6条のこのような態度は、行為時と裁判時における社会の処罰感情の変化からは説明できないものであり、時際刑法という理論的問題を前提にしながらも、およそ行為者にもっとも有利な内容を規定する時点の刑法を適用するという政策的判断（刑事政策）にもとづいたものである。

(3) 借り物の罰則で処罰することはできない

拡張解釈の必要性　刑法の予告機能の重要性をどんなに強調してみても、犯罪とされる行為の内容を刑罰法規に具体的かつ網羅的に規定することは、およそ不可能である。刑法にかぎらず、法律の条文は、一定程度抽象的に表現せざるをえないという内在的な制約をもっている。したがって、法律の条文の適用にあたっては、抽象的に表現された文言を解釈して、具体的な事案に当てはめる作業が不可欠になってくる。その際、文言の意味を拡張して解釈すること（拡張解釈）は許されなければならない。およそ拡張解釈を許さないとすることは、犯罪とされるべきすべての事象や類型を網羅的に規定することを要求するのと同じであり、立法者に不可能を強いることになるからである。

類推解釈の禁止　他方、拡張解釈をしてもA行為の処罰を可能にする刑罰法規が存在しない場合、Aと何らかの共通性をもつB行為の処罰を規定する刑罰法規があったとしても、Bを処罰する刑罰法規を利用してAを処罰すること（準用または類推解釈）は許されない。これを 類推解釈の禁止 の原則という。Bの意味を拡張してもA行為をそれに取り込めない（文言の可能な意味を超える）かぎり、Bの処罰規定でAを処罰することは、Bが予告していた文言の範囲を超えるものであり、人びとの予測を裏切ること（不意打ち処罰）

になるからである。たとえば，秘密漏示罪（134条）は，医療従事者などが業務に関して知った秘密を正当な理由なしに漏らす行為を処罰するが，医師を主体とする一方で看護師を主体としていない。したがって，医療従事者としての医師との共通性を理由として，患者の秘密を漏らした看護師を刑法134条で処罰することは，類推解釈によるものとして許されないのである。看護師の秘密漏示を処罰したいのであれば，刑法134条の主体に看護師を含む形で条文を改正しなければならない[11]。

「刑法においては，拡張解釈は許されるが，類推解釈は許されない」といわれるのは，このような意味であり，罪刑法定主義からの当然の帰結である。もっとも，患者の秘密を漏らした看護師が刑法134条違反で起訴されることはありえない（そんなことをする検察官は存在しない）一方で，拡張解釈と類推解釈の具体的な違いは，概念的な説明からイメージされるほどに明確なわけではない。両者の区別は，実際に裁判の場で問題になることも多いが，裁判所の具体的な結論（判例）に対する学説の評価も常に一致するわけでもなく，非常に微妙である。刑法の解釈の特徴については，後に改めて考えてみることにしよう（→第3章）。

[11] **看護師による秘密漏示の処罰**　1974年に公表された改正刑法草案317条1項は，秘密漏示罪について，広く「医療業務……に従事する」者を犯罪の主体とし，看護師を当然に含む形の立法形式を提案していた。また，保健師助産師看護師法が2001年に改正され，守秘義務の規定が追加された（同法42条の2）ことにともない，看護師による秘密漏示行為も刑法134条と同じ重さの刑で処罰されることになり（同法44条の3），特別法による立法的解決が実現している。

I 法律が犯罪と刑罰をつくる ── 罪刑法定主義

3 罪刑法定主義の考え方の徹底

(1) 罪刑法定主義の実質化

以上のように,刑法の予告機能を重視する罪刑法定主義は,法律（成文法）主義から出発して,そこから当然に（直接的に）導かれる慣習刑法の禁止,事後法の禁止,類推解釈の禁止を中心に展開されてきた。これらの諸原則は,近代刑法が当初から強調していたものであり,罪刑法定主義の古典的内容 ということができる。他方,今日一般に認められている罪刑法定主義の内容は,こうした古典的な諸原則にとどまらず,より積極的な役割を果たすことが期待されている。すなわち,刑罰法規の内容そのものを制約することによって,より実質的な人権保障が積極的に図られているのである。これを罪刑法定主義の現代的内容 という。

犯罪の成立要件を規定する 構成要件 は（→66頁）,現代的内容をも含めた罪刑法定主義の諸原則を具体的に反映し,実現する形で作られている。

(2) あいまいな罰則は許されない

明確性の原則　人々の行動の予測可能性を確実なものにするために,刑罰法規は,条文の抽象性という内在的制約を前提としながらも,その内容ができるかぎり具体的で明確に規定されることが望ましい。これを 刑罰法規明確性の原則 という。「社会にとって有害な行為」というような過度に抽象的であいまいな文言で犯罪を規定することは許されず,「人を殺した」（殺人罪）,「他人の財物を窃取した」（窃盗罪）のように,誰が読んでもすぐに分かるような規定方法が要求されるのである。また,不意打ち的な処罰を防止するためには,どのような行為が犯罪になるかということだけでなく,

個々の犯罪に対する法的効果としての刑罰の内容も具体的に明示されなければならない。明確性の原則からは，個々の犯罪に対する刑罰の種類（刑種）と程度（刑量）を予告すべきことが要請され，刑種と刑量またはそのどちらか一方が予測できないような規定方法は許されないことになる（絶対的不定刑・絶対的不定期刑の禁止）*12。

もっとも，個々の刑罰法規が明確かどうかは，条文の抽象性という内在的制約との関連で，画一的に判断することがきわめて困難である。実際，具体的な事件の裁判で，この問題が争われることも少なくない。

*12 **絶対的不定刑と絶対的不定期刑**　絶対的不定刑とは，行為の処罰を規定しながら，それに対する刑種と刑量を規定しないか（法定刑の不存在），刑種だけを規定して刑量を規定せずに（不十分な法定刑），具体的な刑罰の決定そのものを裁判官の裁量に委ねるものをいう。絶対的不定期刑とは，刑種と刑量を法定刑として明示しながら，具体的な刑量の決定を行政機関の裁量に委ねるものをいう。いずれの場合も，国民は，どのような内容の処罰を受けるかについて予測がつかず，不意打ち的な処罰の危険にさらされることになる。

明確性が争われる事案　代表的なものとしては，福岡県青少年保護育成条例違反事件があり（最大判昭和60年10月23日刑集39巻6号413頁），18歳未満を相手とする「淫行」の意味の明確性が争われた。問題は，処罰すべき行為（淫行）の範囲をどのように限定すれば，明確なものといえるかである。18歳未満の者を保護する淫行処罰は，一般に，18歳未満に対する「性交または性交類似行為」を処罰するものと解されている。しかし，それでは，16歳以上18歳未満の女性を相手方とする婚約者間の性交までが違法とされる（非常識とも思われる結果になる）可能性を排除できない。16歳以上の女性は，法律上，婚姻が可能だからである（民731条）。

最高裁判所は，かつて，「具体的な事件で起訴された者の行為」が禁止されていることさえ明らかであれば，一般的な形で禁止の範囲が明確でなくてもよいとしたことがある（最大判昭和47年11月22日刑集26巻9号554頁〔川崎民商事件〕）。しかし，明確性を個々の事件（行為者）との関係だけで判断するのは，刑法の予告が国民一般に対するものであることを軽視するばかりでなく，事後的に見れば，どのような内容の刑罰法規も明確であったとすることにすらなりかねない。

　その後，最高裁判所はこうした考え方を改めて，明確性は，通常の判断能力をもつ一般人を基準に判断すべきであるとした（最大判昭和50年9月10日刑集29巻8号489頁〔徳島市公安条例事件〕）。そして，福岡県条例についても，一般人の解釈によって禁止の範囲が合理的に限定できる（婚約者間の行為は処罰対象から当然に除かれる）から問題はないとしたのである。しかし，そのような限定（合憲的限定解釈）は通常人にとっては容易なものではないし，一般人の解釈（限定）が裁判所の解釈と常に同じになるわけでもない。福岡県青少年保護育成条例違反事件においては，「淫行」の意味について裁判官の間でさえ解釈が分かれたし，最高裁判所の結論を疑問視する学説も少なくない。

(3) 罰則の内容は適切でなければならない

　国家刑罰権に対して国民の権利と自由を積極的に保護しようとすれば，刑罰法規の内容そのものが，人権を害する可能性をもつものであってはならない。こうした考え方を，刑罰法規適正の原則または適正処罰の原則という[13]。この原則からは，さらに，犯罪者といえども残虐な刑罰を科してはならないこと（残虐な刑罰の禁止），犯罪と刑罰とが釣り合うべきこと（罪刑の均衡），犯罪類型の間で刑

罰に不均衡があってはならないこと（差別的な刑罰の禁止），処罰するに値しない行為（非当罰的行為）を犯罪としないこと（適正な犯罪化），といった具体的な制約が導かれる。手足の切断や耳そぎといった身体刑（これが使われた時代もあった）を認める立法，窃盗罪に死刑を規定する立法，不倫を犯罪とする立法は，形式的には法律主義に反していないが，人権の実質的な保障という観点から，そのような立法をすること自体が許されないのである。罪刑法定主義の現代的内容は，実質的な人権保障を図るところに意味をもっている。

憲法36条が残虐な刑罰を禁止する一方，日本が死刑制度を存置していることとの関係で，死刑が残虐な刑罰に当たらないかが争われている。最高裁判所は，死刑の執行方法の残虐さを問題にして，残虐な刑罰に当たらないとする結論をとっている（最大判昭和23年3月12日刑集2巻3号191頁，最大判昭和30年4月6日刑集9巻4号663頁など）。しかし，最高裁判所も認めるように，死刑そのものが残虐な刑罰として評価される可能性が永久に否定されているわけでもない（前掲・最大判昭和23年3月12日）。残虐性の判断は，文化的な風土や人々の世界観・人間観などとの関わりで相対的なものであり，変化しうるものだからである。同じような議論は，処罰すべき行為（当罰的行為）と処罰に値しない行為（非当罰的行為）との区別についても妥当する。

*13 **実体的デュー・プロセス**　刑罰法規適正の原則は，アメリカなどの動きを意識して，実体的デュー・プロセスの理論とよばれることもある。英米法（コモン・ロー）系に属するアメリカでは，刑事裁判の適正手続（デュー・プロセス）を確立することを通じて人権の保障を図ってきた。それは，イギリスのマグナ・カルタ（1215年）から出発して，フィラデルフィア宣言（1776年）などを経て，合衆国憲法に実現されたといわれている。その後，こうした観点が徹底され，適正手続の確立にとどまらず，実体法（刑罰法規）の内容の適正が求められるようになっている。

II 責任がなければ処罰されない ── 責任主義

1 責任主義の意義と重要性

(1) 結果責任から規範的責任へ

結果責任 刑法が犯罪として規定する事実（結果）が生じ，それが社会的に許されないものであった場合，行為者には必ず犯罪の成立が認められなければならないのだろうか。ギリシャ時代などには，たとえば家畜が人に危害を与えた場合などのように，刑法の保護する生活利益（法益）の侵害が生じた以上は，行為者の内心（主観）のあり方とは無関係に犯罪の成立が認められ，刑罰が科せられていたといわれる。悪しき結果に対するこのような対応を，一般に，結果責任 ないしは 客観的責任 とよぶ。しかし，結果責任にもとづく処罰は，法益侵害（害悪）に対する単なる反作用・反動として刑罰という名の害悪を与えるものにすぎず，行為者の意思に働きかけて犯罪を思いとどまらせるような役割を果たすものではなかった。そこでは，刑罰は目的のないものとして使われ，刑罰権の行使に積極的な意味は与えられていなかったのである。

規範的責任 これに対して，近代刑法は，犯罪は自由な意思にもとづく行動選択（自由な自己決定）の結果であるとし，刑罰を科すことによって犯罪者（行動選択を誤った者）の意思に働きかけ（規範意識を目ざめさせ），犯罪を予防すべきだと考えた。近代刑法は，犯罪と刑罰を予告しておけば（罪刑法定主義），人びとは適法行為の選択を動機づけられるとしたのである。したがって，適法行為への動機づけが可能であった（他行為〔犯罪以外の行為〕を選択できたはず）にもかかわらず，自己を犯罪へと動機づけて行動した者は，誤っ

た行動選択に対して、刑罰による規範的非難を受けなければならないとされる。このような意味の非難可能性を 責任（有責性）といい、このような考え方を 規範的責任論 とよぶ。

(2) 責任主義の意義

法益侵害について行為者を非難できない場合には、責任がないことを理由として犯罪の成立が否定される。これを 帰責における責任主義（狭義の責任主義）といい（単に 責任主義 ということも多い）、責任なければ刑罰なし という表現で知られている。このような責任主義の考え方（原則）は、旧派の刑法理論（→10頁）を前提とするものであるが、現行刑法も認めている。現行刑法における有責性の要件は、それを犯罪の成立要件として反映させたものである。

なお、最近は、「責任なければ刑罰なし」の原則をさらに進めて、「刑罰は責任の程度（量）に比例しなければならない」という内容をそれに付け加え、刑罰の量定基準として責任を重視する考え方が強くなっている。これを 量刑における責任主義 とよび、帰責における責任主義とあわせて 広義の責任主義 ということがある。改正刑法草案48条1項は、広義の責任主義の観点から、「刑は、犯人の責任に応じて量定しなければならない」とし、量刑における責任主義の明文化を提案している。

2 責任主義の内容

(1) 主観的責任の原則

狭義の責任主義によれば、犯罪に対する行為者の責任を認めるためには、行為者に、規範的な非難の前提となる責任能力が認められるとともに、犯罪的な内心（故意または過失）が認められなければならない。これを 主観的責任の原則 という。わが国の刑法も、処罰

の対象を故意（例外的に過失）にもとづく行為に限るとともに（38条1項），責任能力を欠く行為者の行為の不処罰を明示している（39条1項〔責任無能力〕，41条〔刑事未成年〕）。なお，故意（少なくとも過失）の存在を要求することを主観的責任の原則から独立させて，とくに 意思責任の原則 とよび，結果責任と対比させるのが一般である。意思責任の原則は，英米法の行政取締法規における厳格責任（行政取締りの必要から故意・過失の存否を問わずに処罰する）や客観的責任（客観的な基準によって意図の存在を擬制する）のような若干の例外は見られるが，広く一般に認められている[*14]。

*14 **結果的加重犯の扱い** 結果的加重犯 とは，一定の故意犯（基本犯）から重い結果（死傷がほとんど）が生じた場合に加重刑を科す犯罪をいい，傷害致死罪（刑205条）が典型である。判例は，基本犯（傷害罪）について故意が認められる以上は責任主義が満たされているとして，重い結果（死亡）に対する行為者の主観的責任を不問に付してきた（最判昭和32年2月26日刑集11巻2号906頁参照）。他方，学説のほとんどは，重い結果に対する過失の存在を要求して，責任主義との調和の必要性を強調している。なお，ドイツ刑法では，重い結果に対する「少なくとも過失」を明示的に要求しており（18条），立法によって問題を解決している。

(2) 主観的責任の帰結

非難可能性としての責任は，特定の行為者が実行した具体的な行為との関係でしか問題になりえない。このことから，2つの重要な結論が導かれる。1つは，責任主義が 個人責任の原則 を内容とすることである。古くは，血縁などの特殊な人的関係を根拠とする団体処罰（縁座や連座とよばれた）が支配していた時代もあったが，今日では，そのような形の処罰は明確に否定されている。団体責任を認めるかのように見える共犯処罰も，個人責任にもとづく共働現象として理解されている。もう1つは，犯罪行為の時点に責任が存在しなければならないということで，実行行為と責任の同時存在の原則

とよばれる。もっとも，同時存在の原則を徹底すると，行為者がみずからを責任のない状態に陥れ，そのような状態を利用して犯罪を実行した場合に，行為者を処罰できないという不都合が生じることになる。そこで，そのような結論を回避するために，原因において自由な行為*15 という理論が主張されている。

*15 **原因において自由な行為の理論**　　原因において自由な行為とは，行為者が，責任能力のある段階で飲酒や薬物を服用するなど（原因行為）して実行行為時の自己を責任無能力状態に陥れ，その状態を利用して犯罪を実現する場合をいう。このような場合，実行行為と責任能力の同時存在の原則からすれば，行為者には責任が認められず，犯罪が成立しないことになる。しかし，自分が作出した責任無能力状態を自分で利用した場合にまで犯罪が成立しないとするのは非常識であるとされ，この場合の処罰を導く理論として，原因において自由な行為の理論が展開されている。それには，責任無能力状態にある自己を自分で道具として利用したとする見解（間接正犯類似説）や，原因行為と実行行為が連続的な意思で統制されていることを根拠とする見解がある。

3　消極的責任主義と積極的責任主義

狭義の責任主義は，責任が存在しないかぎりは犯罪が成立しないとして，刑罰権の行使を限定する消極的機能を責任に求めるものであり，消極的責任主義 とよばれる。他方，さらに積極的な機能を責任に求め，責任の存在が刑罰権を根拠づけるとすることもできる。それは，「責任なければ刑罰なし」の機能を超えて，「責任あれば刑罰あり」という結論を認めるものであり，積極的責任主義 とよばれる。しかし，責任の機能は，消極的責任主義か積極的責任主義かという，排他的ないしは択一的なものとして考えるべきではない。責任は，刑罰を根拠づける機能とともに，それを限定する機能をもっているからである。

責任主義は，責任の存在が刑罰権を根拠づけると同時に，責任の

不存在が刑罰権の行使を制約する機能をもつものとして理解しなければならない。その意味で，消極的責任主義と積極的責任主義は，併存的なものである。ただ，責任があれば必ず刑罰があるとする意味で積極的責任主義を用いるならば，それは責任主義の一面的な機能だけを過度に強調するものであり，妥当でない。刑事司法が 執行猶予制度（刑 25 条以下）[*16] や 起訴裁量主義（刑訴 248 条）[*17] を採用しているのは，直接的には刑法の謙抑性を示すものであるが，責任があれば必ず刑罰があるという意味での積極的責任主義を否定することが前提となっている。

[*16] **執行猶予制度**　　執行猶予とは，有罪判決の刑の言渡しと同時に，情状によって刑の執行を一定期間見合わせること（執行猶予）を言い渡し，執行猶予を取り消されずに期間を経過したとき，刑の言渡しの効力を失わせる（刑の言渡しを受けなかったものとする）恩恵的な制度である（刑 27 条）。その目的は，科刑によるマイナス（短期自由刑による犯罪性のさらなる悪化など）を回避するとともに，執行猶予期間中に新たな犯罪を行った場合や，保護観察（刑 25 条の 2）の遵守事項に違反した場合には恩恵がなくなるという心理的強制によって，社会内で犯人の自覚にもとづく改善更生を図る点にある。

[*17] **起訴裁量主義**　　わが国においては，刑事事件において被疑者を起訴できるのは検察官に限られ（国家訴追主義），私人による起訴（私訴）は認められていない。ただ，実際に起訴（公訴提起）するかどうかは検察官の裁量に委ねられており，犯人の性格や年齢・境遇，犯罪の軽重や情状，犯罪後の情況といった諸事情から訴追の必要がないと判断される場合には，検察官は公訴を提起しないことができるものとされている。このような制度を 起訴裁量主義（起訴便宜主義）といい，犯罪の疑いがあって有罪の蓋然性がある以上は必ず公訴を提起しなければならないとする制度（起訴法定主義）と対比される。

Ⅲ 刑法はでしゃばらない ── 謙抑性，補充性，断片性

1 刑法の謙抑性

　刑法は，犯罪を規定するとともに，それに対する刑罰（法的効果）を規定する。刑罰は，犯罪に対する社会の非難として犯罪者に苦痛を与える（法益を奪う）点で，あらゆる法的効果のなかで，もっとも厳しい内容のものである。とくに，死刑制度をもつ日本では，刑罰として犯罪者の生命を奪うことさえある。したがって，できることならば，このような厳しい法的効果（刑罰）に頼ることなく社会の秩序が維持・回復されることが望ましい。ここから，刑法は，なるべく「でしゃばらず」に，「控え目」な態度をとるべきことが要請される。こうした要請を実現するのが，謙抑性の原則 または 謙抑主義 とよばれる考え方である。

2 謙抑性からの要請

　謙抑性の原則からは，何よりも犯罪を立法する際に，刑罰で対処する以外に適切な方法のない行為だけを選んで犯罪化し，それ以外のものは他の手段に任せるべきことが要請される（立法における謙抑性）。刑法は，他の手段を補う形で，最後の手段として用いるだけで，その役割を十分に果たすことができるのである（刑法の補充性または最終手段性）。このため，完璧で網羅的な犯罪カタログを作ることが否定され（許されず），犯罪とされる行為は断片的に記述されることになる（刑法の断片性または非体系性）。財産犯において，過失（不注意）による財産侵害は一切処罰されず，故意の財産侵害の処罰も網羅的ではない（故意の債務不履行などは犯罪化されていな

III 刑法はでしゃばらない —— 謙抑性,補充性,断片性

い)点に,こうした趣旨が明らかである。しかし,このような要請にもかかわらず,最近の日本の刑事立法は,社会情勢などとの関係で相当にでしゃばることが求められていると思われる場面も散見される。この点については,後に改めて考えてみることにしよう(→ 57 頁,191 頁)。

また,刑法の適用の場面でも,刑罰権の発動はできるかぎり控えるべきだという要請が働いている(運用における謙抑性)。すでに述べた執行猶予制度や起訴裁量主義,さらには,被害が軽微な場合に犯罪の成立を実質的に否定する解釈論(可罰的違法性の理論)が主張されるのも,謙抑性の要請にもとづくものということができる。

第3章 刑法の解釈

I 条文解釈の必要性と解釈の方法

1 条文解釈の必要性

　社会に起きる多種多様な出来事を法的に（裁判によって）解決するためには，具体的な事実を確定したうえで，それが何らかの法律の条文に当てはまるかどうかを検討しなければならない。しかし，法律の条文に示される法規範は，社会に起こりうるすべての出来事を具体的に想定したうえで網羅的に規定することは不可能であり，同じような事案を同じように解決しようとする形でしか規定できないから，一定程度は，抽象的な概念や言葉によって一般的に表現せざるをえない。抽象的な表現による規定方法は，法規範の免れられない宿命であり，条文に内在する制約である。

　このため，裁判においては，個々の条文で使われている概念や文言の意味内容を明らかにし，その条文が適用される対象や範囲を確定したうえで，具体的な事案をそれに当てはめる作業が不可欠になってくる。このような，条文の適用範囲を確定するための作業を，条文解釈 という。法規範の抽象性と条文解釈の必要性は，刑法に特有のものではなく，すべての法規範について必要とされる作業であ

り，したがって解釈の種類や方法もすべての法規範に共通することになる。

2 解釈の種類と方法

(1) 文理解釈と目的論的解釈

条文解釈の基本は 文理解釈 であり，日常的な意味に従って文言や概念の内容を明らかにすることである。ただ，文理解釈だけで条文の適用範囲を確定できることはほとんどなく，立法者の意思を基準とする 歴史的解釈 や，他の規定との関連などを参考にする 論理的・体系的解釈，個々の条文に期待されている目的を考慮する 目的論的解釈 との組み合わせによって，はじめて妥当な判断が導かれることが多い。

たとえば，刑法199条の「人を殺した『者』」は，文理的には「自分を殺した者（自殺者）」も含みうるが，刑罰として死刑が規定されていることから，自殺者は当然に除外されていると解釈することになる。また，199条の被害者である「人」は，文理的には人への生育過程にある生命体（胎児）を含むと考えることも可能であるが，胎児としての状態を保護する堕胎罪（212条以下）が別に規定されていることから，胎児は199条の客体から除外されていると解釈しなければならない。ただ，文言や概念は不変的なものでなく，社会のありように応じて変わりうるものであるから，目的論的解釈が大きな役割を果たすことが多い。

(2) 条文解釈の方法

解釈の方法として重要なものは，反対解釈，縮小解釈，拡張解釈，類推解釈である。反対解釈 は，AとBという似た事実が問題になる場合に，Aについてだけ規定する条文はBに適用されないとい

〔図1〕拡張解釈と類推解釈

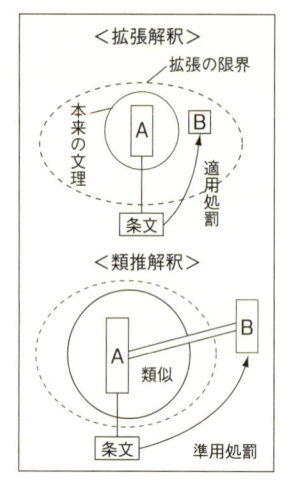

＜拡張解釈＞
拡張の限界
本来の文理
A／B
条文　適用処罰

＜類推解釈＞
A　類似　B
条文　準用処罰

う結論を導く。これによって，人の殺害だけを規定する199条は，人以外の生命体（動物や植物）の殺害には適用されないことがわかる。縮小解釈は，条文の適用範囲を適切に限定するために，文言の日常的な意味を狭めて解釈するものである。福岡県青少年保護育成条例違反事件において（→30頁），日常的には「性交または性交類似行為」を意味する「淫行」を，「青少年を誘惑し，威迫し，欺罔し又は困惑させる等その心身の未成熟に乗じた不当な手段により行う」ものと「青少年を単に自己の性的欲望を満足させるための対象として扱っているとしか認められない」ものにかぎる，とした最高裁判所の解釈（前掲最大判昭和60年10月23日）はこのようなものである。

拡張解釈は，縮小解釈とは逆に，文言の日常的な意味を広げることによって，条文の適用を望ましい範囲にまで拡張して妥当な解決を図るものである。他方，類推解釈は，Aに類似したBが問題となる場面で，Aについて規定する条文の文言の日常的意味を拡張してもBをそれに取り込めない場合に，AとBとの共通性を根拠として，Aについて規定する条文をBに利用すること（準用または類推適用）をいう。刑法では，罪刑法定主義によって類推解釈が禁じられることから（→27頁），拡張解釈と類推解釈の違いがとくに重要であり，実際の刑事裁判の場でも争われている（→46頁）。

Ⅱ　刑法における解釈の特徴──民法の解釈との違い

1　法律が予測していなかった事態への対処の方法

(1)　民法の対応

民事裁判の特性　私人間の紛争を解決する手段である民事裁判においては、具体的な紛争についてもっとも妥当な解決を導くにはどうすべきか（原告と被告のどちらを勝たせるのが適切か）という観点（裁判所が考える社会的正義の実現としての結論の妥当性）が重視されてよい。したがって、厳格な解釈による法の適用が常に妥当な結論を導くというわけではなく、法適用の前提となる条文解釈に柔軟性が求められることがある。日常的な意味を超える条文を準用しなければ妥当な解決が得られない場合もあるし、適用すべき条文が存在しない場合には、慣習や条理によって解決しなければならないこともある。民事事件においては、法の不存在や不備を理由に紛争を放置することは許されないのである。

民法における類推解釈　類推解釈による解決の例として、身近で内容が分かりやすい家庭裁判所の審判例を見てみよう。それは、内縁の夫婦の一方が死亡した事案について、民法768条にもとづく財産分与を認めたものである（大阪家審昭和58年3月23日家月36巻6号51頁）。民法768条1項は、協議離婚をした場合に財産分与の請求ができることを規定している。そこでは、法律婚（婚姻届が受理された婚姻）を前提として、離婚による婚姻解消が要件となっている。したがって、婚姻届をしていない内縁関係（事実婚）は予定されていないし、死亡による婚姻解消も予定されていない。そのような条文との関係で、内縁関係の解消の場合については、すでに、

民法768条の準用（類推解釈）によって、財産分与請求を認めることが裁判実務として確立していた。大阪家庭裁判所は、財産分与の本質を夫婦共有財産の清算と解する立場を前提として、それまでの実務をさらに進め、「協議『離婚』による『婚姻関係』の解消」を明示する民法768条1項を「『死亡』による『内縁関係』の解消」についても準用し、死亡した相手方の相続人に対する財産分与請求を認めたのである。

他方、遺産相続については、内縁関係にしかない者は「配偶者」としての法定相続人（民890条）になることはできない。ここでは、法律婚だけが保護に値する婚姻と考えられており、そのような解決で不都合はないと考えられているからである。もっとも、内縁関係にも法定相続と同じ効果を認めることが適切だと裁判所が考える事案が生じた場合には、内縁関係に民法890条を準用する可能性も残されている。

(2) 刑法の対応

刑事裁判と類推解釈　このような民事事件の裁判に対して、国家が被告人の処罰を求める刑事裁判では、被告人の行為が刑罰法規に示された犯罪成立の要件に当てはまるかどうかだけが判断の対象であり、被告人を処罰することが妥当かどうかといった観点が入りこむ余地はない。したがって、不意打ち的な処罰を禁じる罪刑法定主義を前提とする刑法においては、文言の意味を広げる拡張解釈までは許されるが、準用による処罰や慣習・条理にもとづく処罰は許されないのである。

なお、類推解釈とは直接の関係はないが、刑事裁判においては、民事裁判よりも厳格な事実認定が要求されており、「合理的な疑いを越える程度」の証明がない場合には、疑わしきは被告人の利益の原

則のために無罪判決をしなければならないことに注意が必要である[*18]。こうした点にも，民事裁判と異なる刑事裁判の特徴を見ることができる。

*18 「疑わしきは被告人の利益に」の原則　私人間の紛争処理を任務とする民事裁判においては，証明責任を負っている原告は，優越することが明らかな証拠を提出して自己の主張を証明した場合に勝訴し，それができなければ敗訴する。当事者のいずれを勝たせるべきかが重要な民事裁判では，優越的な証拠の有無で判断することに合理性が認められるからである。
　他方，刑事裁判においては，刑罰権の発動はできるかぎり控えるべきであるとともに，被告人は有罪が確定するまでは無罪が推定されていることから，原告である検察官は（刑訴247条参照），合理的な疑いが生じる余地のない程度の確実性をもって有罪を証明する（無罪推定を破る）ことが義務づけられている。したがって，合理的な疑いの余地がない程度の有罪立証ができない（有罪が疑わしい）場合には，被告人に利益な扱い（無罪判決）がなされる（最判平成22年4月27日判時2080号135頁）。これを疑わしきは被告人の利益の原則といい，世間的には，「疑わしきは無罪に」とか，「疑わしきは罰せず」，といわれることも多い。

許容される類推解釈　もっとも，学説の多くは，刑法における類推解釈を一律に否定すべきものとまではしていない。類推解釈の禁止を，不意打ち的な処罰（被告人に不利益に機能する場面）を避けるためだけのものと考えれば，類推解釈による処罰の否定（被告人に有利に機能する場面）は許されると考えることもできるからである。そのような例として，犯罪の実行に着手する前の段階の行為を犯罪化している予備・陰謀罪（→131頁）について，実行の着手を前提とする中止未遂の規定（刑43条但書）を準用すること（予備・陰謀の中止）や，飼犬などが発生させた危難に対して，自然人の違法行為の存在を要件とする正当防衛規定（刑36条）を準用する場合（対物防衛→102頁）などが一般に認められている。

2 刑法における拡張解釈と類推解釈

(1) 拡張解釈の例

　刑法は，人の殺傷については，殺人と傷害を区別して，それぞれ別の条文（199条〔殺人罪〕と204条〔傷害罪〕）で対応している。他方，他人の所有物である動物については，器物損壊罪（261条）が「傷害」を規定するだけで，「殺害」に言及する条文はない。しかし，他人の財産を保護するための器物損壊罪において，他人所有の動物の殺害を損壊と同視することは当然であり，「傷害」よりも重大な「殺害」を261条が除外していると解釈することはできない。また，強盗罪（236条）は被害者の抵抗を抑圧する手段として暴行・脅迫だけを規定しているが，もっとも強力な抵抗抑圧手段である「殺害」が「暴行」に含まれるのは当然である。暴行や傷害すら処罰する条文を殺害の事案に適用しても，予告機能は果たされているからである。これらが，刑法における拡張解釈の例である。

(2) 類推解釈の例

　これに対して，類推解釈に当たることを理由として無罪とされた事例は，それほど多くない。類推解釈が争われるような事案は，そもそも起訴されることすら珍しいからである。類推解釈の典型例には，ガソリンを入れた火炎びんを人に向けて投げ，発火させたという事実を爆発物取締罰則1条違反（爆発物使用罪）で起訴した事案において，1条にいう「爆発」は理化学上の爆発現象による強度の破壊力をもたらすものだけを意味するとして，無罪としたものがある（最大判昭和31年6月27日刑集10巻6号921頁）。その後，この種の事案に対処するため，1972年に，いわゆる火炎びん処罰法が制定された。また，いわゆる公害犯罪処罰法3条1項にいう「排出」

は事業活動にともなう継続的な態様のものに限られ，一過性（事故型）の放出や流出を含まないとして無罪とした判例（最判昭和62年9月22日刑集41巻6号255頁）なども，類推解釈を理由に犯罪の成立が否定された事案と見ることができる。

類推解釈をしなければ処罰を導けないことが明らかな事案は，実際に起訴されることはありえないため，取り立てて議論する必要も実益もない。したがって，類推を許さない刑法解釈における実際上の困難は，拡張解釈と類推解釈の限界をめぐって，どちらとも考えられるような微妙な事案との関係で生じる。以上のような無罪判決の事例は，検察官が拡張解釈によって処罰を導けると考えて起訴したものを，裁判所が類推解釈と判断したものである。

3 拡張解釈と類推解釈の限界

(1) 電気窃盗事件

拡張解釈と類推解釈の区別に関して古くから有名なのが，旧刑法の窃盗罪（366条）における「所有物」の意義が争われた電気窃盗事件である。被告人が送電線に勝手に引込線をつけて電気を無断で使用した事案について，大審院（現在の最高裁判所に相当する）は，「物」という文言は有体物に限らず，可動性と管理可能性のあるものも含むとして，窃盗罪の成立を肯定した（大判明治36年5月21日刑録9輯874頁）。大審院は，民法上は有体物に限定されている「物」（民85条）を，可動性・管理可能性のあるものにまで拡張して解釈したことになる。この結論（管理可能性説）を支持する学説も多い。他方，「物」はあくまでも有体物に限られ，文理の拡張もその限度でしか許されないとする立場（有体物説）によれば，大審院の結論は類推解釈による処罰とされる。

その後，電気を財物とみなす刑法245条が現行法におかれ，問題は立法的に解決されることになった。もっとも，刑法245条の意義は，有体物説によれば，電気を財物とするために必要不可欠な規定とされる一方，管理可能性説によれば，当然の結論を確認した規定にすぎないものとされる。ただ，「財物とみなす」という表現は財物として扱うことを意味するから，現行刑法の立法者は，電気窃盗事件における大審院の結論を類推解釈による処罰と考えたものと思われる。なお，電気以外の管理可能なもの（原子力や放射線など）については，このような規定がないため，問題は依然として残されたままになっている。

(2) コピーの文書性

フォトコピーについても，拡張解釈か類推解釈かが問題になった。従来，文書偽造罪の「文書」は，文書そのもの（原本）を意味すると考えられており，そのような解釈で実際上の問題が生じることもなかった。しかし，原本をそのままに写し取る複写機の出現で，複写物が原本のような証明力・公信力をもつようになり，原本の内容を証明するものとして使われることが多くなった。

こうした状況のもとで，最高裁判所は，公文書の複写物の切り貼りを再びコピーして，あたかも原本そのもののコピーであるかのように使用した事案について，公文書偽造罪・同行使罪（刑155条, 158条）の成立を認めた（最判昭和51年4月30日刑集30巻3号453頁）。この結論については，類推解釈として批判する立場もあるが，学説の多くは最高裁判例を支持している。本来は原本を意味するはずの「文書」を原本と同じ証明力・公信力をもつ複写物にまで拡張して考えても，刑法の予告機能を害さないと考えられているのである。その後，原本による証明が必要な場合は，複写物には「無効」

を示す文字が表示されるような工夫がなされ，実際上の問題はすでに解消されている。

(3) わいせつ物

近年，インターネットの普及にともなって，ウェブ上でわいせつな画像を閲覧させる行為がわいせつ物公然陳列罪（刑175条）を成立させるかが問題になっている。最高裁判所は，インターネットを利用した事案ではないが，パソコン通信を運営する行為者がホストコンピュータのハードディスクにわいせつ画像のデータを記憶・蔵置させて，不特定多数の会員に閲覧させうる状態を作り出した事案に，175条の成立を認めている（最決平成13年7月16日刑集55巻5号317頁）。最高裁判所は，提供される画像（視覚化された情報）そのものではなしに，画像データを蔵置したハードディスクを「わいせつ物」とし，不特定多数に見せる行為を「公然と陳列した」に当たると考えたのである。こうした解釈は，インターネットを利用した事案にも当然に妥当しよう。

また，下級審の判例には，わいせつな内容の録音テープを再生した事案や，電話回線でわいせつな音声を聴取させていた事案（ダイヤルQ2事件）に，それぞれ，わいせつ物公然陳列罪の成立を認めたものがある（東京地判昭和30年10月31日判時69号27頁，大阪地判平成3年12月2日判時1411号128頁）。これらは，「わいせつ物」の意味については，最高裁判所と同じく，機器などを媒介としてわいせつ性が認識できればよいとする解釈を前提としている。他方，公然陳列の意味については，不特定または多数の者がアクセス可能な状態にあればよいとして，見せることを必要とした最高裁判例よりもさらに限定がなくなっている。この点で，類推解釈ではないかという疑いが強く残るものとなっている。

Ⅲ 立場の違いが解釈を左右する

1 犯罪の実質に関する2つの見方

(1) 2つのアプローチ

犯罪とは，社会が許容しない（違法な）行為のうちでも，とくに刑罰による制裁が必要（当罰的）なものである。後に見るように（→60頁），「犯罪は，構成要件に該当する，違法で，有責な行為である」といわれ，そのような段階的検討によって犯罪の成否が判断されるが，犯罪の実質を行為の反社会性（違法性）に見ることには争いがない。しかし，違法とは何かという点（違法の本質の理解）について，現在，結果を重視するアプローチと行為を重視するアプローチの間に争いが見られる。問題を単純化していえば，殺人が違法とされるのは，人の死という結果を重視するからなのか，人の死をもたらした行為（のありよう）を重視するからなのか，ということである。

(2) 結果無価値論

歴史的には，結果を重視するアプローチから出発し，社会的に許容されない結果（法益の侵害や危険）の発生が違法性を基礎づけるとする考え方（物的違法観）を前提として，違法の本質を法益の侵害・危険に見る立場（法益侵害説）が主張された。それによれば，刑法の役割は法益を保護することによって社会を守ることであり，法益の侵害・危険が発生した段階で刑罰権の発動が正当化される。また，結果は客観的に確認できるから，それは，違法を客観的にとらえる立場（客観主義的違法論）でもある。したがって，殺人が犯罪とされるのは，人の生命が失われたという事実が社会的に許され

ないことに求められる。こうしたアプローチは，結果の悪さ（無価値）が違法をもたらすという意味で，結果無価値論 とよばれる*19。

　結果無価値論によれば，殺人罪と過失致死罪（刑210条）は，人の死の発生が違法を基礎づける点で同じであり，行為者の主観のありよう（責任）が判明するまでは両者は区別できないことになる。

*19　**結果無価値論**　無価値というのは，ドイツ語のUnwertを訳したものである。ただ，日本語の語感としては，必ずしも否定的な内容を正確に反映していない。そこで，社会が許容しないことを明確に示すために，反価値という訳語を意識的に使っている教科書もある。なお，結果無価値論という名称は，ヴェルツェルが自分の立場（行為無価値論）からの批判対象をよぶ名称として使ったことから刑法学に定着したものである。ヴェルツェルの目的的行為論が展開されるまでは，結果無価値論と行為無価値論との区別や名称は存在していなかった。

(3)　行為無価値論

　このような結果無価値論の結論に対して，第2次世界大戦後のドイツにおいて，ヴェルツェル（1904-1977年）は，故意犯（殺人罪）と過失犯（過失致死罪）は行為の構造そのものが異なるとして結果無価値論を批判し，目的的行為論 を主張した（→ 62頁）。それは，行為を重視するアプローチであり，行為者の行為のあり方が違法性を左右するという考え方（人的違法観）を前提として，違法の本質を法規範の違反に求めるものである（規範違反説）。それによれば，刑法の目的は行為の規範性の維持によって社会を守ることであり，反規範的行為がなされた段階で刑罰権の発動が認められる。殺人が犯罪とされるのは，行為者が実行した殺害行為のあり方が社会的に許されないことに求められる。こうしたアプローチは，行為の悪さ（無価値）が違法性をもたらすという意味で，行為無価値論 とよばれる。行為無価値論は，その前提となる目的的行為論とともに，戦後

の日本の刑法学界に大きな影響を与えるものとなった。

行為のあり方は，行為者の内心の悪さ（心情無価値）にも影響されうる。また，規範違反説を強調すれば，刑法規範以外の社会的規範（道徳や倫理）を違法性判断の要素として考慮することも排除されない。したがって，行為無価値論を徹底すると（一元論），心情無価値（行為者の内心の悪さ）

H・ヴェルツェル
(1904-1977)

だけを理由とする処罰（心情刑法）や，刑法による道徳・倫理の強制に至る可能性がある。このため，現在では，行為無価値を重視する立場も，一元論を主張するまでのものはなく，行為無価値論を前提としながら結果無価値をも考慮するもの（二元論）になっている。

2　犯罪の成否にどう反映するか

(1) 主観的違法要素

　結果無価値論と行為無価値論の争いは，刑法理論の多くの場面で見られるものであるが，現実的な場面においても，犯罪の成否の判断を左右することがある。その典型は，主観的違法要素と主観的正当化要素の要否をめぐるものである。

　違法の本質について行為のあり方を重視する行為無価値論は，強制わいせつ罪（刑176条）の成立について，行為者の性的衝動を刺激したり満足させる傾向といった内心の悪さ（ 主観的違法要素 ）を要求する。そのことから，わいせつ罪を 傾向犯 とよぶ。わいせつな内心的傾向を要求しないと，強制わいせつ行為（違法）と医師の触診（合法）とは客観的に区別できないため，違法かどうかの判断

52

ができないとするのである。最高裁判所の判例のなかにも,「強制わいせつ罪が成立するためには,その行為が犯人の性欲を刺戟興奮させまたは満足させるという性的意図のもとに行なわれることを要し,婦女を脅迫し裸にして撮影する行為であっても,これが専らその婦女に報復し,または,これを侮辱し,虐待する目的に出たときは,強要罪その他の罪を構成するのは格別,強制わいせつの罪は成立しない」として,主観的違法要素を要求したものがある(最判昭和45年1月29日刑集24巻1号1頁)。

こうした考え方に対して,結果無価値論は,強制わいせつ罪の成否は,行為者の内心の傾向(行為無価値)の有無で判断すべきでなく,被害者の性的自由の侵害(結果無価値)の有無によって判断すべきであるとしている。

(2) 主観的正当化要素

他方,犯罪の成立を否定する場面において,行為無価値論は,違法阻却事由である正当防衛(刑36条1項)における「防衛するため」の解釈として,防衛に役立つという客観的な事情だけでなく,行為を正当化するための内心要素(主観的正当化要素)として,防衛をするという意思(防衛の意思)の存在を要求する。そうでないと,犯罪の意思で行為したところが偶然にも防衛的な結果が生じた場合(偶然防衛)にさえも,正当防衛が認められて犯罪の成立が否定されることになり,非常識な結論になるとするのである。判例も,防衛の意思を緩やかに解する方向へと変化してきたが,それを完全に不要とするまでには至っていない(最判昭和60年9月12日刑集39巻6号275頁)。ただ,結果無価値論も,偶然防衛の事案については,犯罪の成立を完全に否定するまでの立場はほとんどなく,何らかの根拠によって犯罪の成立を認める立場がほとんどである。

以上のように，日本の裁判実務においては，裁判所自身が明確に意識しているわけではないが，結論的に行為無価値論の主張内容と親近性をもつものが多いといってよい。

Bridgebook

第4章
犯罪が成立するための要件(1)

基本類型

I 法益の保護と犯罪の類型化

1 刑法で保護するだけの利益があるか――法益論

(1) 刑法の役割と法益の意義

刑法の役割 刑法は，反社会的行為を犯罪とし，それに対する法的効果（刑罰）を規定する法律である。ただ，殺人が犯罪とされる一方で，不倫が犯罪とされていないように，反社会的行為のすべてが犯罪とされているわけではない。反社会的な行為も，その程度や内容によって，犯罪とされるべき行為と放任しておいてもよい行為に区別される。こうした区別の基準は，問題となる反社会的行為が刑罰という厳しい制裁（行為者の生命を奪うことさえある）を加えるのにふさわしいかどうかに求められ，具体的には，当該行為によって侵害される（危険にさらされる）利益の大きさにもとづいて判断される。刑法は，わが国の法秩序全体が保護する生活利益（法益 または 保護法益 という）のうち，刑罰を科してまで保護する必要のある法益を選び出して，それらを害する行為を犯罪とし，厳しい制裁の対象としているのである。法益保護こそが刑法の第1次的な役割・機能であり，法益と無関係に犯罪を創設することはできない。

55

刑法が社会倫理や道徳の維持に役立つことは否定できないとしても、そのような機能は、法益保護機能を媒介とする間接的・第2次的なものにとどまる（→17頁）。

法益の意義　もっとも、法益の定義の仕方によっては、社会倫理的機能だけを強調する形で刑法を使うことも不可能ではない。およそ法によって保護される利益として法益を抽象的に定義すれば、国家の理念のようなものをはじめとする国家的利益一般を刑法で保護することは不可能でないし、国家に対する義務違反を犯罪としたナチス的な刑法を再現することもできる。このような事態を避けるためには、多様な価値観があることを前提とする現代社会における法益概念は、法によって保護すべき利益や価値といった抽象的・一般的な定義では不十分であり、刑罰による保護に真に値する利益という、実質的で限定的な内容をもったものであることが必要となる。それは、最低限、基本法としての憲法の原理と構造的・内容的に適合し、かつ調和するものでなければならない。罪刑法定主義における刑罰法規適正の原則は（→31頁）、まさにこのことを要請したものである。

(2) 誰に帰属する法益か —— 法益の種類

法益は、それが帰属する主体に応じて、一般に、国家的法益、社会的法益、個人的法益に分類される。国家的法益は、国家に関わる利益のうち、国家の存立をはじめ、国家の基本組織やその作用などの利益を内容とする。社会的法益は、公共の平穏や安全、取引の安全など、社会一般に共通する利益をいう。他方、個人的法益は広範囲にわたるが、生命、身体、自由、財産がその典型とされている。

わが国の刑法は、第2編の「各則」において、制定当時の国家体制（天皇制）の強い影響のもとで、皇室に対する罪（第2次世界大戦

後に削除),国家的法益に対する罪,社会的法益に対する罪,個人的法益に対する罪の順序で条文を配列している。もっとも,個々の条文に具体的な法益の帰属主体が明示される例は少なく,多くの場合は解釈によって特定されることになる。

法益概念は絶対的でないし,内容も変わりうる。たとえば,かつては社会の健全な性意識・風俗(社会的法益)と理解されていた性犯罪の法益は,現在,性的表現・行動に対する個人の自己決定の自由(個人的法益)として一般に理解されている。

(3) 刑事立法のラッシュ現象

被害者なき犯罪　　刑法の第1次的な役割が法益保護にあることから,犯罪化されるべき行為は,帰属主体と内容が明確な法益を直接的に侵害・危胎化する行為にかぎられるのが望ましい。しかし,これまでも,刑法は,有害な薬物(麻薬や覚せい剤など)の自己使用のように,被害者が想定しにくい行為についても,パターナリズムの観点や2次的犯罪の誘発(間接的な法益侵害)を理由として,犯罪化することがあった。わいせつ物に関する犯罪(刑175条)も,そのようなものである。これらは,一般に,被害者なき犯罪 とよばれている。

法益概念と直結しない犯罪の増加　　また,最近では,従来の法益概念と直結しない形での犯罪化の傾向も顕著にみられ,刑事立法のラッシュ現象が指摘されている。たとえば,いわゆる麻薬特例法や,組織犯罪対策法に見られる,犯罪で得た収益を洗浄して事業等に投資するマネー・ロンダリング罪は,法益概念によって正当化されるというよりは,国際的な薬物対策および組織犯罪対策の国内法化の要請にもとづくものである。また,刑法上のコンピュータ犯罪(刑234条の2など)の前段階にある不正アクセス行為等の犯罪化

（不正アクセス行為の禁止等に関する法律3条・4条）や，支払用カードの不正作出等の処罰（刑163条の2以下）のように，処罰の段階を前倒しする犯罪類型も見られる。さらに，いわゆるクローン禁止法におけるヒト・クローン胚の生成禁止等（同3条・16条）のように，「誰に帰属する」「どのような内容の法益が」「どのように侵害・危胎化されている」のかが明らかとはいいがたい類型も犯罪化されている。

しかし，このような犯罪化については，それを批判する立場は必ずしも多数ではない。こうした犯罪化は，現在のわが国がおかれている状況との関係で，刑事政策的に妥当な対応と考えられているのであろう。その意味で，謙抑性を前提とする刑法も，場面に応じて，積極的に「出しゃばる」機能が期待されているということができる。

2 犯罪の判断方法と犯罪論体系

(1) 犯罪の成立を判断する方法

どのような要件を満たした場合に犯罪が成立するかという観点から，犯罪は，一般に，構成要件に該当し違法で有責な行為であるといわれる。行為，構成要件該当性，違法性，責任（有責性）は，いずれも個々の具体的な犯罪類型に共通する要件で，犯罪の一般的成立要件とよばれ，これらのすべてが充足された場合に犯罪の成立が認められる。具体的には，行為 → 構成要件該当性 → 違法性の有無 → 責任の有無，を段階的に検討していく方法で犯罪の成立が判断される。こうした段階的な判断方法は論理必然的なものではないが，類型的判断から個別的判断へ，原則的判断から例外的判断へ，客観面の確認から主観面の確認へと進むもので，思考経済的な観点から最適なものと考えられているのである。

(2) 犯罪論の体系と意義

どのような犯罪がどのような形で成立するか，に関する理論を一般的に扱う分野を犯罪論とよぶ。そして，犯罪の成否が段階的に判断される（行為，構成要件該当性，違法

[図2] 犯罪成立の判断方法

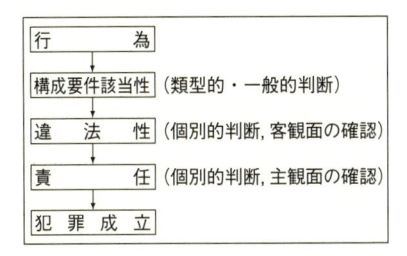

```
   行      為
      ↓
 構成要件該当性 （類型的・一般的判断）
      ↓
   違  法  性  （個別的判断，客観面の確認）
      ↓
   責      任  （個別的判断，主観面の確認）
      ↓
   犯 罪 成 立
```

性，責任）ことに対応して，犯罪論も，行為論，構成要件論，違法論，責任論に区別することができる。もっとも，それぞれの段階の相互関係をどのように理解するか（相互の関連性の強さの評価）は論者によって異なり，それに応じて犯罪論の体系も異なりうるものであることに注意を要する。たとえば，ドイツでは，行為論を構成要件論から切り離したうえで，4つの段階をそれぞれ区別して扱う四分体系が有力であり，わが国でもそのように理解する立場がある。

他方，構成要件論と違法論を密接不可分のものとして理解する立場からは，行為，違法性（不法），責任という三分体系が主張される。ただ，わが国では，一般に，行為論を包摂した構成要件論，違法論，責任論という三分体系にもとづく犯罪論が広く定着している。本書の叙述も，このような三分体系を前提としたものである。

また，犯罪論は，犯罪成立を段階的に判断するためだけのものではなく，それ以上に積極的な意義をもっている。それは，構成要件，違法性，責任の実質や内容などを研究対象とすることで，刑法のあるべき姿を含めた積極的な提言をなしうるものだからである。

3 犯罪の段階的判断と推定機能

(1) 行 為

どのような犯罪論体系を前提にするにしても，犯罪は，何よりも，行為によって実現されるものでなければならない。行為でなければ犯罪でないという意味で，これを 行為主義の原則 といい，これにもとづく刑法を 行為刑法 とよぶ。行為主義からは，2つの重要な結論がもたらされる。第1は，ある者の人格や内心がいかに悪くても，それが行為（客観的事実）として外部に現れないかぎり，犯罪とされることがなく，したがって処罰できないということである。これは，「何人も内心の故に処罰されることはない」という言葉で知られている。第2は，行為は人（自然人）の身体的活動であることから，犯罪の主体が自然人に限定されることである。

ただ，行為論を独立して扱うドイツと異なり，一般に三分体系をとるわが国では，行為をめぐるこのような議論は構成要件論のなかで扱われることになる。

(2) 構成要件該当性

つぎに，犯罪は，個々の刑罰法規が規定する特有の型に当てはまらなければならない。国家は，政策的な評価にもとづいて，多種多様な反社会的行為のうちから，社会が許容せず，しかも刑罰をもって非難すべき行為（当罰的行為）を選び出し，それらを類型化して（特有の型として）規定することによって，それらが犯罪であることを宣言する。この類型を 構成要件（犯罪構成要件）といい，個々の構成要件に当てはまることを 構成要件該当性 という。このように，構成要件は当罰的行為を類型化したものであるから，構成要件に該当する行為は，違法なものという推定を受けることになる（違法類

型としての構成要件概念)。

(3) 違 法 性

また、犯罪は、違法性のある行為でなければならない。違法性とは、行為が法的に許容されない性質のもの、すなわち法秩序に違反するものであることを意味する。そして、刑法の第1次的機能を法益保護に見るところから、違法性は、法益を侵害・危殆化することによって法秩序に違反することと同じ意味に用いられる。また、構成要件該当性によって違法性が推定されるため、刑法は、違法性を肯定する要件を積極的には規定せず、例外的に違法性を排除する（行為を正当化する）事情（**違法阻却事由** または **正当化事由** という）を一般的に規定するだけにとどまる（刑35条以下）。したがって、構成要件該当行為については、違法性の存在を積極的に認定する必要はなく、違法阻却事由がないことを認定すればよいことになる。

(4) 責 任

さらに、犯罪は、行為者に責任を問いうる（非難しうる）ものでなければならない。責任は、行為者の主観（内心）と行為のつながりを問題にするもので（主観的責任の原則→34頁）、**有責性** ともいう。ただ、通常の社会人であれば行為に対する非難可能性は備えているから、構成要件に該当する行為は、違法性が推定されるだけにとどまらず、責任も推定されることになる（違法・有責類型としての構成要件概念)[20]。このため、刑法は、責任を肯定する要件を積極的には規定せず、例外的に責任を排除・減軽する事情（責任阻却・減軽事由）を一般的に規定するにとどまる（刑39条以下）。したがって、責任の認定にあたっても、責任阻却・減軽事由がないことを認定すれば足りるのである。

第4章 犯罪が成立するための要件(1) —— 基本類型

*20 **構成要件該当性による推定機能の扱い** 構成要件該当性に推定機能を認めるのが一般であるが，それを否定する見解も見られる。たとえば，ベーリング（1866-1932年）は，構成要件該当性の違法推定機能を否定し，違法性の存在を積極的に認定しなければならないことを強調した（内田文昭も同旨）。また，ドイツでは，メツガー（1884-1962年）以来，構成要件該当性に違法推定機能だけを認める見解が多数である。違法性と責任の二重の推定機能を認め，構成要件を違法・有責類型と解する立場は，小野清一郎の構成要件論を契機としてわが国の通説となっている。

II 目的的行為論の登場とその影響

1 故意犯と過失犯の区別

(1) 結果無価値論による区別

刑法は，結果に対する行為者の内心の状況に応じて，違法な結果を認識したうえで実現した犯罪（故意犯）と不注意のために違法な結果を回避することができなかった犯罪（過失犯）とを区別し，それぞれに別個の構成要件を設けることにしている（38条）。このことは，殺人罪（199条）と過失致死罪（210条）が別々の条文に規定されていることからも明らかである。したがって，三分体系によって犯罪の成立を判断する場合にも，故意犯と過失犯は，構成要件の段階ですでに区別される構造になっている。ところが，犯罪の本質を結果の悪さ（人の生命が失われたこと）に求める結果無価値論によれば，被害者の死がどのような行為者の内心にもとづいて生じたかは客観的に区別できないため，殺人罪と過失致死罪は，犯罪の客観面を検討する構成要件論該当性判断と違法性判断の段階では区別することができず，行為者の主観を検討する責任論ではじめて区別できると考えられてきた。

(2) 目的的行為論の主張

このような理解と判断方法を厳しく批判したのが，ヴェルツェルの主張した 目的的行為論*21 の立場である。目的的行為論によれば，結果の悪さだけを強調することによって，行為者の内心と無関係な因果的事象として行為を論じること（因果的行為論）は，非現実的であるとされる。違法な結果を認識している場合（故意犯）と不注意のために違法な結果を避けられなかった場合（過失犯）とは，行為の構造そのものが本来的に異なっているからである。したがって，犯罪の本質は，行為の段階ですでに区別されているとすることになる（行為無価値論）。こうした理解によれば，目的的行為論の登場までは責任論で検討されていた故意・過失が，構成要件段階で故意犯と過失犯を区別する機能をもつものとされ，構成要件論で検討されるべき主観的要素（ 主観的構成要件要素 ）としてとらえられることになる。

*21 **目的的行為論を学ぶ**　目的的行為論の主張は，ハンス・ヴェルツェル（福田平＝大塚仁訳）『目的的行為論序説』（1962年）で知ることができる。本書は，簡潔な叙述でありながら，きわめて説得力に富んでおり，高度の知的興奮をよびおこしてくれる。図書館などを利用しての一読を強く勧めたい。ドイツ語の原本を読めるだけの語学力があれば，より大きな興奮に浸れるはずである。何よりも，簡潔で明快なヴェルツェルのドイツ語は，ドイツ語の学習を志す人にとっても一読の価値がある。

2 故意の内容と体系上の位置づけ

(1) 故意説の主張

刑法の体系的理解についてどのような立場を前提とするにしても，犯罪を基礎づける事実（構成要件的事実）を認識していることを故意（罪を犯す意思）とよぶことに争いはない。また，犯罪事実を認

識していれば，それが許されないこと（違法性）の認識は当然に存在する（少なくとも認識しうる）はずだという関係がもたらされる。ここから，結果無価値論は，犯罪事実の認識と違法性の意識（の可能性）とを密接不可分のものとしてとらえ，両者はともに故意の内容を構成するものと考えた。そして，故意が行為者の内心の問題であることから，それを責任要素として責任論で検討することにしたのである。

このような故意説は，故意の内容について，違法性の意識そのものを要求する立場（**厳格故意説**）と違法性の意識の可能性で足りるとする立場（**制限故意説**）に区別される。他方，判例は，伝統的に，犯罪の成立には違法性の意識は不要であるとする立場（不要説）を明示してきた（最判昭和 25 年 11 月 28 日刑集 4 巻 12 号 2463 頁）。行為の反社会性を当然に認識しうる自然犯については，犯罪となるべき事実（構成要件的事実）を認識している以上は違法性の意識も当然に認められるから，それぞれの見解の違いが具体的な結論の相違を導くのは法定犯に関してということになる（→3頁）。

(2) 責任説の主張

故意説に対して，目的的行為論（行為無価値論）によれば，犯罪事実の認識の有無によって故意犯と過失犯が区別されることから，故意・過失は主観的構成要件要素として構成要件論に位置づけられる一方で，故意の内容としては，犯罪となるべき事実の認識だけが必要とされることになる。このため，違法性の意識（の可能性）は，故意の内容を構成するものではなく，独立の責任要素として，責任論で検討されるべきものとされるのである（責任説）。

3 わが国の刑法学に対する目的的行為論の影響

目的的行為論とそれを前提とする行為無価値論は、戦後のドイツ刑法学に大きな影響を与えたが、ドイツで主張されたままの形でわが国の刑法学に定着することはなかった。しかし、その影響は、多くの場面に及んでいるだけでなく、影響の程度もさまざまに異なる。そのため、故意の内容と体系上の位置づけをめぐる議論にかぎっても、故意の内容を犯罪事実の認識と違法性の意識（の可能性）の2つとする（故意説）か、違法性の意識を故意と別の責任要素とするか（責任説）、さらには犯罪事実の認識としての故意（の部分）を責任要素とするか、主観的構成要件要素とするか、を軸として多くの立場が主張されている。

たとえば、故意説を前提としながら、主観的構成要件要素としての故意を認めるというかぎりで目的的行為論の主張をとり入れれば、事実の認識としての故意の部分が構成要件論に位置づけられる（構成要件的故意）一方で、違法性の意識としての故意の部分は責任論に位置づけられる（責任故意）ことになり、故意が2つのものに分割され、それぞれが異なる段階で検討されることになる。なお、故意（犯）と同じように、過失（犯）についても、目的的行為論の影響は大きいものがある。それについては、改めて後に見ることにしよう（→ 144 頁）。

Ⅲ 犯罪を区別する「型」——構成要件論

1 犯罪を行う者はだれか——犯罪の主体

(1) 自然人処罰の原則と法人処罰

自然人処罰の原則　犯罪を実現する者が犯罪の主体であり，正犯とよばれ，一般に「……した者」という形で構成要件に規定されている。「者」は「人」を意味するから，自然力や動物による法益侵害は，それが社会にとっていかに耐えがたいものであっても犯罪として扱うことはできない。これは，近代刑法の基本原理である責任主義（とくに非難可能性を中核とする主観的責任の原則）からの当然の帰結でもある（→34頁）。また，「人」は，「自然人」を意味するのが通常であるから，刑法が自然人を犯罪の主体として予定していることに疑問はない。これを，自然人処罰の原則という。

法人の犯罪能力　ところが，私法の分野では，「人」は「自然人」のほかにも「法人」を含む概念として用いられ，法人が法律行為の主体になりうることは当然視されている（民34条）。また，アメリカの環境犯罪のように，法人を犯罪の主体として予定する立法例もあるし，わが国の刑法も，犯罪の主体が自然人にかぎられることを積極的に規定しているわけではない。こうしたことから，法人が犯罪の主体になれるかどうかが争われ，法人の犯罪能力の問題として議論されてきた。

　法人の犯罪能力を否定する立場は，法人には肉体と意思がないとするところから，法人には行為もないし，行為を前提とする非難もありえない，自由刑を中心とする刑罰制度になじまない，機関としての自然人を処罰すれば足りる，といった点を根拠として主張され

ていた。しかし，法人も機関の意思にもとづいて活動している以上，自然人と完全に同じではないにしても，行為はあるし，それに対する非難もできる。また，死刑や自由刑にはなじまないにしても，罰金刑にはなじむし，罰金刑によって法人犯罪を抑止するという刑事政策目的も達成しうる。法人の犯罪能力を一律に否定する根拠は，必ずしも説得的でないように思われる。

両罰規定 実際にも，刑法典以外の特別刑法のなかには，両罰規定という形で，例外的に法人の処罰を認めるものがある（売春14条など）*22。両罰規定は，法人の従業員等である自然人に犯罪が成立することを前提として，当該自然人の選任・監督について，法人の過失を問題にするものである（最判昭和40年3月26日刑集19巻2号83頁参照）。わが国の刑法は，犯罪の主体を自然人にかぎりながらも，自然人に犯罪が成立することを媒介として，8条但書の「特別な規定」によって，犯罪の主体を例外的に法人にまで拡張していると考えることができる。

*22 **その他の法人処罰** 労働基準法121条などは，従業者の違反行為について，従業者本人のほか，事業主の法人・自然人とともに，法人の代表者や中間管理職を処罰するもので，三罰規定とよばれる。なお，かつては自然人である従業者の違反行為について，事業主に処罰を転嫁する「代罰規定（代位責任）」も見られたが（昭和22年改正前の未成年者飲酒禁止法4条2項など），責任主義に抵触することから廃止された。

(2) 人の属性が犯罪の成立を左右する（身分犯）

非身分犯と身分犯 刑法が規定するほとんどの犯罪は，主体をとくに制限していないため，自然人であるかぎりは誰でもが主体になりうる構造になっている。犯罪は，人の地位や立場などとは無関係に当罰性が認められるのが通常だからである。しかし，例外的に，

立法政策として，人の特定の地位や状態（身分）を重視する形の犯罪構成要件を創設することがある。このような犯罪を 身分犯 とよび，身分と無関係に成立しうる 非身分犯 から区別される。

身分とは，一般に，人の特殊な地位や状態のことを意味する（最判昭和 27 年 9 月 21 日刑集 6 巻 8 号 1083 頁）。ただ，判例は，身分概念を広くとらえる傾向にあり，「営利の目的をもっていること」なども身分に当たるとしている（最判昭和 42 年 3 月 7 日刑集 21 巻 2 号 417 頁参照）。したがって，作為義務の存在によって主体が限定される不作為犯は（→ 71 頁），すべて身分犯ということになる。

2 つの身分犯　　身分犯には，2 つの類型がある。1 つは，主体が公務員にかぎられる収賄罪（刑 197 条以下）のように，身分の存在によってはじめて当罰性が導かれる類型で，真正身分犯 とよばれる。非身分者は，真正身分犯を成立させることはできない。もう 1 つは，非身分者にも成立しうる犯罪（非身分犯）について，身分の存在が当罰性の程度を左右する類型で，不真正身分犯 とよばれる。不真正身分犯の身分は，さらに，業務上過失致死傷罪（刑 211 条 1 項前段）の「業務」者や保護責任者遺棄罪（刑 218 条前段）の老年者等を「保護する責任のある者」のように，当罰性を高める機能のもの（加重身分）と，嘱託殺人罪（刑 202 条後段）の「嘱託を受け（た）」事実や自己堕胎罪（刑 212 条）における「妊娠中の女子」のように，当罰性を低下させる機能のもの（減軽身分）に分けられる。

また，真正身分犯としての横領罪（刑 252 条）を業務者が行った場合に不真正加重身分犯として成立する業務上横領罪（刑 253 条）のように，二重の身分犯として立法されている犯罪類型もある。

非身分者が身分犯に関与した場合の扱い　　真正身分犯においては，非身分者が単独で正犯となることはありえない。しかし，非身

分者が，身分者と共同で犯罪を実行したり（共同正犯），身分者に犯罪を決意させたり（教唆犯），身分者の犯罪を手助けしたりする（幇助犯）ような形で真正身分犯に関与する場合には，身分が連帯的に作用して，非身分者にも真正身分犯が成立する（刑65条1項）。他方，不真正身分犯においては，身分は個別的に作用することから，関与者には，それぞれの身分に応じた犯罪だけが成立する。「身分のない者には通常の刑を科す」と規定する刑法65条2項は，科刑の場面における身分の個別化作用だけを規定するように読めるが，通説・判例は，犯罪の成立場面における身分による個別化作用をも認めている。

ただ，刑法65条の解釈（とくに1項と2項の統一的・整合的な解釈）をめぐっては，学説に厳しい対立がみられ，さまざまな見解が主張されており，きわめて錯綜した状況がある。

(3) 背後であやつる者（間接正犯）

正犯の2つの形態 犯罪は，主体となる者（正犯）が自分自身で直接的に実現する形態（直接正犯）が通常である。なかには，偽証罪（刑169条）や重婚罪（刑184条）のように，直接正犯によってしか実現できない犯罪もある。このような犯罪を自手犯とよぶ。

しかし，ほとんどの犯罪は，父親が幼児を使って盗みをさせる場合（第三者の利用）や，分別のない者に働きかけて自殺させる場合（被害者の利用）のように，他人を媒介とした間接的な行為によって実現することもできる。このような場合においては，犯罪の主体は，直接的な行為を行った者ではなく，直接的な行為者を背後で操っている者（利用者）である。これは，間接的に犯罪を実現する正犯という意味で，間接正犯とよばれる。間接正犯による利用形態にはさまざまな類型が考えられ，一般に，行為とはいえない他人の身体的

動作（条件反射など）の利用，責任無能力者（幼児や高度の精神障害者など）の利用，強い心理的強制下にある者の利用（最決昭和58年9月21日刑集37巻7号1070頁参照），構成要件要素の一部（事実の認識としての故意や目的，身分など）を欠く者の利用，違法阻却事由に当たる行為（正当行為や正当防衛など）の利用，などの場合が指摘されている。

間接正犯論の意義　間接正犯の理論は，もともとは，後述する（→162頁）狭義の共犯の従属性に関して極端従属性説をとるドイツで，極端従属性説では教唆犯の成立範囲が制限されることから，処罰されるべき者が存在しなくなるという不当な事態を避けるために主張されたものである。たとえば，Xが10歳のYをそそのかして窃盗をさせた場合に，極端従属性説によればXを教唆犯とすることはできず，Yも責任無能力者（刑事未成年）であることから，誰も処罰することができないという事態が生じる。同じことは，極端従属性説にたつわが国の判例にも当てはまる。他方，制限従属性説をとるわが国の学説においては，この点での不都合は生じないため（YをそそのかしたXには教唆犯が成立する），間接正犯論は不要な理論だといえなくもない。

しかし，犯罪の実現態様を実質的に考察すれば，教唆犯よりは正犯を認めるほうが実態に即していると思われる場合もあり，間接正犯論は，そのような事案を適切に解決する考え方として，わが国の学説も広く承認するに至っている。このため，本来的には正犯の問題である間接正犯は，教唆犯（刑61条）との限界や区別との関連で議論されている。なお，間接正犯としての犯罪実現行為（実行行為）を何に見るかという点で，利用者が被利用者を利用する行為に求める立場（利用者基準説）と，被利用者による構成要件的行為の

実行に求める立場（被利用者基準説）とが対立している。

2 行為の種類が犯罪を区別する

(1) 身体の動（作為）を処罰する犯罪（作為犯）と身体の静（不作為）を処罰する犯罪（真正不作為犯）

作為（犯）と不作為（犯），作為犯処罰の原則　すでに述べたように，犯罪は，自然人の行為によって実現されるものである。そして，人の行為は，作為形態のものと不作為形態のものに区別される。前者は，ピストルを発射する，マッチで火をつけるというような，身体の積極的な動作を行うことをいう。これに対して，後者は，積極的な動作を行わないことをいう。行為のこのような区別に応じて，犯罪は2類型のものに大別され，作為で実現したものを処罰する類型（作為犯）と，不作為で実現したものを処罰する類型（不作為犯）とに分かれる。

犯罪は，通常，「……してはならない」という社会の要求（禁止規範）に違反する行為を対象にしている。殺人や窃盗が犯罪とされるのは，「人を殺すな」，「他人の財物を盗むな」という禁止規範に違反するからである。こうした禁止規範への違反は，自然人の積極的な動作（作為としての行為）によって実現される。犯罪のほとんどは作為によって禁止規範に違反するものであり，これを作為犯とよぶ。犯罪は作為によって行われるのが通常であり，したがって，作為犯処罰が刑法の原則である。

例外としての不作為犯処罰　しかし，不作為によって実現する犯罪を立法することもできる。「……すべきである」という社会の要求（命令規範）に違反することが，処罰に値する場合がありうるからである。命令規範違反としての犯罪は，法が期待している行為

〔図3〕作為犯・不作為犯

作為犯	禁止規範違反
不真正不作為犯	
真正不作為犯	命令規範違反

をしないこと（不作為としての行為）によって実現され，真正不作為犯 とよばれる。たとえば，不退去罪（刑130条後段）は，「要求を受けたにもかかわらずこれらの場所から退去しなかった」と規定している。このように，真正不作為犯においては，刑罰法規がはじめから不作為を処罰する形式で規定されている。真正不作為犯は，刑法典には3類型だけが規定されており，不退去罪のほかは，多衆不解散罪（刑107条）と保護責任者不保護罪（刑218条後段）が設けられている。

他方，作為犯（禁止規範違反）処罰を規定する構成要件が不作為によって実現される場合も考えられる。たとえば，殺意をもって，母親がわが子に授乳せずに餓死させたり，父親が池で溺れているわが子を見殺しにしたような場合などである。これらの場合は，不作為によって，「人を殺した」という殺人罪の構成要件を実現したものと評価することができ，不真正不作為犯 とよばれる。不真正不作為犯は，その処罰を明示する構成要件は存在しておらず，作為犯構成要件の解釈論によって導かれるものである。不真正不作為犯をめぐる論点については，改めて検討する。

(2) 作為犯処罰の原則の意義

作為犯と真正不作為犯のいずれの形式で構成要件を作るかは，立法政策の問題であるといってよい。ただ，作為犯では禁止規範に違反する行為のほかはすべて処罰されないのに対して，真正不作為犯では命令規範に合致する行為のほかはすべて処罰されることになり，当罰的行為と非当罰的行為の関係と範囲が逆転することになる。したがって，国民に対する行動の自由を広く保障するためには，犯罪

はできるかぎり作為犯の形で規定することが要請される。また，やむをえず真正不作為犯として立法する場合にも，厳密な構成要件を規定するだけでなく，不適切な運用を回避するために厳格な解釈が要請されなければならない。

わが国の刑法典上の真正不作為犯が3類型に限られ，命令を守るべき者（作為義務者）の範囲や命令の内容が明確で特定しやすい表現で構成要件が具体化されているのも，こうした要請にもとづいているからである。また，その解釈・運用においても，作為可能性の存在を当然の前提として，解散（107条）や退去（130条後段）に要する合理的な時間の確保を要求するなど，犯罪の成立範囲の明確化が図られている。

3 不作為による作為犯構成要件の実現──不真正不作為犯

(1) 不真正不作為犯の正当化根拠

わが国の刑法が不真正不作為犯処罰を明示する規定をもたないこととの関係で，解釈によって不真正不作為犯を認めることは罪刑法定主義（法律主義）に違反すると考える立場がある。それは，作為犯処罰を予定する刑罰法規で不作為を処罰することは，類推解釈による処罰として許されないと考えるものである[*23]。

しかし，不作為による禁止規範の侵害は充分に予測可能なものであり，作為犯の構成要件に不真正不作為による犯罪が包摂されていると考えることもできる。たとえば，殺人罪の構成要件は，単に「人を殺した」と規定しているだけで，作為によるか不作為によるかをとくに限定しているわけではない。不作為による人の生命の侵害も，「人を殺した」ものとして評価することができる。

ただ，このような理解は，不作為による禁止規範の侵害が作為に

よる場合と同価値であることを前提とするから，不真正不作為犯を認めるためには，作為による結果実現の場合との同価値性が要件とされなければならない。

論理的には，すべての作為犯の構成要件について，このような不真正不作為犯の成立がありうる。他方，不真正不作為犯を認める従来のわが国の判例のほとんどは，殺人罪と放火罪（刑108条以下）に関するものにかぎられている（大判大正4年2月10日刑録21輯90頁，最判昭和33年9月9日刑集12巻13号2882頁など）。ただ，最近は，死亡事実の秘匿（不作為）によって死亡者の年金を詐取する事案が多く見られるようになっている。

*23 **改正刑法草案の提案** 改正刑法草案12条は，不作為による作為犯として，「罪となるべき事実の発生を防止する責任を負う者が，その発生を防止することができたにもかかわらず，ことさらにこれを防止しないことによってその事実を発生させたときは，作為によって罪となるべき事実を生ぜしめた者と同じである」という規定の新設を提案することによって，不真正不作為犯処罰に対する罪刑法定主義違反という批判を回避しようとした。

(2) 不真正不作為犯の主体

主体としての作為義務者 厳格な構成要件のもとに犯罪化されている真正不作為犯と異なり，作為犯構成要件の解釈から導かれる不真正不作為犯では，犯罪主体の要件が示されていないため，必要な作為をすれば結果を避けることができる者（作為可能者）のすべてが主体になりうる。かつては，作為可能性で主体を特定しようと考えられたこともあった。しかし，作為可能性による主体の特定は，事実上の限定機能をもつことはできず，不真正不作為犯の成立範囲を無限定なものにしてしまいかねない。

そこで，学説において，犯罪結果の発生を避けるべき作為をする

義務のある者（作為義務者）だけが主体としての適格を有すると考えられるようになった。そして，作為義務者の範囲を明確にするために「保障（保証）人説」という考え方が主張され，広く承認されている。それによれば，一定の構成要件的結果の発生を防止すべき「刑法上の義務」（期待された作為を行う義務）を負う者だけが，作為義務者であり，不真正不作為犯の主体となりうる。

作為義務の発生根拠　不真正不作為犯の場合には，構成要件が禁止規範違反の形式で規定されているため，どのような場合に作為義務が認められるかは，構成要件の規定からただちに明らかになるわけではない。したがって，何を根拠に作為義務が認められるかを，解釈によって明らかにする必要がある。

作為義務の発生根拠として異論がないのは，法令，契約および事務管理である。法令は，子に対する親権者の監護義務（民820条）や親族（直系血族および兄弟姉妹）間の扶養義務（民877条）が典型であり，契約・事務管理（民697条以下）は，看護契約にもとづく看護義務や自発的に病人の看護を始めたことによる義務などである。これらのもの以外に，危険を発生させた自己の行為（先行行為）を含めて作為義務の発生根拠とする見解が（「形式的三分説」とよばれる），これまで有力であった。

さらに，取引上の信義誠実義務などのような条理や慣習も，作為義務の発生根拠とされることがあり（大判昭和8年5月4日刑集12巻538頁），釣銭が多すぎることを告知しなかった事案に不作為による詐欺罪（釣銭詐欺）の成立を認める学説も多い。ただ，条理や慣習は，道徳的な義務との限界があいまいであることから，作為義務の発生根拠となりうることを一概には否定できないとしても，作為義務の具体的な判断にあたってはとくに慎重でなければならない。

作為義務の内容　このように,不真正不作為犯における作為義務の発生根拠については,判例・学説において必ずしも一致が見られないが,その内容については2つの点で広い一致が見られる。1つは,作為義務は刑法上の義務でなければならず,単なる道徳的・倫理的な義務では足りないということである。たとえば,川で溺れている人を見つけた通行人には,その人を救助するという道徳的・倫理的な義務を期待することはできるが,刑法上の義務までを課すことはできない。したがって,その通行人がその人を救助せずに見捨てた(さらには溺死するのを笑って見物していたとしても),通行人を不作為による殺人罪で処罰することはできないのである*24。

もう1つは,作為義務は,その作為が行為者にとって具体的に可能な場合でなければ認めることができないということである。したがって,池で子供が溺れている場合でも,その父親が泳げないため助けることができなかったという事情が認められれば,その父親に刑法上の作為義務違反を認めることはできないことになる。

*24　**一般的救護義務**　このようなわが国の状況に対して,ドイツ刑法は,一般的救護義務を根拠とする不救助罪が真正不作為犯として規定されており(323条c),行為者にとって救助が容易であるにもかかわらず溺死を傍観した場合には不救助罪の成立が認められる。この作為義務の内容は道徳的義務に近いものではあるが,真正不作為犯の構成要件として明示することによって,刑法上の義務とするとともに,犯罪の成立範囲を限定しているのである。

4　犯罪の成立要件としての結果

(1)　結果の態様に応じた犯罪の分類

挙動犯と結果犯,侵害犯と危険犯　犯罪は,構成要件が結果の発生を必要としているかどうかという観点から,形式的に,挙動犯

（単純行為犯）と結果犯に大別される。前者は，結果の発生が必要とされない犯罪類型であり*25，暴行罪（刑208条）や偽証罪（刑169条）がその例である。行為が実行されれば足り，結果の発生が不要であることから，行為と結果との間の因果関係（→80頁）がとくに問題となることはない。他方，後者は，結果の発生が必要とされる犯罪類型であり，殺人罪（人を殺した）や窃盗罪（他人の財物を窃取した）など，多くの類型のものが結果犯として規定されている。

〔図4〕結果による犯罪の区別

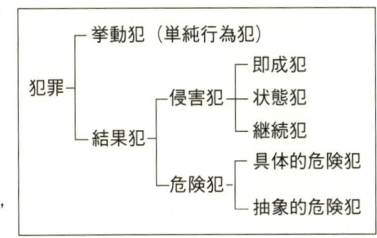

```
         ┌ 挙動犯（単純行為犯）
         │          ┌ 即成犯
犯罪 ─┤    ┌ 侵害犯 ─┼ 状態犯
         │    │        └ 継続犯
         └ 結果犯 ┤
                  │        ┌ 具体的危険犯
                  └ 危険犯 ┤
                            └ 抽象的危険犯
```

　結果犯は，さらに，結果の態様に応じて，侵害犯（実害犯）と危険犯に区別される。構成要件が規定する犯罪結果として，前者は，法益の現実的な侵害が必要とされる類型であり，後者は，法益が実際に侵害されるまでの必要はなく，法益侵害の危険性（法益の危殆化）の存在で足りるとされる類型である。殺人罪や窃盗罪が侵害犯の典型であり，放火罪が危険犯の典型である。いずれの類型の結果犯においても，行為と結果との間に因果関係の存在することが必要であり，それが認められない場合には既遂犯（→130頁）としての犯罪成立が否定される。

*25　挙動犯の否定　　人の身体に対する有形力の行使（暴行罪）のように，挙動犯においても，法益の侵害や危殆化はありうる。ただ，挙動犯は，結果の発生が必要とされていないことから，法益侵害を認定する契機（手がかり）に乏しいだけでなく，認定の確実性も保証されにくい。こうしたことから，学説のなかには，挙動犯という概念そのものを否定すべきだとするものもある。

2つの危険犯　　危険犯は，さらに，危険の態様に応じて，具体

的危険犯 と 抽象的危険犯 とに区別される。前者は，法益侵害の具体的な危険の発生（法益の現実的な危殆化）を要件とする類型であり，後者は，法益侵害の抽象的な危険の存在（法益の危殆化の可能性）を要件とする類型である。両者の区別は，一般に，構成要件が「危険」の発生を要件として明示しているか否かによって判断される。たとえば，同じ放火罪であっても，自己所有の非現在・非現住建造物等への放火（刑109条2項）や建造物等以外物件への放火（刑110条）は，「公共の危険」の発生を要件として明示されているから，具体的危険犯と解されている。他方，現住建造物等への放火（刑108条）は，危険の発生が法文に明示されていないため，抽象的危険犯と解されることになる。したがって，このような判断によるかぎり，抽象的危険犯類型においては，実行行為が認定されれば抽象的危険があるものとされることになり，事実上，因果関係の存在の積極的な認定は不要ということになる。

　こうした運用は，抽象的危険犯の性質について，行為の実行があれば抽象的危険の存在が「みなされている」と考えることを前提としている。このような見解によれば，抽象的危険の存在は事実認定の対象でなく，被告人側がその不存在を争うこともできないことになる。そのかぎりで，結果犯でありながら，抽象的危険犯の認定は，挙動犯の認定とほぼ同じ結論となるものであった。それに対して，広大な砂漠のなかで他人所有の非現在・非現住建造物に放火したような事案（抽象的危険の存在さえもが否定される場合）を想定して，抽象的危険の不存在の立証を被告人側に許容すべきだとの議論が強くなっている。このような見解によれば，危険の発生を構成要件が明示していないのは，抽象的危険の存在が当然に認められるとして扱うものではなく，それが存在することを一応の出発点としている

(推定している)にすぎないことになる。

(2) 犯罪の終了と法益侵害との関係

一般には、結果が発生すれば[*26]、法益の侵害・危殆化が肯定され、それによって犯罪も終了(完成)すると考えられている。しかし、すべての犯罪類型でそのような関係が認められるわけではなく、犯罪の性質に応じて具体的な結論が異なってくる場合がある。

結果の発生(法益侵害)と同時に犯罪が終了し、法益が消滅してしまう類型を 即成犯 という。殺人罪がその典型である。即成犯の場合には、犯罪の終了後に関与した第三者には、共犯(事後共犯)が成立する余地はない。また、結果の発生と同時に犯罪は終了するが、犯罪が終了しても法益侵害の状態(違法状態)が続く類型のものがあり、それを 状態犯 という。窃盗罪がその典型である。状態犯では、違法状態が継続している間に別罪を構成する行為がなされたとしても、すでに完成した犯罪によって後の行為の違法性が評価されているかぎり、別罪は成立しない。たとえば、窃盗犯人が盗んできた壺を壊しても、窃盗罪の完成後に行われた損壊行為は、別に器物損壊罪(刑261条)を成立させることがない。このような事後行為を 不可罰的事後行為 という(共罰的事後行為といわれることもある)。状態犯の場合にも、犯罪が完成した後に関与した第三者には、共犯の成立が否定される。

これらに対して、法益侵害が継続している間は犯罪が完成せずに継続する類型を 継続犯 という。監禁罪(刑220条後段)がその典型である。継続犯においては、法益侵害が継続している間に関与した第三者には、共犯の成立が認められる。たとえば、監禁されている者の見張りを途中から分担した者には監禁罪の共犯が成立することになる。

＊26　行為事情　ほとんどの犯罪類型においては，どのような事情のもとで行為が行われた（結果が発生した）かは，犯罪の成立要件としてとくに問題にされることはない。他方，例外的に，行為が一定の状況のもとで行われることを構成要件が要求している犯罪がある。たとえば，中立命令違反罪（刑94条）では，「外国が交戦している際」の行為でなければ同罪の成立が否定される。他方，消火妨害罪（刑114条）は，消火用物件を隠匿・損壊等する行為が「火災の際」に行われたことを要件として，そのような事情なしに行われた同種の行為を処罰する器物損壊罪（刑261条）の加重類型として立法されている。

5　行為と結果とのつながり——因果関係論

(1) 因果関係とは何か

因果関係 とは，行為と結果との間の客観的なつながりのことをいう。侵害犯類型と危険犯類型のいずれの結果犯においても，犯罪の成立を認める（既遂犯として評価する）ためには，行為者の行った行為（実行行為）と結果との間に客観的なつながりが認められなければならない。このような関係が認められない場合には，「行為者によって結果がもたらされた（犯罪が実現された）」と評価することができないからである。このため，因果関係は 客観的帰責連関 ともいわれる。因果関係が否定される場合は，行為者が意図した犯罪を実現することができなかったものとして，未遂犯の成立が問題となるにすぎない（→第5章）。また，未遂犯処罰が規定されていない犯罪では，無罪（犯罪不成立）となる。

(2) 事実的因果関係とその確認方法（条件説）

条件関係　XがAに向けてピストルを発射し，弾丸が命中してAが死亡したような事案では，Xの行為とAの死との間には問題なく因果関係が認められる。現実におこる犯罪の多くは，このようなものである。他方，XがAに致死量以上の毒薬を飲ませ，

Ａが毒死する前にＹがＡの心臓をナイフで刺したような事案では，ＸとＹのどちらの行為とＡの死との間に因果関係が認められるかは必ずしも容易に判断できない。そこで，事実的な因果関係を確実に判断するために，条件関係論という方法がとられ，広く定着している。

それは，「ある条件を取り去って考えた場合には，特定の結果も存在しえなくなってしまう」という仮定的な公式（条件関係の発見公式）が成り立つ場合に，取り去った条件と存在しえなくなった結果との間に事実的な因果関係（条件関係）を認めるものである。先の例でいえば，Ｘによる毒が何の影響も与えていない段階でＹが刺していれば，Ｘの行為を取り去ってもＡの死（Ｙの刺殺）はなくならない一方で，Ｙの行為を取り去ればＡの死は存在しえなくなってしまうから，Ｙの行為とＡの死との間に条件関係が認められる。他方，Ｘの与えた毒が致命的な効果を生じており，Ｙがナイフで刺した行為が意味をなさない段階になっている場合には，Ｘの行為を取り去ればＡの死（毒による死）がなくなる一方で，Ｙの行為を取り去ってもＡの死はなくならないから，Ｘの行為とＡの死との間に条件関係が認められる。これらに対して，Ｘの毒によってＡが身動きがとれなくなっていたところをＹが刺した場合には，ＸとＹのいずれの行為を取り去ってもＡの死は存在しえなくなるから，いずれについても条件関係が認められることになる。

条件説 条件関係が存在すれば（確認できれば）刑法上の因果関係として十分だとする立場を条件説とよび，ドイツの通説・判例およびわが国の判例がこの立場をとっている。また，条件説は，結果に対する条件関係が認められる複数の条件がある場合に，それぞれの条件の間に優劣関係（重要度の違い）を認めないことを内容

とするものである（等価説）。このことから，条件説に対しては，条件関係を認める範囲が無限定になってしまうという批判がなされてきた*27。たとえば，殺人犯を生んだ母親の出産行為にも被害者の死との間の条件関係が認められるし，正犯を単に手助けしたにすぎない者の行為にも条件関係が認められ，不当だとされたのである。

　もっとも，条件説によったとしても，殺人犯を生んだ母親には被害者の死に対する故意や過失は認められないし，出産は正当な行為であるから，殺人犯の母親に犯罪が成立することはありえない。また，正犯を手助けする意思しかない者には，正犯性を認めることはできず，幇助犯の成立がせいぜいである。したがって，条件の等価性を前提とする条件説で刑法上の因果関係を判断しても，最終的な犯罪の成否に関して実際上の不都合が生じることはない。問題は，因果関係を判断する段階で，犯罪の成立範囲の客観的限定をどの程度まで行っておくのが望ましいかということにすぎない。

*27　択一的競合事例の扱い
条件説については，客観的な帰責範囲をほとんど限定できないとする批判とは逆に，条件関係の否定される範囲が不当に狭まる場面のあることが指摘されている。たとえば，XとYが互いに何の相談もなく（相談があれば共同正犯の問題となる），2人がまったく別々にAの飲むコーヒーに同種類の致死量以上の毒物を混入し，それを飲んだAが即死した事例（択一的競合事例）では，XとYのどちらの行為を取り去ったとしてもAの死（毒死）は残ってしまうから，いずれの行為との間にも死に対する条件関係は認められないことになり，XとYはともに殺人未遂罪の限度でしか処罰できないことになる。しかし，AがXとYの入れたそれぞれ致死量以上の毒で実際に死亡しているだけでなく，XまたはYだけが単独で同じ行為をした場合には当然に殺人既遂となるのに比べて，いずれも殺人未遂罪にしかならないとする結論は非常識だとされる。このため，択一的競合事例については，条件関係の発見公式を修正すべきだとする立場が有力である。

〔図5〕択一的競合事例

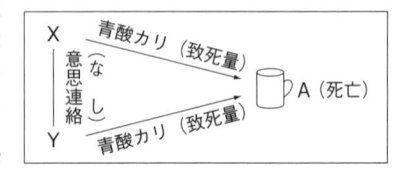

(3) 刑法的因果関係とその確認方法（相当因果関係説）

相当因果関係説　条件説に対して，因果関係の検討の段階で犯罪の成立範囲を客観的に限定しておこうとする立場からは，行為と結果との間の事実的なつながりだけを重視する条件説は，有効な限定機能をもたないものとして批判される。そこで，こうした立場から，刑法上の因果関係（論）としては，条件関係が存在することを前提としたうえで，社会経験的に相当と評価できる関係（相当因果関係）を重視すべきだとする見解が主張されることになった（2段階の因果関係判断）。これは，刑法上の因果関係は単に事実的な関係（条件関係）に尽きるものではなく，相当性という法的（規範的）評価を加味した関係でなければならないとするもので，相当因果関係説 ないしは 相当性説 とよばれ，わが国の多くの学説がとるところである[28]。

相当性説によれば，殺人犯を生んだ母親の出産行為は被害者の死とのつながりが不相当なもの（因果関係がない）と評価され，正犯を手助けする行為は幇助犯の行為としてのみ相当である（因果関係がある）と評価される。

〔図6〕相当因果関係説の構造

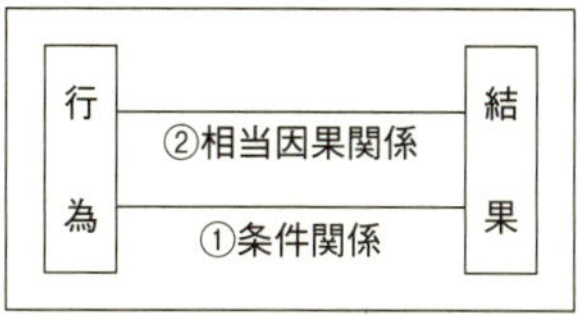

また，条件関係の発見との関係で述べた，Xの投毒行為の後にYの刺突行為が重なった事例では，Yの刺突行為があった段階のAの身体状況との関係で，規範的な観点から，Aの死がXとYのいずれの行為と相当なつながりがあると評価されるかによって結論が異なることになる。

[28] **米兵ひき逃げ事件**　裁判例のなかにも，例外的に，相当因果関係説の立場から因果関係を否定したと解されるものがある。被告人（米兵）Xが運転中の自動車を過失によって被害者Aに衝突させて自車の屋根にはね上げた後，同乗者YがA

を引きずり下ろし，Aが路面に落下して死亡したという業務上過失致死被告事件において，最高裁判所は，Aの死亡がXの行為とYの行為のいずれから発生したかが確定できないとしたうえで，Xの過失行為からAの死亡が発生することは「われわれの経験則上当然予想しえられるところであるとは到底いえない」とした（最決昭和42年10月24日刑集21巻8号1116頁）。

3つの相当性説　相当性の判断については，判断の基礎とすべき事情の範囲（判断基底）と，判断する者，さらに判断の時点と関連して，主観説，客観説，折衷説の3つの立場が主張されている。主観説は，行為時を判断時点とし，行為時に行為者が認識または予見していた事情と認識・予見可能であった事情を基礎として，行為者本人を基準に判断する立場である。相当因果関係説として最初に主張されたもので，学説史上の意義は認められるが，行為者を基準とする相当性判断は過失の有無の判断と同じになってしまうことから，客観的であるべき因果関係論として適切でないとされ，今日では完全に支持を失っている。

他方，客観説は，裁判時を判断時点とし，行為時に客観的に存在した事情で裁判時に裁判官が認識しえた事情と，行為後に生じた事情で行為時に客観的に予見（客観的事後予測）しえた事情を基礎として，裁判官（理性的一般人）を基準に判断する立場である。これは，客観的であるべき因果関係論として支持者も多いが，具体的な結論が条件説とほとんど異ならないものになるという批判を受けている。そこから，折衷説は，行為時を判断時点とし，行為時に普通の人（平均的一般人）が認識・予見しえた事情と，行為者がとくに認識・予見していた事情を基礎として，普通の人を基準に判断する立場を主張する。このような折衷説が，わが国の従来からの通説的見解である。

相当性の程度　実際に相当性が争われる事例は，被害者の特異

III 犯罪を区別する「型」── 構成要件論

体質や不適切な行為の介入,あるいは第三者の行為が介入することによってはじめて結果が生じるような場合である。相当性説は,社会経験的観点からの相当性を問題にする以上,経験則的に通常といえるかどうかを問題にすることになる。しかし,相当性を認める程度は立場によって異なり,確実性に近い相当性を要求する立場から,可能性程度の相当性で足りるとする立場まで,大きな幅が見られる。それにもかかわらず,とくに折衷説においては,具体的な事案の結論が大きく異なることはない。その意味で,誤解を恐れずにいえば,折衷説は,結論を先取りしたうえで,因果関係を認めるのが適切と判断する場合に相当性があるとし,因果関係を否定するのが適切と判断する場合に相当性を欠くとして,結論を合理化しているとさえ言えるのかもしれない。

(4) 客観的帰属論による帰責範囲の限定

客観的帰属論の内容　条件説によって因果関係を判断してきたドイツにおいて,1960年代末から,客観的帰属論という考え方が有力に主張され,現在の通説になっている。それは,事実的な因果関係論(条件説)だけでは客観的な帰責範囲を適切に限定できないという問題意識にたちながら,法的因果関係論(相当因果関係説)によって客観的帰責範囲を限定するのは理論的に妥当でなく,そのような規範的判断(法的判断)は因果関係論とは別の枠組みで行うべきだとするものである。それによれば,規範的判断にもとづく客観的帰責範囲の限定は,条件関係の存在を前提としたうえで,個々の構成要件の解釈として行うべきものとされる。具体的には,行為者の行為が行為客体に対して許された危険を超える程度の危険を創出したこと(危険創出連関)と,その危険が具体的な犯罪結果として実現していること(危険実現連関)が確認された場合に,行為と結

果がつながっている（既遂犯に問える）と考えるものである。

この考え方は，相当因果関係説をとるわが国の学説にも大きな影響を与え，相当因果関係説を不要にするものとして，相当因果関係説の危機といわれる状況をもたらした。

大阪南港事件　条件説にたつ最高裁判所は，因果関係論に一石を投じた大阪南港事件においても，条件説の立場から因果関係を肯定している。事案は，被告人XがAに執拗な暴行を加えて意識消失状態に陥らせた後，Aを深夜の資材置場に放置して立ち去ったところ，Y（不詳人物）が角材でAの頭部を数回にわたって殴打し，翌日未明にAが死亡したというものである。最高裁判所は，「犯人の暴行により被害者の死因となった傷害が形成された場合には，仮にその後第三者により加えられた暴行によって死期が早められたとしても，犯人の暴行と被害者の死亡との間の因果関係を肯定することができ（る）」として，Xに傷害致死罪の成立を認めた（最決平成2年11月20日刑集44巻8号837頁）。

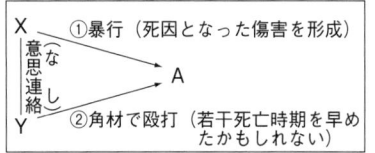

〔図7〕大阪南港事件

最高裁判所の結論そのものに反対する学説は見られないが，有罪を導く論理は必ずしも一致していない。相当性説からは，死期を早めたにすぎなかった暴行の介入は，無視しうる程度のものにすぎなかったこと（不相当）が根拠とされる。他方，多くの学説は，Yの暴行がAの死という結果の発生に寄与した程度が非常に低いことを根拠とし，客観的帰属論の考え方になじむものとなっている。

因果関係論の克服か　個々の構成要件の解釈から帰責範囲を客観的に限定しようとする客観的帰属論は，この構成要件はどのよう

な事態を保護するために作られたのかという観点から,立法者意思(保護目的)を尊重するものとなる。また,因果関係論による解決になじまないとされる仮定的因果関係*29の事例についても,妥当な解決をもたらしうる。さらに,危険創出連関と危険実現連関の有無による判断方法も説得的である。これらの点に,客観的帰属論が,生成途上の理論であるといわれながらも,次第に支持者を増やしている理由がある。

　しかし,その一方で,このような個別的判断は,構成要件論をきわめて実質化するものでもある。また,客観的帰属論の内容のとらえ方は論者によって違いがあり,わが国の学説のなかには,実質的には相当因果関係説と異ならないという理解すらある。重要なのは,客観的帰属論の主張するような帰責範囲の限定を,犯罪論のどの段階で行うかということになろう。たとえば,条件説にもとづく事実的因果関係の確認をしたうえで,相当性を基準とする一般的な規範的判断にもとづいて法的因果関係を検討し,個々の構成要件の解釈にもとづく個別的な規範的判断を行うことによって,帰責範囲の客観的限定を段階的に行うことも十分にありうる。客観的帰属論だけが妥当な解決をもたらすというわけではないし,それが相当性説と二者択一の関係にたつわけでもない。

*29　**仮定的因果関係**　仮定的因果関係とは,構成要件に該当する行為から犯罪結果が生じてはいるが,たとえ合法的な行為を行ったとしても同様の結果が生じたであろう場合をいう。たとえば,交通法規に違反する態様で自転車を追い抜こうとした車によって自転車が倒れ,自転車に乗っていた人が死亡した事案でも,自転車に乗っていた人が酒に酔っていたため,交通法規を守った追い抜きでも同じ結果が発生していたはずだとされる場合がある。このような事例について,実際に行われなかった合法的行為を仮定的に付け加えても同じ結果の発生が避けられなかった場合には,因果関係(条件関係)が否定されるとする立場がある(最判平成15年1月24日判時1806号157頁参照)。他方,因果関係は現実的な行為と結果とのつながり

の問題であるとして，仮定的事情を付け加えて因果関係を判断する見解に批判的な立場も強い。その点で，仮定的因果関係の事例は条件関係論の限界を示すものだといわれる。これに対して，客観的帰属論は，仮定的因果関係の事例について，条件関係を認めたうえで，客観的帰属を否定するという解決をとることになる。

6 罪を犯す意思──故意

(1) 刑法38条1項の意味

　刑法38条1項は，「罪を犯す意思がない行為は，罰しない。ただし，法律に特別な規定がある場合は，この限りでない」と規定している。ここにいう「罪を犯す意思」が 故意 であり，犯意 ともいわれる。38条1項の規定は，刑法が故意のある犯罪（故意犯）だけを処罰するという原則を明示したものである。これを 故意犯処罰の原則 という。一方，但書の意味は，過失犯を処罰するという特別な規定を刑法においた場合には，例外的に過失犯の処罰を認めることを意味している。その意味で，過失犯は，拡張された犯罪類型として処罰される。

　「人を殺した者は，死刑又は無期若しくは5年以上の懲役に処する」（刑199条）のように，故意による殺人と過失による致死のいずれを処罰するかが積極的に明示されていない場合には，故意犯処罰の原則から，故意犯としての殺人罪を規定していると解さなければならない。このため，過失犯としての過失致死を処罰するために，「過失により人を死亡させた者は，50万円以下の罰金に処する」という「特別な規定」（刑210条）が設けられているのである。

　38条1項但書の規定を文字通りに読めば，「特別な規定」さえおけば，無過失による行為さえも処罰できるような印象を与える。しかし，行為者に対する非難を重視する近代刑法においては，行為者の主観と結びつかない行為（結果）を処罰することは，責任主義の

原則（主観的責任の原則）から許されない（→34頁）。但書にいう「特別な規定」は，不注意（過失）にもとづく行為の限度で処罰を認めるものなのである。

(2) 客観的事実の認識

主観的構成要件要素としての故意　すでに見たように，目的的行為論が登場して以来，故意の内容とその体系上の位置づけについて，さまざまな見解が主張され，錯綜した状況が見られるようになった（→63頁）。ただ，現在では，犯罪を基礎づける事実の認識として故意を理解する責任説のほか，故意説においても，故意の事実認識部分を構成要件に位置づける見解が有力になっている。したがって，本書の叙述も，便宜上，それにならっておくことにする。こうした立場は故意（の一部）を主観的構成要件要素として理解する立場であり，それによって，故意犯と過失犯が構成要件の段階で区別されることになる。

認識されるべき事実　故意とは，犯罪となるべき客観的事実（構成要件に該当する違法な事実）を認識したうえで，その事実を実現しようとする心理状態をいう。したがって，故意にもとづく犯罪は，犯罪となるべき客観的事実を予見できたにもかかわらず不注意で認識しなかった過失犯と比べて，より重い責任が認められ，重い処罰の対象とされるのである。行為者に故意を認めるためには，行為者が構成要件に該当する事実（殺人罪の「人を殺す」という事実）を認識しているだけでなく，違法性を基礎づける事実の認識を有していることが必要である。ただ，構成要件は当罰的な反社会的行為を類型化したものであるから，構成要件に該当する事実を認識していれば，通常，違法性を基礎づける事実の認識も認められる。

しかし，場合によっては，構成要件該当事実を認識しながらも，

〔図8〕錯誤の体系

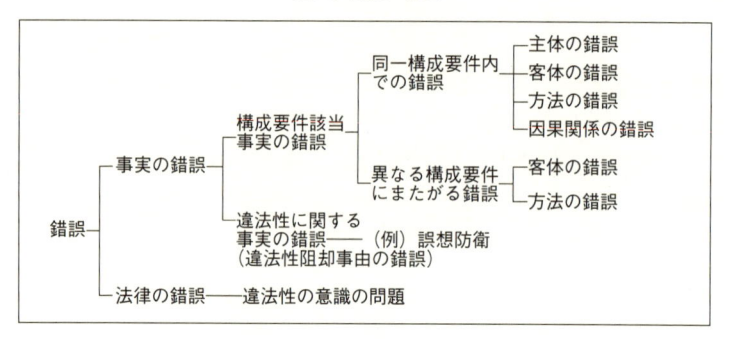

```
							┌─ 主体の錯誤
					┌─ 同一構成要件内	├─ 客体の錯誤
					│  での錯誤		├─ 方法の錯誤
		┌─ 構成要件該当	│			└─ 因果関係の錯誤
		│  事実の錯誤	│
		│			└─ 異なる構成要件	┌─ 客体の錯誤
┌─ 事実の錯誤─┤			   にまたがる錯誤	└─ 方法の錯誤
│		│
│		└─ 違法性に関する
錯誤 ─┤		   事実の錯誤 ──(例)誤想防衛
│		   (違法性阻却事由の錯誤)
│
└─ 法律の錯誤 ── 違法性の意識の問題
```

違法性を基礎づける事実の認識が欠ける場合がある。たとえば、XがAを殺すという事実を認識しながら、自分に対するAの急迫不正の侵害が存在すると誤認して自分の身を守るためにAを殺害したような場合である。この場合には、Xは違法性を否定する事実（正当防衛を構成する事実）を認識していることから、違法性を基礎づける事実の認識が欠け、Xに殺人罪の故意を認めることはできない。

(3) 故意の態様

故意には、行為者が、結果の発生を意図している場合や結果の発生を確実なものとして認識している場合から、結果の発生を不確実なものとして認識している場合までの幅がある。前者を **確定的故意** といい、後者を **不確定的故意** という。確定的故意の場合に故意犯が成立することには、疑問の余地がない。刑法38条1項本文は、まさにこのような場合を前提とした規定である。

では、不確定的故意にもとづく行為の場合（被害者の死亡を確実でないと思って行為した場合）、故意犯（殺人罪）の成立は否定されるべきだろうか。現在の判例・通説は、このような事案について、**認容説** とよばれる立場（→96頁）から、行為者が被害者の死亡を

確実に認識していなかったとしても，死んでも仕方がないと思っていた（結果を認容していた）場合には，故意を認めてよいとしている。このような心理状態を **未必の故意** とよび，刑法 38 条 1 項本文の故意には未必の故意が含まれるとしている。したがって，確定的故意と未必の故意の違いは，故意犯としての成立を左右するまでのものではなく，せいぜい情状として考慮されうるにすぎない。

(4) 認識と客観的事実が一致しない場合の扱い

事実の錯誤　　犯罪事実を認識していない者に故意が認められないのと同様，行為者が認識していた事実（主観的事実）と実際に生じた事実（客観的事実）とが一致しない場合にも，一般に，客観的事実に対する故意は認められない。このような場合を **事実の錯誤**（犯罪事実についての思い違い）といい，故意犯の成立が否定され（事実の錯誤は故意を阻却する），錯誤が不注意にもとづいているかぎりで過失犯の成立が問題になる。また，故意を認めるための認識の対象は，犯罪を構成する事実と違法性を基礎づける事実であるから，いずれかの事実について錯誤がある以上は，事実の錯誤として故意が阻却されることになる。事実の錯誤のうち，後者をとくに **違法性阻却事由の錯誤** とよぶ。

しかし，認識事実と発生事実が完全に一致しないかぎりは故意を認めないとすることは，現実の社会における生身の人間による犯罪を扱う刑法の理論として，あまりに硬直的な運用だといわざるをえない。実際にも，両者が多少なりとも一致しないのが通常であり，完全に一致することの方が珍しいとさえいえよう。したがって，問題は，どの程度の不一致であれば犯罪事実の認識がある（故意が認められる）としてよいかであり，換言すれば，認識事実と発生事実との間にどの程度の重なり合い（符合）があれば故意を認めてよい

かであるということになる。この意味で,「事実の錯誤論は故意論の裏返しである」といわれる。

異なる構成要件にまたがる錯誤　事実の錯誤が問題になる場面のひとつは,覚せい剤のつもりで麻薬を密輸入した（覚せい剤輸入罪の意思で麻薬輸入罪の結果を実現した）場合のように,異なる構成要件にまたがって錯誤が生じている場合であり,抽象的事実の錯誤という。抽象的事実の錯誤の場合,認識していなかった重い犯罪事実に故意を認めることはできないが（刑38条2項参照),軽い犯罪事実の故意を認めるかどうかは解釈に委ねられている。

　抽象的符合説とよばれる立場は,およそ犯罪事実としての認識が重なって（何らかの犯罪を実行する意思が符合して）いれば足りるとして,常に軽い事実についての故意を肯定する。たとえば,人だと思って殺害した客体が他人の飼犬であった場合には,軽い犯罪である器物損壊罪の故意を認めることになる。他方,犬だと思って人を殺害した場合は,器物損壊罪の故意が認められるとともに,人を認識しえたかぎりで過失致死罪が問題になりうる。

　しかし,刑法が構成要件によって犯罪を個別化していることからは,犯罪意思のような抽象的な符合が認められれば足りるというわけでなく,構成要件が具体的に重なり合う限度で軽い犯罪の故意を認めるべきである（最決昭和54年3月27日刑集33巻2号140頁）。たとえば,犬を人と誤認して殺害した事例では,殺人罪と器物損壊罪の構成要件に重なり合いがないため器物損壊罪の故意が否定され,過失による器物損壊を処罰する規定もないから,無罪という結論が導かれる。他方,犬だと思って人を殺害した場合は,器物損壊罪の故意が否定される一方で,人を認識しえたかぎりで過失致死罪の成立が問題になる。このような,構成要件の具体的な重なり合いを要

求する考え方を，**法定的符合説** とよぶ。一般に，業務上横領罪（253条）と単純横領罪（252条），殺人罪（199条）と同意殺人罪（202条後段）や傷害罪（204条），強盗罪（236条）と窃盗罪（235条）や遺失物横領罪（254条）などの間で法定的な符合（部分的な重なり合い）が認められるとされている。

〔図9〕同一構成要件内での錯誤

(1) 客体の錯誤
(2) 方法の錯誤
(3) 因果関係の錯誤

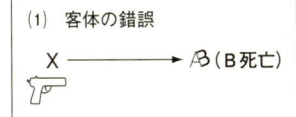

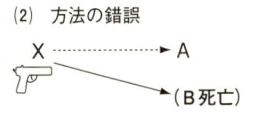

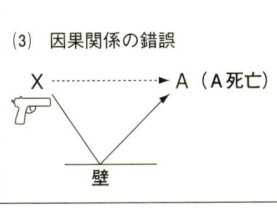

同一構成要件内での錯誤　事実の錯誤は，同一の構成要件のなかで生じることも多く，これを **具体的事実の錯誤** という。具体的事実の錯誤でも，Aだと思って射殺した被害者が実際はBだったという，犯罪客体の同一性を見誤ったにすぎない場合（客体の錯誤とよばれる）は，殺人の故意を認めることに問題はない。この場合は，認識事実と発生事実は「人」という構成要件的な重なり合い（法定的符合）だけでなく，「行為者が狙った客体」という具体的な重なり合い（具体的符合）も認められるからである。問題なのは，Aを狙った発砲で予想外の（認識していなかった）Bを死亡させた場合（方法の錯誤または打撃の錯誤とよばれる）である。この場合，法定的符合説によれば，「人を殺した」と書いてある殺人罪の条文（199条）においては，AとBは殺人罪の客体である「人」として法定的に符合している（条文上の文言として重なり合っている）から，実際に結果が発生したBに対する殺人既遂が検討される。他方，認識事実と発生事実との間に具体的な事実としての重なり合いを要求する立場（具体的符合説）によれば，BとAには「狙った

客体」としての具体的な符合がないため、Aに対する殺人未遂罪とBに対する（重）過失致死罪の成立がありうるにとどまる。

具体的事実の錯誤について、判例は一般に法定的符合説をとり、学説でも法定的符合説が非常に有力である。しかし、具体的事実の錯誤の事例は、以上のような単純なものだけでなく、さまざまな場合が想定される。そのため、法定的符合説の内容と具体的な結論も必ずしも一致しておらず、法定的符合説の限界や問題点も指摘されており、議論は錯綜した状況にある。

(5) 予想外の経過をたどった結果発生の扱い

行為者が予期した結果が思いがけない経過（因果系列）をたどって発生した場合も、認識事実（行為者が想定していた経過）と客観的事実（実際にたどった経過）とが一致していないことから、錯誤が問題になり、因果関係の錯誤 とよばれる。たとえば、Xが、泳ぎのできないAを溺死させようとして、海に面した断崖から突き落としたところ、途中の岩に頭部を強打したことによってAが死亡したような場合である。

因果関係も構成要件要素であるから、具体的な因果系列を犯罪事実の認識対象とすれば、因果関係の錯誤は事実の錯誤ということになる。他方、具体的な因果系列を認識対象としないのであれば、因果関係の錯誤の事例は、本質的に錯誤の問題ではなくなり、因果関係の存否の判断に解消されることになる。もっとも、具体的な因果系列を認識対象とする立場も、因果経過のすべてを認識対象とするのは妥当でないとして（すべての事案に事実の錯誤が認められかねない）、因果系列の主要な部分の認識があればよいとする。そのうえで、相当因果関係説における程度の相当性が認められる場合には、認識事実と客観的事実とが重なり合う（符合する）として、故意犯

の成立を認める。したがって，因果関係論で相当性説をとるわが国の学説では，因果関係の錯誤とよばれる事例は，錯誤論として議論する実益はほとんどない。他方，因果関係論において条件説をとるドイツやわが国の判例では，錯誤論として議論する実益があるが，相当性を具体的な判断基準とする点で，「因果関係論で拒否した相当性説を裏口から招き入れることになる」として批判されている。

7 不注意な内心——過失

(1) 主観的構成要件要素としての過失

　行為者が，注意深く行動すべき義務（注意義務）があるにもかかわらず，それに違反して過失犯の構成要件を実現した場合，過失犯の成立が検討される。したがって，過失犯は，注意義務違反としての不注意にもとづく結果発生を処罰するものである。こうした注意義務違反は，結果の発生が予見できたにもかかわらず予見しなかった不注意（結果予見義務違反）と，結果の発生が回避できたにもかかわらず回避しなかった不注意（結果回避義務違反）から構成される。ヴェルツェルの目的的行為論が登場するまでは，2つの不注意は，いずれも行為者の内心に関わる問題として責任論で議論されていた。その後，目的的行為論の影響のもとに，事実認識としての故意（の部分）を主観的構成要件要素に位置づける立場が有力になり，結果の認識を欠いている内心（過失）も主観的構成要件要素に位置づけられることになった。

　また，目的的行為論は，わが国の過失犯の理論（構造論）にとくに大きな影響を与えるものであった。この点を含めて，処罰拡張類型としての過失犯（論）については，後に改めて考えることにしよう（→143頁）。

〔図10〕故意と過失

故意	確定的故意
	未必の故意
過失	認識のある過失
	認識のない過失

(2) 認識なき過失と認識ある過失

認識の有無による過失の種類　結果の認識に対する行為者の心理状態に応じて、過失は、認識なき過失と認識ある過失に区別される。前者は、行為者が、結果発生を認識する可能性があったにもかかわらず、実際に認識しなかった場合をいう。また、後者は、行為者が、結果発生の可能性を認識していながらも、結果を発生させたくないと思っていた心理状態をいう。過失犯の構成要件は認識なき過失と認識ある過失を区別していないから、両者の違いは、過失犯としての成立を左右するまでのものではなく、せいぜい情状として考慮されうるにすぎない。

故意と過失との区別　認識ある過失は、結果発生についての認識を有している点で、未必の故意と共通性をもち、未必の故意と境を接する心理状態である。また、故意犯と過失犯はその扱いが大きく異なることから、未必の故意と認識ある過失の区別（基準）が議論され、さまざまな見解（認容説、蓋然性説、動機説など）が主張されてきた。現在の通説は、認容説とよばれる見解であり、認識していた結果が発生しても仕方がないと思っていた（認容していた）心理状態に未必の故意を認め、認識していた結果を発生させたくないと思っていた（認容していなかった）心理状態に認識ある過失を認めている。判例の基本的な立場も認容説である（最判昭和23年3月16日刑集2巻3号227頁）。

8 故意以外の主観的要素を必要とする犯罪

(1) 主観的要素の意義

ほとんどの故意犯においては，故意だけが，主観的構成要件要素として要求されている。しかし，故意犯のなかには，例外的に，犯罪が成立するために故意以外の主観的要素の存在が必要とされるものがある。このような主観的要素は，その存在が違法性を基礎づけることから，主観的違法要素 とよばれる。このようなものには，構成要件がそれを明示的に要求しているものと，解釈論や実務において認められているものがある。構成要件が要求する前者は，主観的構成要件要素 でもある。

他方，後者は，構成要件が明示的に要求するものではないことから，それを犯罪成立要件とすることに対する批判も根強い。とくに，結果の悪さに違法性の本質を求める結果無価値論では，解釈による主観的違法要素を否定する立場が有力である。

(2) 構成要件が規定する主観的要素

構成要件が明示的に要求する主観的違法要素は，通貨偽造罪（刑148条）における「行使の『目的』」や，予備罪（刑113条，201条，237条など）における「罪を犯す『目的』」であり，このような目的を必要とする犯罪を目的犯とよぶ。目的犯においては，構成要件該当性を肯定するためには，構成要件の客観的要素の認識（故意）に加えて，構成要件に規定された目的を有していることが必要である。また，そのような目的は，それが存在しない場合はおよそ犯罪が成立しえないという行為者の属性であるから，目的犯は真正身分犯でもある（→68頁）。

(3) 構成要件に明示されていない主観的要素

傾向犯　犯罪の成立に行為者の一定の主観的傾向（意図）が必要とされる犯罪類型を，傾向犯とよぶ。傾向犯では，行為者の行為に行為者の主観的傾向が現れている場合にかぎって構成要件該当性が認められる。その典型とされる強制わいせつ罪（刑176条）においては，行為者が自己の行為のわいせつ性を認識しているだけでは足りず，自己の性欲を刺激・興奮させる意図をもって行為する場合にのみ，構成要件該当性が認められるとされている。したがって，医者が女性の身体に触る行為も，わいせつの意図があれば強制わいせつ罪の構成要件該当性が認められ，治療目的であれば否定されることになる。傾向犯を認めることの是非について，結果無価値論と行為無価値論の対立は顕著なものとなる（→52頁）。

表現犯　表現犯とは，行為者の心理的経過や心理状態が行為者の行為に表現されている場合に構成要件該当性が認められる犯罪類型である。その典型例は偽証罪（刑169条）であり，宣誓した証人が，自己の実体験の記憶に反する陳述をした以上，その内容が真実に合致していたかどうかを問わずに，「虚偽の陳述をした」とする構成要件への該当性が認められる（大判大正3年4月29日刑録20輯654頁）。こうした行為者の主観を重視する立場（主観説）に対して，学説においては，主として結果無価値論的アプローチから，行為者の心理状態とは無関係に，「真実に反した陳述」だけを「虚偽の陳述」と考える立場（客観説）も有力である。

内心的超過要素　犯罪のなかには，事実の認識（故意）を超えるような主観的要素（内心的超過要素）の存在を必要とされるものがあり，窃盗罪（刑235条）がその典型といわれている。窃盗罪が成立するためには，故意（他人の財物の占有を侵害していることの認

識）だけでは足りず，他人の財物を「不法に領得する」意思（ 不法領得の意思 ）がなければならないとされるのである。不法領得の意思は，他人の財物の単なる一時使用（不可罰）を窃盗罪の処罰から除き（最決昭和55年10月30日刑集34巻5号357頁参照），器物損壊罪と窃盗罪とを区別する（大判昭和9年12月22日刑集13巻1789頁）機能をもつものとして要求される。学説も，一般に，このような結論を認めている。ただ，一時使用の可罰性を認める判例の増加にともなって，前者の機能はほとんど意義をもたなくなっている。また，不法領得の意思を窃盗罪の成立要件にすべきでないとする学説（不要説）も有力である。

Ⅳ 社会が許さない行為と許す行為 ── 違法性と違法(性)阻却

1 違法と違法(性)阻却の関係 ── 違法阻却の根拠

(1) 刑法の規定方法

構成要件は，反社会的な行為のなかから，刑罰による非難が必要な行為（当罰的行為）を選び出し，それらを類型化したうえで，それぞれに特有の型として規定したものである。したがって，構成要件に該当する行為は，社会が許容しえないものであること（違法性）がすでに推定されている（構成要件の違法推定機能→60頁）。そこで，刑法は，違法性を推定される構成要件該当行為について，例外的に社会が許容する事情と要件（ 正当化事由 または 違法阻却事由 とよぶ）を規定することによって，違法論の段階で犯罪の成立を否定する（違法阻却を理由とする「罰しない」）場合のあることを認めている。したがって，違法性の具体的な判断は，構成要件該当行為について，

違法性の存在を積極的に検討する必要はなく，違法性を阻却する事情があるかという消極的な検討によるものとなる。

(2) 違法阻却の実質的根拠

違法阻却事由の具体的な内容と要件は，刑法の条文に明示されている。したがって，条文に明示されている違法阻却事由だけを違法性判断の対象とすることもできる。裁判実務は，一般に，そのように考えていると思われる。しかし，違法性をより実質的に考えれば，実際の判断に困難があるとしても，条文に明示された違法阻却事由以外の類型（超法規的違法阻却事由）を認めることができるし，刑罰に値する程度の違法性の有無を検討すること（可罰的違法性の理論）も認めることができよう。学説は，そのような観点から，違法性（阻却）を実質的に判断している。

違法性阻却の実質的な根拠については，結果無価値論と行為無価値論とでアプローチが異なる。結果の無価値が違法性を基礎づけると考える結果無価値論によれば，結果が無価値でないかぎりは違法性が否定される。したがって，構成要件該当行為によって侵害された法益と保全された法益の価値を比較して，前者が後者を上回らない場合には，結果無価値が否定され，行為は違法でないとされることになる（優越利益説）。他方，行為の態様が違法性を基礎づけるとする行為無価値論によれば，行為の態様が無価値でないかぎりは違法性が否定される。したがって，構成要件該当行為が正当な目的実現のためであった場合（目的説）や，社会的に適切（相当）なものであった場合（社会的相当性説）には，行為無価値が否定され，違法性が阻却されることになる。もっとも，これらのアプローチは，相互に排他的な関係にたつものではなく，具体的事例の判断においては複合的に考慮されており，刑法が規定する違法阻却の要件もそ

のように構成されている。

2 法益を守るための反撃行為——正当防衛

(1) 正当防衛の性質と構造

正当防衛の性質 違法阻却事由の典型は，たとえば，Aの行為によって自己の法益が危険にさらされたXが，Aの法益を侵害することによって自己の法益を守るような場合である。こうした事態を **正当防衛** といい，国家による救済を求める余裕のない緊急状況下における自力救済行為として許される。Aの法益を侵害したXの行為は，犯罪の構成要件には該当するものの，自己の法益を保全する行為として違法性が阻却されるのである。

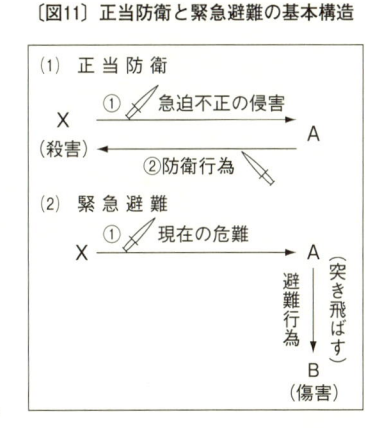

〔図11〕正当防衛と緊急避難の基本構造

(1) 正 当 防 衛
X ①急迫不正の侵害 → A
(殺害) ← ②防衛行為

(2) 緊 急 避 難
X ①現在の危難 → A
避難行為 ↓ (突き飛ばす)
B
(傷害)

刑法は，「急迫不正の侵害に対して，自己又は他人の権利を防衛するため，やむを得ずにした行為は，罰しない」と規定して，自己だけでなく他人のためにする正当防衛も認めている（刑36条1項）。このような正当防衛の合法性は，世間的にもよく知られているところである。

正当防衛の構造 上記の例の場合，実際にはXがAの法益を侵害しているにもかかわらず，Aが先にXの法益を危険にさらしたことから，侵害されたAの法益が「不正」なものと評価され，防衛行為によって侵害を免れた（保全された）Xの法益が「正」とされる。このような意味で，正当防衛は，「正」対「不正」の関係

であるといわれる。「正は不正に譲らず」という法格言があるように，われわれは，不正な攻撃に対して防衛する権利（正当防衛権）をもっている。したがって，正当防衛行為は，不正に対する正の側からの権利行使として，刑法上の違法性が否定されるだけでなく，民法上の損害賠償責任も否定される（民 720 条 1 項本文）。

このような構造は，「正」対「正」の構造をもつ緊急避難と大きく異なり，正当防衛の成立要件や解釈論に反映される。

(2) 正当防衛の成立要件

侵害の存在　正当防衛は，自己または他人の権利に対する急迫不正の侵害の存在を前提として検討される。「権利」は，保全されるべき法益（被救助法益）一般を意味しており，特段の限定がない。「急迫」とは，法益の侵害が現に存在するか間近（目前）に迫っていることをいい（最判昭和 46 年 11 月 16 日刑集 25 巻 8 号 996 頁），緊急避難における「現在の」と同じ意味である。「侵害」とは，法益に対する実害や危険を発生させうるものをいう。したがって，正当防衛は，法益が侵害の危険にさらされているか，法益侵害が継続している場合にかぎって問題とすることができ，侵害が終了した（過去のものとなった）時点以降は問題になりえない。

「不正」は「違法」と同じ意味に理解されており，したがって防衛の相手方（急迫の侵害をもたらしている者）は自然人にかぎられる。この点で，いわゆる対物防衛とよばれる事案の扱いが問題となる[*30]。他方，犯罪の成立を否定される責任無能力者の行為も，違法性が認められる以上は「不正」の行為である。正当防衛は，自己の法益を守る場合だけでなく，他人の法益を守るために行うこと（緊急救助）もできる点に注意を要する。

IV 社会が許さない行為と許す行為 —— 違法性と違法(性)阻却

*30 **対物防衛** 対物防衛とは、たとえば、他人所有の犬が襲ってきた場合に、それを傷害することによって（刑261条）、難を逃れるような「事態」をいう。この場合、自然人の「不正」がないため（飼主が犬をけしかけた場合は飼主の不正が認められる）、正当防衛よりも要件の厳しい緊急避難しか認められないのが筋である。しかし、学説のなかには、そうした結論を不当だとして、「不正」の要件を「不正な状態」に拡張解釈して、ただちに刑法36条の適用を認める立場がある。対物防衛については、民法も正当防衛規定の準用によって損害賠償責任を否定しているから（民720条）、民法以上に法的効果の厳しい刑法においても、被告人に有利な形で36条を準用（類推適用）してよい（→45頁）。

〔図12〕**2つの対物防衛**
(1) 対物防衛　犬（X所有）　襲う → A　防衛行為
(2) 正当防衛　X → けしかける（不正）　犬　襲う → A　防衛行為

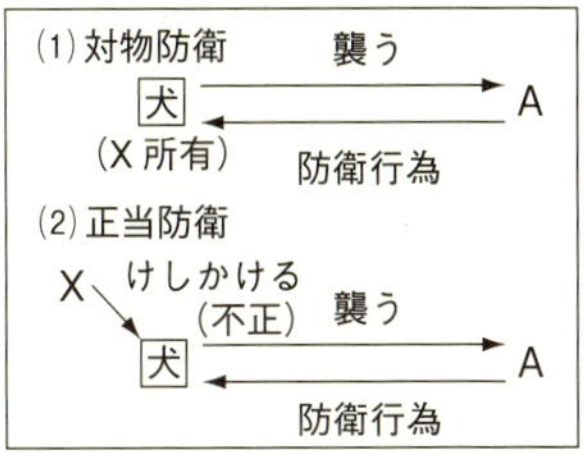

防衛行為 防衛行為として認められるためには、「防衛するため、やむを得ずにした行為」でなければならない。「防衛するため」の行為とは、侵害にさらされている法益を守るために必要な行為で、かつ防衛的な効果がある行為を意味する。これは、必要性の要件といわれる。また、「やむを得ずにした行為」は、防衛行為が相当であることを要求するもので、相当性の要件といわれている（最判平成元年11月13日刑集43巻10号823頁）。

「防衛するため」については、行為無価値論と結果無価値論の対立とも関連して（→53頁）、防衛の意思（主観的正当化要素）の存在を必要とすべきかが争われている。判例は、必要説の立場を前提としながら、もっぱら防衛の意思を要求する立場（大判昭和11年12月7日刑集15巻1561頁）から出発して、攻撃の意思との併存を認めた（最判昭和50年11月28日刑集29巻10号983頁）後、もっぱら攻撃の意思でなければよいとして（最判昭和60年9月12日刑集39巻6号275頁）、防衛の意思の内容を緩やかに解するようになっている。また、学説も、このような結論を支持しているといってよい。

もっとも，正当防衛状況にあることを認識している以上は，もっぱら攻撃の意思しかないという事態は現実には想定しにくいから，判例の変遷を前提とすれば，「防衛の意思」は正当防衛状況の認識と同じものということになろう。

法益の均衡　以上のような要件がすべて満たされたうえで，防衛行為によって侵害した法益の程度が保全された法益の程度を上回らないかぎりで，違法阻却の効果が認められる（法益均衡の要件）。ただ，正当防衛の構造（正対不正）や権利行為としての性格から，緊急避難ほどに厳格な法益の均衡までは必要とされず，前者（正）が後者（不正）を上回ったような場合にも，違法阻却の効果を認めうる場合のあることが一般に指摘されている。

他方，前者が後者を上回り，そのこと（過剰性）を防衛者が認識していた場合は（最判昭和24年4月5日刑集3巻4号421頁），過剰防衛 とよばれ，違法阻却の効果（犯罪の不成立）は否定され，認識事実に応じた犯罪の成立が認められる。ただ，法益均衡以外の正当防衛の要件は充足されていることから，情状に応じて，刑が免除または減軽されること（任意的減免）がある（刑36条2項）。防衛者が，過剰性を認識していなかった場合は，すぐ後に述べる「誤想防衛」とよばれる錯誤の事例として扱われる。

(3)　錯誤の扱い

誤想防衛の3類型　正当防衛との関係でも，行為者の錯誤が問題になり，それを 誤想防衛 という。誤想防衛は，正当防衛の要件のどの部分に錯誤があるかによって，3つの類型に分けられる。それは，①急迫・不正の侵害が存在しないのに，存在するものと誤信して，必要性・相当性を満たすような行為をした（法益が均衡している）場合，②急迫・不正の侵害に対して，相当な防衛行為のつも

りで客観的に不相当な行為をした（結果の過剰性の認識を欠く）場合，③急迫・不正の侵害の存在と行為の相当性のいずれをも誤信していた場合である。誤想防衛として一般にイメージされるのは，①の類型である。他方，②③は，結果の過剰性の認識がある誤想過剰防衛と混同されがちであり，とくに注意が必要である。

これらのいずれの場合にも，行為者には違法性を基礎づける事実の認識が欠けるから，通説によれば，事実の錯誤として故意が阻却される。したがって，故意犯の成立が否定され，過失犯の処罰規定があるかぎりで過失犯の成立が検討されることになる。

誤想過剰防衛　このような誤想防衛に対して，急迫・不正の侵害の存在を誤信したうえで（誤想），相当性を超える行為であることを認識して過剰結果を生じた（過剰性の認識がある）場合を，誤想過剰防衛とよぶ。過剰性の認識がある点で，②③の誤想防衛の場合と異なる。誤想過剰防衛の場合の行為者の心理状態は，急迫・不正の部分に誤想はあるものの，認識事実そのものは通常の過剰防衛の場合と異なるところがない。したがって，過剰な結果について故意の阻却は認めることはできず，故意犯の成立を認めたうえで，刑法36条2項の適用（準用）による任意的減免によって処理されることになる（最決昭和62年3月26日刑集41巻2号182頁〔勘違い騎士道事件〕）。

(4) その他の論点

正当防衛をめぐっては，解釈論上の重要な論点がとくに多く見られる。たとえば，すでに言及した，対物防衛や偶然防衛の扱いのほか，自らが招いた侵害（自招侵害，挑発防衛）や喧嘩闘争の事例の扱い，侵害を予期していた場合の扱い，正当防衛権の濫用など，論点は多岐にわたっている。また，いわゆる盗犯等防止法における正

当防衛の特則（要件の緩和）の解釈も，特別法に関連する重要な論点である。ただ，本書でこれらのすべてを扱うことはできないので，論点の指摘にとどめざるをえない。

3 法益を守るための逃避行為——緊急避難

(1) 緊急避難の構造と性質

緊急避難の性質　正当防衛のほかに，緊急状況下での行為であることを理由に違法阻却される行為として，「緊急避難」が認められている。Aが包丁をもってXに襲いかかってきたため，Xが，Aの攻撃を避けるため近くのBを突き飛ばして傷害を負わせ，難を逃れた（AのÀ危険をBに転嫁した）ような場合である。Bの法益を侵害したXの行為は，傷害罪の構成要件には該当するものの，緊急行為として違法性が阻却される。こうした事態について，刑法は，「自己又は他人の生命，身体，自由又は財産に対する現在の危難を避けるため，やむを得ずにした行為は，これによって生じた害が避けようとした害の程度を超えなかった場合に限り，罰しない」と規定している（37条1項本文）。

ただ，権利行為とされる正当防衛と異なり，緊急避難の正当化の根拠や要件については，昔から深刻な問題として議論されてきた[*31]。もっとも，現行刑法の扱いとしては，緊急行為としての共通性が認められることから，正当防衛と共通する論点も多く（錯誤による誤想避難など），正当防衛との異同を意識して勉強すれば理解がさらに確実なものとなる。

[*31] **古典的な問題**　古代ギリシャの哲学者カルネアデスは，**カルネアデスの板**とよばれる設例を示して，緊急避難の扱いを問題にした。それは，XとAが1枚の板切れにつかまって漂流していたところ，2人ともが沈んでしまいかねない状況に

なったため，XがAを殴って海中に沈めてXだけが助かった場合の扱いを問うものであった。また，1884年には，難破した漁船の乗組員人全員が餓死の危険に瀕した際に，最も身体が衰弱していた1人を殺害し，その人肉を食べて生き延びたという事件（ミニョネット号事件）が実際に起き，緊急避難の扱いが大きな話題となった。

緊急避難の構造　上記の例の場合，Xは自分に向けられた法益侵害の危険をBに転嫁し，Bの法益を侵害していることから，避難行為によって侵害を免れた（保全された）Xの法益が「正」とされる一方で，侵害を甘受させられたBの法益も「正」である。このような意味で，緊急避難は，「正」対「正」の関係であるといわれる。したがって，緊急避難行為は，正当防衛のような権利行為ではなく，せいぜいが「大目に見てもらえる」行為として，刑法上の違法性は否定されるが，民法上の不法行為としての損害賠償責任を免れることはできない（民709条）。また，刑法上の違法阻却の要件に関しても，後に見るように，権利行為としての正当防衛に比べて厳格なものが要求されている。

なお，警察官や消防士などのように，その業務の性質上，一定の危難に身をさらすことが法的に義務づけられている者については，緊急避難規定の適用が制限される（37条2項）。そうでなければ，業務上の義務の遂行がありえなくなってしまうからである。条文上は「適用しない」という厳格な規定になっているが，他人を救助するための緊急避難はもちろんのこと，法的義務を超える程度の危難に直面した場合における自分自身のための避難行為までが否定されているわけではない。

正当化の根拠　緊急避難も正当防衛と同様に違法性が阻却される行為であるが，その正当化の根拠については，正当防衛の場合と異なり，いくつかの異なった理解がある。それには，①避難行為によって保全された法益の方が侵害した法益よりも価値が大きいこと

を理由とするもの（違法阻却説），②緊急避難行為は，不正でない者の法益を侵害する点で違法であるが，緊急事態下の行為であるため，行為者に他の適法な行為に出ることを期待できないとするもの（責任阻却説），③緊急避難は原則として違法性を阻却するが，両方の法益が同価値である場合や，保全法益が生命（身体）で侵害法益も生命（身体）である場合には，例外的に責任が阻却されるとする考え方（二分説），などがある。ドイツ刑法の影響のもとに主張される③は，権利行為でない緊急避難の性質に沿う理解であり，説得的である。ただ，刑法37条1項本文の文言からは，①の理解を前提とする運用にならざるをえないと思われる。

(2) 緊急避難の成立要件

危難の存在　保全されるべき法益の列挙は例示と解されており，特段の限定はないと考えられている。したがって，正当防衛における「権利」と同じように，法益一般が避難の対象となる。「現在」とは，正当防衛の「急迫」と同じ意味であり，法益に対する危険が目前に差し迫っていることをいう（最判昭和35年2月4日刑集14巻1号61頁）。

他方,「危難」は，正当防衛における「不正」のような限定がないため，その発生主体（危険源）には限定がなく，およそ法益を危険にさらすものであれば足りる。したがって，動物や自然力がもたらすものも危難である。また，違法阻却される避難行為そのものも，危難を転嫁される者にとっては危難になるから，構造的には，緊急避難は際限なく続く可能性がある。なお，緊急避難も，正当防衛と同様に，自己の法益を守る場合だけでなく，他人の法益を守ってやるために行うことができる。

避難行為　「危難を避けるため」については，客観的にみて避

難に必要な行為であること（必要性）だけでなく，主観的な避難意思をも要求するのが，判例と通説の立場である（避難意思必要説）。したがって，この点は，正当防衛における「防衛するため」の要件の解釈（防衛意思必要説）と共通している。

他方,「やむを得ずにした行為」は，正当防衛の要件と同じ文言であるにもかかわらず，より厳格な内容が要求されている点に注意を要する。それは，正当防衛では「防衛行為の相当性」を意味するが，緊急避難では,「避難行為の相当性」のほかに「避難行為の補充性」が必要とされる。これを 補充性の原則 という。これは，危難を正の法益の侵害へと転嫁した場合にも違法阻却を認めるという緊急避難の性質から，安易な危難の転嫁は許すべきでないため，危難の転嫁が唯一の方法であり，それ以外には法益を保全する方法がないことまでが必要とされなければならないからである。また，こうした性質から，緊急避難は，刑法上は違法阻却されるものの，民法上の損害賠償責任（民709条）を免れることができないのである。

法益の均衡　　侵害法益と保全法益の均衡についても，厳格な釣合いが明示的に要求され，法益均衡の原則 とよばれる。この点は，法益の間に若干の不均衡がある場合にも正当防衛が認められうるのと比べて，より厳格なものとなっており，実際にも厳格な解釈・運用になっている。法益の均衡が否定される場合（過剰避難）には（過剰性の認識を要する），違法阻却の効果はなく，認識に応じた犯罪の成立を認めたうえで，情状によって刑が免除または減軽されうる（任意的減免）ことになる（刑37条1項但書）。厳格な法益均衡が必要とされる点にも，補充性の原則が要求されるのと同様に,「正」対「正」の関係という緊急避難の法的性格がよく示されている。

4 正当性にもとづいて違法阻却される行為

(1) 法令行為

　行為者の構成要件該当行為が法令にもとづくものであった場合，刑法は，**法令行為**として違法性が阻却されることを明示している（刑35条前段）。法令行為は，一般に，4類型のものに分けられる。それらは，①死刑執行官による死刑の執行（刑11条以下）や捜査機関による逮捕・拘引・勾留（刑訴58条・60条・199条など）のように，一定の公務員の職務とされている行為（職務行為），②子に対する親権者の懲戒（民822条）や私人による現行犯逮捕（刑訴213条）のように，人の権利や義務としての行為が法令に規定されている場合（権利義務行為），③競馬法や自転車競技法による勝馬投票券や勝車投票券のように，政策的な理由から違法性が否定される行為（政策的理由にもとづく行為），④母体保護法による不妊手術や人工妊娠中絶のように，実質的に違法でない趣旨を法令が注意的に確認している行為（違法阻却が注意的に明示されている行為），である。このような区分は，違法阻却の根拠となる法令の種類や内容に応じた一応のものであるにすぎず，違法阻却事由としての効果を左右するものではない。

　法令行為は，法令に規定された内容や範囲・手続を遵守して行われるかぎりは違法でないが，それらを逸脱する場合には，違法阻却の効果は認められず，犯罪が成立しうる。たとえば，令状逮捕に際して逮捕令状を提示せずに身柄を拘束した場合（逮捕罪〔刑220条前段〕）や，懲戒の程度を超えた傷害の場合（傷害罪〔刑204条〕）などである。実際には，逸脱の程度が低い場合の扱いをめぐって問題となる（最大判昭和42年5月24日刑集21巻4号505頁参照）。

(2) 正当業務行為と正当行為

　法令行為とともに，外科医による手術やプロボクサーによるボクシングの試合のように，正当な業務として行われるものも，**正当業務行為** として違法性が阻却される（刑35条後段）。その実質的な根拠は，法令行為との類似性に求められているといえよう。業務の内容や範囲・手続を遵守して行われる行為は，正当なものと評価できるからである。

　しかし，業務性は，正当化のひとつの根拠になりうるが，違法阻却の実質的根拠を限定するものではない。そうでなければ，プロボクサーの試合で必然的に生じる暴行や傷害が正当化されるのに対して，ルールに従って行われるアマチュア選手の試合での暴行や傷害はすべて正当化されない，という理解しがたい結論がもたらされることになる。正当業務行為における違法阻却の実質的根拠は，業務性にあるのではなく，行為の正当性に求めるべきである。ここから，正当業務行為については，業務性を違法阻却の要件から外し，およそ正当行為であればよいと考える立場が有力である（被告人に有利な類推解釈）。また，同様の発想を前提として，刑法35条による正当行為の違法阻却としては業務性を要件とする一方で，業務にもとづかない正当行為一般を，条文にない違法阻却事由（**超法規的違法阻却事由**）として扱う立場も見られる。

(3) 正当行為性が問題となる事例

　安楽死　　いわゆる **安楽死** の事案について，責任阻却の可能性だけを認めるドイツと異なり，わが国では，正当行為としての違法阻却を認める立場が多い。とくに問題となるのは，死期の切迫した患者を肉体的苦痛から解放するために患者を殺害するという積極的安楽死の事案である。かつては，人道的博愛主義の立場から，安

楽死の要件に言及する下級審判例が見られた。その典型は，①病者が現代医学の知識と技術から見て不治の病に冒されており，その死が目前に迫っていること，②病者の苦痛がはなはだしく，見るに忍びない程度のものであること，③もっぱら病者の死苦の緩和の目的でなされること，④病者の意識が明瞭で意思を表明できる場合には，本人の真摯な嘱託または承諾のあること，⑤医師の手によることを原則とし，医師によりえない場合には十分に説得的な特別の事情があること，⑥殺害の方法が倫理的にも妥当なものとして認容できるものであること，を必要とするものであった（名古屋高判昭和37年12月22日高刑集15巻9号674頁）。

他方，近時は，患者の自己決定権の尊重という観点から，積極的安楽死も違法阻却されうるとする見解が有力となっている。こうした立場から，東海大学安楽死事件判決は，先の高等裁判所判決の6要件を放棄し，①患者が耐えがたい肉体的苦痛に苦しんでいること，②患者の死が避けられず，その死期が迫っていること，③患者の肉体的苦痛を除去・緩和するために方法を尽くし，他に代替手段がないこと，④生命の短縮を承諾する患者の明示の意思表示があること，を要求している（横浜地判平成7年3月28日判時1530号28頁〔東海大学病院事件〕）。

尊厳死 患者の自己決定権から積極的安楽死が正当化されるのであれば，その論理は，いわゆる尊厳死の事案にも妥当する。尊厳死とは，治癒不可能な患者に回復の見込みがなく，治療を続けても切迫している死を避けられない場合に，無意味な延命治療をやめることによって，人間としての尊厳を保たせつつ（人間らしく）自然の死を迎えさせることをいう。前述の横浜地方裁判所判決は，①患者が治癒不可能な病気に冒され，回復の見込みがなく，死が避

けられない末期状態にあること、②治療行為の中止を行う時点で、原則として治療行為の中止を求める患者の意思表示が存在すること、③すべての治療措置の中止が、死期の切迫の程度、死期への影響の程度などを考慮して、医学的に無意味という適正さを有し、自然に死を迎えさせるという目的に沿っていることを要件として、尊厳死の正当化の可能性を認めている。

終末期医療の中止　患者の自己決定にもとづく自然的な死を認めることは、一方で無意味な延命治療を打ち切ることを前提とするものである。それをさらに進めれば、無意味な延命治療の継続の是非が問題となりうる。それは、医師の延命義務の限界論として、正当行為を論じることに至る。

この点について、厚生労働省は、2007年に「終末期医療の決定プロセスに関するガイドライン（http://www.mhlw.go.jp/shingi/2007/05/dl/s0521-11a.pdf）」を公表した。ガイドラインは、積極的安楽死を対象から除外したうえで、終末期医療とケアのあり方について、専門的な医学的検討を前提としたインフォームド・コンセントにもとづく患者の意思決定を基本として、多専門職種の医療従事者から構成される医療・ケアチームによって、医療行為の開始・不開始、医療内容の変更、医療行為の中止等（治療方針の決定）を判断すべきものとしている。そして、治療方針の決定が困難な場合や合意が得られない場合に、複数の専門家による委員会を別に設置したうえで、検討と助言を行うことにしている。このようなガイドラインの設定は、医師の延命義務の限界の問題が、正当行為論（違法阻却論）になじむものであることを示すものといえよう。

5 条文にない違法阻却事由——超法規的違法阻却事由

超法規的違法阻却事由が具体的にどのような事情をいうのかについては，刑法 35 条の正当行為の扱いなどとも関連して，必ずしも統一的な理解は形成されていない。一般には，労働争議行為や被害者の承諾・同意にもとづく行為，さらには自救行為などが指摘されている。しかし，それらは，正当行為として違法阻却の可否が議論されるのが通常である。したがって，超法規的違法阻却事由とよばれるものは，何らかの具体的な事例や事案を指すというよりは，実質的判断にもとづいて，違法性が否定されるべき状況一般を意味するものと考えることができる。その意味で，次の**可罰的違法性の理論**も，超法規的違法阻却事由の 1 つの場面と見ることができる。

正当防衛と緊急避難は刑法 36 条・37 条所定の要件を満たすかぎりで，また法令行為は根拠となる法令の内容・範囲や手続を逸脱しないかぎりで，それぞれ違法性が否定される。また，正当（業務）行為は，それぞれの場面で要求される手続やルールを守ることによって違法阻却の効果が認められる。これらにおいては，形式的要件の遵守と違法阻却の実質的根拠とが表裏（密接不可分）の関係に立つからである。他方，形式的要件が明らかでない超法規的違法阻却事由については，実質的根拠そのものを検討することによって，違法阻却の可否を個別具体的に判断しなければならない。それは，結果無価値論的アプローチと行為無価値論的アプローチで重点のおき方は異なるにしても，優越利益の存在（優越利益説），行為の目的の正当性（目的説），行為の適切さ（社会相当性説）を総合的に考察することから判断されることになる。

6 処罰に値しない行為――可罰的違法性論

(1) 可罰的違法性論の意義

　超法規的違法阻却事由のように，実質的な観点から違法阻却の有無を判断することが認められるのであれば，同じような発想から，処罰に値する実質的な違法性（可罰的違法性）をもつ行為だけが犯罪を成立させると考えることもできる。こうした考え方は，実質的違法性を問題にする点で超法規的違法阻却の場面として考えることもできるが，一般に，可罰的違法性の理論 として独自に扱われる。この考え方によれば，犯罪は，処罰すべき行為（当罰的行為）であるだけでは足りず，処罰に値する程度の実質的違法性を備えた行為（可罰的行為）でなければならないことになる。こうした可罰的違法性は，違法性の量と質という，2つの場面で考えることができる。

(2) 違法性の量と質

　違法性の量　違法性の量が問題になる場合には，2つのものが考えられる。1つは，法益侵害の程度がきわめて軽微であること（絶対的軽微性）から，量的観点からただちに可罰的違法性が否定される場合である。このような場合は，結果無価値論的アプローチ（優越利益説）になじむものであり，実務的には構成要件不該当として処理されることが多い。可罰的違法性論の発展の契機となった一厘事件判決の事案（大判明治43年10月11日刑録16輯1620頁）は，金額に換算して1厘（1円の1,000分の1）相当の被害が問題になったものであり，絶対的軽微性から可罰的違法性が否定されたものと見ることができる。

　もう1つのものは，法益侵害の程度は絶対的に軽微とまではいえないが，あらゆる事情を考慮して総合的に判断すれば，処罰を正当

化するほどの違法性が確認できない（相対的軽微性）という場合である。このような場合は、行為無価値論的アプローチ（目的説および社会的相当性説）を抜きにして判断することは困難であり、実務においても、法益侵害の程度、法益の内容、目的の正当性、手段の相当性、行為の必要性・緊急性など、多くの要素を基準として総合的に判断されている（最決昭和 61 年 6 月 24 日刑集 40 巻 4 号 292 頁）。相対的軽微性は、労働事件や公安事件など、両立することが困難な法益の間や相互に衝突する法益の間で問題になることが多い。

違法性の質（違法の相対性）　違法性の質が問題になるのは、刑法以外の法領域では違法とされる行為であっても、刑法上は違法として刑罰の対象とするまでの必要がないと思われるような場合である。これを 違法の相対性 という。最高裁判所も、全逓東京中郵事件判決において（最大判昭和 41 年 10 月 26 日刑集 20 巻 8 号 901 頁），違法の相対性を認め、当時の公共企業体等労働関係法 17 条 1 項に違反した争議行為に関して刑事制裁を否定したことがある。しかし、そうした考え方は、その後、名古屋中郵事件判決（最大判昭和 52 年 5 月 4 日刑集 31 巻 3 号 418 頁）によって明示的に変更され、裁判実務では一律に否定する方向性がすでに定着している。他方、学説では、そのような裁判実務を批判する立場が強い。刑罰による制裁の厳しさや、刑法の謙抑性・最終手段性といった観点からも（→ 38 頁）、違法の相対性を一律に否定する裁判実務はあまりに硬直的であるように思われる。

　違法の相対性は、刑法と他の法領域の間で問題になるばかりでなく、刑罰法規相互の間でも問題になりうる。たとえば、無免許医業は、医師法 17 条・31 条 1 項 1 号との関係では違法行為とされるが、無免許者による手術が常に刑法上の傷害罪（刑 204 条）を成立させ

るというわけでもない。違法の相対性の扱いも，法益が相対的に軽微な場合と同じように，あらゆる事情を基礎とする総合的判断から結論がもたらされなければならないのである。

V　社会が行為者を非難する ── 責任

1　成熟度が犯罪の成立を左右する ── 責任能力

(1)　責任能力

責任能力の意義　刑法上の責任は，構成要件に該当する違法な行為について，行為者を法的（規範的）に非難できる場合にだけ認められる。これは，責任主義の原則（→33頁）からの当然の帰結である。このような法的非難は，行為者が適法な行為を選択する可能性（他行為可能性）があったにもかかわらず，あえて違法な行為を選択した（犯罪を実行した）ことに向けられる。また，他行為可能性を認めるためには，行為者に，行為のもつ社会的意味（善悪）をみきわめる能力（弁識能力）と弁識に従って自己の行為を統制する能力（制御能力）の2つが備わっていなければならない。弁識能力と制御能力の存在は，刑法における責任非難の前提であり，2つをあわせて責任能力とよぶ。

　刑法上の責任は，責任能力を有する者にしか認められないから，行為者が一定の精神的成熟の段階に達していることが必要とならざるをえない。犯罪の成立を左右する責任能力は，刑法上の行為を遂行する能力（行為能力）や犯罪の主体になりうる能力（犯罪能力）と同じものではなく，訴訟の遂行にあたって要求される訴訟能力（刑訴314条1項）や刑罰の執行にあたって必要とされる受刑能力

〔図13〕責任無能力と限定責任能力

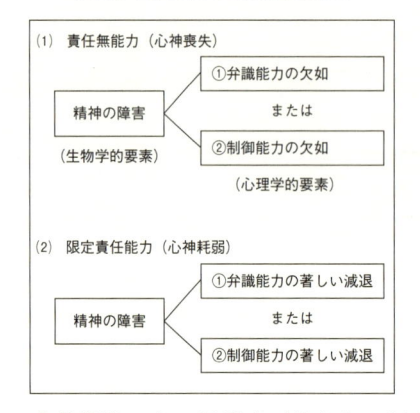

(1) 責任無能力（心神喪失）

精神の障害（生物学的要素）→ ①弁識能力の欠如 または ②制御能力の欠如（心理学的要素）

(2) 限定責任能力（心神耗弱）

精神の障害 → ①弁識能力の著しい減退 または ②制御能力の著しい減退

（刑訴479条，480条）とも異なるものである。

責任の3つの状態　このように，責任能力は，責任非難の前提として要求される。このような考え方を責任前提説とよぶ。また，弁識能力と制御能力は「一般的な人格的能力」であり，特別な能力ではないから，一定の精神的な成熟段階にある通常人（社会内で普通に生活している人びと）には当然に備わっているはずのものである。そこで，わが国の刑法は，行為者には責任能力がある（完全責任能力者）ということを前提として，何らかの事情で責任能力がまったく認められない場合と，それが大きくそこなわれている場合だけを特別に扱うという態度をとっている*32。

弁識能力と制御能力の両方または一方が完全に欠けている状態を責任無能力といい，刑法は，心神喪失者と「14歳未満の者（刑事未成年）」を規定している（39条1項，41条）。これらの者の行為は，法的な責任非難の前提が欠けることから，犯罪の成立が否定され，処罰することができないのである。また，弁識能力と制御能力のいずれかが著しく減退した状態を限定責任能力といい，心神耗弱者がそれに当たる（39条2項）。心神耗弱者の行為については，犯罪の成立が否定されることはないが，刑を必ず減軽しなければならない（必要的減軽）。もっとも，心神喪失と心神耗弱*33という文言は，責任無能力状態と限定責任能力状態を単にいい換えただけのもので

あり，どのような場合がそれらに当たるかは，個々の事案において具体的に判断しなければならない。

また，1993年には，いわゆる心神喪失者等医療観察法が制定され，触法精神障害者の行為に対する新たな法的対応が導入されることになった。触法精神障害者の扱いについては，後に改めて見ることにする（→第9章）。

*32　**部分的責任能力**　学説のなかには，ある種の犯罪についてだけ責任能力が欠けるという状態（部分的責任能力）を認める立場がある。その例として，好訴妄想症のパラノイア患者があげられ，虚偽告訴罪（刑172条）だけについての責任無能力を認める。しかし，責任能力は，責任非難を基礎づける一般的な人格的能力であり，人格の統一性や持続性と無関係には判断できず，全体として「あるかないか」という択一的な形でしか問題にすることができない。部分的責任能力といった概念は認められない。

*33　**瘖唖者規定の削除**　比較的最近までは，瘖唖者（聾唖者）であることを理由に，ただちに心神喪失者または心神耗弱者として扱う条文（みなし規定）が存在していた（1995年改正前の刑40条）。現行刑法の成立当時（明治40年）は聾唖教育が未発達であったことから，瘖唖者には十分なコミュニケーション手段がなく，弁識能力と制御能力を獲得するための教育や社会経験が欠け，精神的成熟が阻害されていると考えられたからである。しかし，現在では瘖唖は責任能力の阻害を疑わせる一事情にすぎず，一般人と同じ方法で判断すれば足りることから，1995年の改正で旧40条は削除されることになった。

(2) 責任無能力・限定責任能力の規定方法と判定方法

いくつかの方法　責任能力が害されている場合（責任能力がまったくないか，大きくそこなわれている場合）をどのように規定し，どのように判定するかについては，一般に，生物学的方法，心理学的方法，混合的方法がある。生物学的方法は，行為者の何らかの生物学的要素（年齢や精神障害など）に着目して判断するもので，フランス刑法やオランダ刑法に立法例が見られる。心理学的方法は，心

理学的要素（弁識能力と制御能力）の存否を正面から検討し，判断するものである。この方法は，英米法の責任能力テスト（かつてのマクノートン・ルール）として用いられたことはあるものの，立法例としては存在しないようである。混合的方法は，生物学的方法と心理学的方法とを併用して判断するもので，ドイツ刑法やスイス刑法に立法例がみられ，アメリカ模範刑法典やわが国の刑法もこの立場をとっている。

心神喪失と心神耗弱　わが国の判例は，精神の障害によって，事物の理非善悪を弁識する能力と弁識に従って行動を制御する能力の両方または一方が完全に欠けている状態を心神喪失（責任無能力）と定義し，弁識能力と制御能力が欠如するまでには至っていないが，いずれか一方が著しく減退している状態を心神耗弱（限定責任能力）と定義している（大判昭和6年12月3日刑集10巻682頁）。学説も，この定義に全面的に従うといってよい。精神の障害が生物学的要素であり，弁識能力と制御能力が心理学的要素である。

　もっとも，精神の障害は，重度の統合失調症や強度の意識障害などの場合を別にすれば，ただちに責任無能力や限定責任能力をもたらすわけではなく，責任能力が害されていることを疑わせる契機となるにすぎない。また，責任能力が問題となる事件で複数の異なる鑑定[34・35]結果が出ることがあるように，完全責任能力・心神喪失・心神耗弱の区別や限界は，精神医学界でも争われている。したがって，最終的には，心理学的要素を中心として，裁判所が実質的に判断する以外にない（最決昭和59年7月3日刑集38巻8号2783頁）。

[34] **鑑定**　刑事鑑定としては，刑事訴訟法に2種類のものが規定されている。1つは，裁判所が専門家に命じて行う「公判精神鑑定」（刑訴165条以下）で，必要に応じて被告人の身柄拘束（鑑定留置）が認められる。もう1つは，捜査段階で検

察官等が専門家に嘱託して行う「起訴前鑑定（嘱託鑑定）」（刑訴223条以下）で，被疑者の身柄拘束も認められる。他方，検察実務においては，嘱託鑑定以前に，被疑者の同意を得て精神状態を診断すること（簡易精神鑑定）が行われている。これは，法令上に根拠がない点で批判されているが，実際には，起訴・不起訴の判断資料として広く利用されているという現実がある。

*35 **鑑定の拘束力**　法律概念である責任能力の有無を判断することは，法律的な判断事項として裁判所の権限に属し，自由心証主義（刑訴318条）のもとで運用される。その意味で，裁判所は鑑定結果に拘束されない（最決昭和33年2月11日刑集12巻2号168頁）。もっとも，合理的な根拠なしに鑑定結果を勝手に覆すことは，経験則違反として許されない（最大判昭和23年11月17日刑集2巻12号1588頁）。

刑事未成年とその扱い　心神喪失・心神耗弱の判断が実質的なものである（心理学的要素の個別的・具体的な検討を要する）のに対して，刑事未成年は，14歳未満という生物学的要素（年齢）を根拠として，一律に，弁識能力と制御能力が備わっていない存在とみなされている。刑事未成年については，年齢計算ニ関スル法律と民法143条にもとづいて14歳未満であることを形式的に確認すれば足り，行為者の実際の成熟度が問題とされることはない。

　もっとも，わが国においては，20歳未満の行為者（少年）は，たとえ完全な責任能力が認められる場合であっても，ただちに刑事裁判手続の対象になるわけではない。少年犯罪については，少年法における保護事件手続を優先させ（保護処分優先主義），例外的に刑事処分を求めうる制度（少20条）がとられているからである。このため，14歳以上20歳未満の者の犯罪については，特別法である少年法によって刑法での扱いが排斥され（「特別法は一般法を排斥する」の原則の適用），家庭裁判所が検察官に送致（逆送）した犯罪だけが刑事裁判の対象になる。少年犯罪（非行）とその扱いについては，後に改めて見ることにする（→第8章）。

2 行為が許されないことの認識——違法性の意識

(1) 違法性の意識の要否

故意説の立場 犯罪を基礎づけている事実を認識しながら構成要件に該当する行為をしている以上、行為者は、自己の行為が許されないこと（違法性）を認識しているはずであるとされ、違法性の認識をもつべきことを要求される。ここから、目的的行為論が登場するまでの学説は、犯罪事実の認識と違法性の意識とを表裏一体のものとしてとらえ、両者を故意（罪を犯す意思）の内容（構成部分）と考えてきた（故意説）。

故意説の1つは、違法性の意識そのものの存在を要求するもので、厳格故意説 とよばれる。しかし、厳格故意説の立場を一貫すると、違法性の錯誤の事例において、故意阻却が認められる範囲が広くなりかねない。そのため、故意説の多くは、違法性の意識の「可能性」を要求することによって、違法性の意識の認識を緩やかなものとし、不都合を回避しようとした。この立場は、制限故意説 とよばれる。ただ、いずれの立場においても、違法性の意識（の可能性）は、犯罪の成立要件のひとつとして、故意の問題として扱われるべきものとされていたのである。

他方、判例は、違法性の意識不要説の立場を明確にしていた。刑法38条3項本文が「法律を知らなかったとしても、そのことによって、罪を犯す意思がなかったとすることはできない」と規定することから、判例は、違法性の意識は故意と関係がないと考えるだけでなく、そもそも犯罪成立要件でもないとしたのである（最決昭和62年7月16日刑集41巻5号237頁）。

目的的行為論 こうした故意説と判例に対して、目的的行為論

は，違法性の意識（の可能性）を故意の内容から切り離して，故意とは別に，責任論で検討されるべき犯罪成立要件（責任要素）であるとした。このような考え方は，責任説 とよばれている。そして，目的的行為論の登場によって，わが国の刑法理論，とりわけ故意論（故意の内容と体系的な位置づけ）は大きな影響を受けることになったのである（→63頁）。違法性の意識の問題が実際に争われるのは，自分の行為が許されないことを知らずに行為した事例（違法性の錯誤）をどのように解決するかという場面である。

(2) 「許されていない」と思わなかった

違法性の錯誤の扱い　犯罪を構成する客観的事実を正確に認識しているにもかかわらず，その事実を実現することが犯罪になると知らずに，あるいは「犯罪にならない」と思って行為した場合，行為者をどのように扱えばよいのだろうか。これは，自分が実行している行為の法的な評価を誤った（違法性の意識をもたずに行為した）場合であり，一般に 違法性の錯誤 といわれ，法律の錯誤 とか 禁止の錯誤 とよばれることもある。

一般には，犯罪を構成する事実を認識している以上，行為者は違法性の意識を有しているということができる。とくに，殺人や窃盗のように，人間の本性から当罰性（許されるべきものでないこと）がただちに認識できる犯罪（自然犯）においてはなおさらである。こうした事情から，わが国の判例は，自然犯の成否が問題になる事案において，違法性の意識は犯罪の成立要件でないとする立場（違法性の意識不要説）を明らかにしてきたのである。判例の立場によれば，違法性の錯誤は，犯罪の成否とは無関係であり，裁判における事実認定の対象でもないことになる。他方，学説は，違法性の意識を犯罪成立要件の1つとする点で一致し，その存否が犯罪の成否を

左右するものと考えている。

故意説の主張　違法性の意識を故意の内容とする故意説においては，違法性の錯誤は，故意の存否に影響を与えるかどうかという問題として扱われる。故意説の一部は，主として自然犯を念頭において，現実的な違法性の意識の存在を故意犯の成立要件とし，それが欠ける場合は過失犯の成否が問題になりうるにすぎないとする（厳格故意説）。しかし，自然犯を問題にするかぎりでは，違法性の意識を欠く事例を想定することは困難である。その意味で，観念的には両端に位置づけられる厳格故意説と違法性の意識不要説（判例実務）との間にも，実際の結論に大きな差が生じることはない。「違法性の錯誤は故意を阻却しない」という表現は，このような事態に関するものである。

これに対して，行政上の取締りの必要性などから立法された犯罪（法定犯）については，人間の本性から当罰性をただちに認識できるわけではなく，違法性の意識不要説は故意犯の成立範囲をあまりに広げる一方で，厳格故意説は故意犯の成立範囲をあまりに狭めるものになりかねない。このため，故意説の多くは，故意の内容として，現実の違法性の意識ではなしに，違法性の意識の可能性で足りるとする（制限故意説）。それによれば，違法性の意識の可能性が欠けるという場合はほとんどないため，厳格故意説以上に，「違法性の錯誤は故意を阻却しない」ということになる。

責任説の主張　こうした故意説に対して，違法性の意識を故意とは別の（独自の）責任要素と考える責任説においては，違法性の錯誤は，責任阻却の効果が認められるかという問題となる。そして，錯誤したことに相当の理由があった場合にかぎって，責任が阻却されるとする。ただ，相当な理由の有無という判断基準は，制限故意

説における可能性判断とほぼ同じ内容のものだといってよい。したがって，責任説においても，違法性の錯誤が責任を阻却する場合はきわめて例外的であり，「法の不知は宥恕せず（許されることがない）」との結論が導かれる。ただ，制限故意説においては，違法性の意識の可能性が欠ける場合には，故意阻却の効果しかないことから，過失犯の成立がただちには否定されないのに対して，責任説においては，相当な理由にもとづく錯誤の場合は責任が阻却されることから，過失犯が成立する余地も当然に否定される。

3 適法な行為が期待できない──期待可能性の理論

(1) 期待可能性論の意義

一般的な意義　すでに見たように，刑法は，適法行為を選択する可能性が行為者に認められることを前提として，あえて違法な行為を選択したことに対して，行為者を法的に非難する。このことを逆にいえば，適法行為を選択することが行為者に期待できない場合には，行為者を非難できないことになる。このような考え方を期待可能性の理論　という。それによれば，期待可能性が欠ける場合には，責任阻却事由として犯罪の成立が否定され，期待可能性が低減する場合には，責任減軽事由として刑の減免がありうるとされる。

条文における具体化　わが国の刑法には，期待可能性に関する一般的な規定は存在しない。ただ，個々の犯罪類型においては，期待可能性の不存在や低減が行為者に有利に働くことが相当に広く認められている。たとえば，犯人蔵匿罪（103条）における自己蔵匿の不処罰や，証拠隠滅罪（104条）における自己の刑事被告事件の証拠隠滅の不処罰，親族間における犯人蔵匿や証拠隠滅に対する刑の任意的免除（105条），盗犯等防止法1条2項にもとづく殺傷行為

の不処罰，などに典型例が見られる。また，これらの規定は，期待可能性の不存在や低減を限定的に列挙したものではなく，類型的なものを例示的に列挙したものと見ることも可能である。学説は，一般に，これらを例示規定と考えている。

解釈による期待可能性の不存在　こうした規定を例示と見る学説によれば，条文に明示されていない非類型的なものについては，超法規的な責任阻却・低減事由として，解釈論における実質的な判断に委ねてよいことになる。とくに，違法な拘束命令や強制にもとづく行為，義務の衝突，安楽死などは，超法規的違法阻却事由の問題として扱われる場合もあるが，期待可能性の理論にもとづく超法規的責任阻却事由として論じられる場合も多い。他方，裁判実務は，解釈による期待可能性の不存在（超法規的責任阻却事由）を認めることには否定的であり，傍論としてその可能性に言及するにとどまっている（大判昭和8年11月21日刑集12巻2072頁，最判昭和31年12月11日刑集10巻12号1605頁参照）。

(2) 期待可能性の判断基準

学説においては，期待可能性の存否を判断するための事情と基準に関して，行為時における具体的事情を基礎として行為者を基準として判断する立場（行為者標準説），国家や法規範が適法行為を期待しているかどうかで判断する立場（国家標準説または法規範標準説），行為時における具体的事情を基礎として平均的一般人を基準として判断する立場（平均人標準説）が，それぞれ主張されている。行為者標準説は，行為者が行為に出た以上は，およそすべての場合が期待不可能だったとすることになりかねない。他方，国家標準説は，国家や法規範が期待する以上は従わなければならないとして，期待可能性の理論そのものを否定することになる。期待可能性の理論を

認める以上は，平均人標準説によって判断することになろう。

VI　処罰を左右する例外的な事情

1　処罰するための条件 ── 客観的処罰条件

　一般に，構成要件に該当する違法な行為を実行した者に責任が認められれば，犯罪は成立し，国家の刑罰権が発動され，行為者は処罰されることになる。しかし，いくつかの犯罪類型においては，構成要件該当性・違法性・責任が肯定できる（犯罪として成立している）にもかかわらず，処罰するためには一定の事情の存在することを条件とする類型がある。このような事情を **客観的処罰条件** とよぶ。犯罪そのものは成立しているので，客観的処罰条件は，故意の認識対象ではない。

　客観的処罰条件の例としては，事前収賄罪（刑 197 条 2 項）における「公務員となった場合」や詐欺破産罪（破 265 条）における「破産手続開始の決定が確定したとき」，詐欺再生罪（民再 255 条）における「再生手続開始の決定が確定したとき」などが見られる。たとえば，詐欺破産罪においては，債務者が財産を隠匿するなどの詐害的行為をするだけで犯罪としては成立しているが，破産手続開始決定が確定するまでは刑罰権の発動が政策的に控えられているのである（大判大正 15 年 11 月 4 日刑集 5 巻 535 頁）。

2 処罰を免除する条件——刑罰阻却事由

処罰するための条件である客観的処罰条件とは逆に，行為者に一定の事情が存在するために不処罰（刑の免除）がもたらされる場合がある。そのような事情を **一身的刑罰阻却事由** とよぶ。一身的刑罰阻却事由の例としては，親族相盗例（刑244条1項）や盗品等に関する罪における親族間の特例（刑257条），犯人蔵匿罪と証拠隠滅罪における親族間の特例（刑105条）などが見られる。ただ，これらにおける刑の免除の根拠や効果は一様でない。親族相盗例においては，「法は家庭に入らず」の法格言の実現にその根拠が求められ，刑が必要的に免除される。盗品等に関する罪においては，期待可能性の不存在にその根拠が求められ，刑が必要的に免除される。他方，犯人蔵匿罪などにおいては，期待可能性の不存在に根拠が求められるが，その効果は任意的免除にとどまる。

3 被害者が処罰を左右する——親告罪

一般に，刑事事件としての立件は，被害者の意思とは無関係に行われる。しかし，犯罪のなかには，被害者の告訴がなければ立件できない類型がある。このような犯罪を **親告罪** とよぶ。親告罪における告訴は，刑事裁判を遂行するための条件（訴訟条件）であって，客観的処罰条件ではない。また，親告罪として立法する根拠は一様でなく，さまざまな考慮にもとづいている。具体的には，①強姦罪（刑177条）や名誉毀損罪（刑230条）のように，被害者のプライヴァシーや名誉の2次的被害を回避しようとする類型，②過失傷害罪（刑209条）や器物損壊罪（刑261条）のように，被害が私的で軽微な類型，③未成年者拐取罪（刑224条）のように，個人的事情

に配慮して被害者の意思を尊重する類型，④親族間の犯罪（刑244条2項）のように，国家による干渉が政策的に控えられる類型，に区別することができる。いずれのものも，被害者の意思が立件を左右するから，親告罪とされる犯罪は，個人的法益を保護する犯罪類型にかぎられる。

Bridgebook

第5章
犯罪が成立するための要件(2)

拡張類型

I 意図した結果が発生しなかった――未遂犯論

1 結果が発生しなくても処罰されることがある

(1) 既遂犯の処罰拡張類型

未遂犯 犯罪の類型を規定する構成要件は，刑法199条の「人を殺した」や235条の「財物を窃取した」という文言から明らかなように，いずれも，行為者の意図した犯罪結果が実現した場合を想定して作られている。犯罪を「既に遂げた」という意味で，これを 既遂犯 という。刑法各則に規定する構成要件は，いずれも既遂犯の処罰を予定したものである。しかし，実際には，殺すつもりで被害者の心臓を狙って発砲したところ，弾丸が外れてしまったり，弾丸が腕に命中して負傷にとどまった場合などのように，何らかの事情によって意図した結果の実現までに至らない場合も多い。

構成要件が既遂犯処罰を予定しているにしても，意図した結果を発生させられなかったすべての行為について，刑法の関与を一律に否定するのは適切でない。結果の発生・不発生は，偶然の事情によって左右されることが通常だからである。そこで，刑法は，ある種の犯罪類型については，犯罪を実現するのに十分な危険性のある

行為（これを 実行行為 とよぶ）が開始された以上，それが意図した結果を実現できなかった場合であっても処罰することを認めている（43条本文）。実行行為が犯罪を「未だ遂げていない」という意味で，これを 未遂犯 という。

予備罪と陰謀罪　また，きわめて例外的ではあるが，刑法は，未遂にすら至っていない段階での行為を処罰することもある。このような犯罪として，陰謀罪 と 予備罪 が規定されている。陰謀とは，複数の者が犯罪実行を相談して合意に達することをいい，予備とは，陰謀以外の方法による犯罪準備行為をいう。いずれも，きわめて例外的な処罰拡張類型として，重大な犯罪の準備行為を処罰するものである[*36]。なお，特別刑法のなかには，国家公務員法110条1項17号のように，予備・陰謀よりも前の段階で，犯罪を「企て」る行為を処罰する類型も見られる。

〔図14〕予備・陰謀，未遂

予備罪と陰謀罪は，出刃包丁を購入する場合を想定すれば明らかなように，客観面では日常的な行為（料理用の購入）と犯罪行為（殺人の凶器の準備）との区別ができない。そのため，すべてのものが，特定の犯罪実現を目的とする場合にかぎって成立する，目的犯 の形で構成要件化されている。また，予備罪は，誰の犯罪実現のための準備行為かという観点から，自分のためにする 自己予備行為（真正予備行為）と他人のためにする 他人予備行為（不真正予備行為）とに区別される。

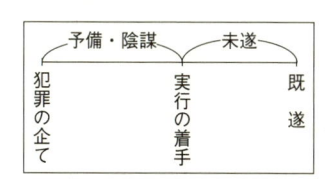

[*36] **予備罪と陰謀罪の規定**　刑法典の予備処罰には，内乱予備（78条），外患予備（88条），私戦予備（93条），放火予備（113条），通貨偽造等準備（153条），支払用カード電磁的記録不正作出準備（163条の4），殺人予備（201条），身の代金

第5章　犯罪が成立するための要件(2) —— 拡張類型

誘拐等予備（228条の3），強盗予備（237条）の9種類がある。また，刑法典の陰謀処罰には，内乱陰謀（78条），外患陰謀（88条），私戦陰謀（193条）の3種類がある。

拡張的構成要件　　以上のように，刑法は，犯罪実現の最終段階としての既遂の処罰を基本としながら，その処罰範囲を未遂，さらには予備・陰謀へと段階的に拡張している。このため，未遂犯の構成要件および予備罪・陰謀罪の構成要件は，いずれも，基本となる既遂犯の構成要件に対して，拡張的構成要件（修正された構成要件）とよばれる。もっとも，こうした処罰範囲の段階的な拡張も，行為の危険性が客観的に確認できる段階の行為までが限界であり，犯罪の決意（行為者の危険性）そのものが刑法による干渉（非難）の対象とされることはない。内心の悪さが証明できる場合であっても，「何人も思想の故に処罰されることはない」のである。

(2)　未遂犯の規定と種類

未遂の処罰規定　　わが国の刑法は，未遂犯が処罰されうることを一般的に規定したうえで（43条本文），どのような犯罪類型で未遂犯を処罰するかについては，未遂犯処罰の構成要件を個別的に規定するという態度をとっている（44条）。したがって，未遂犯を処罰する規定がない犯罪類型では，既遂犯だけが処罰されることになる。ただ，未遂犯は例外的な処罰拡張類型ではあるが，実際には未遂を処罰する犯罪類型の数は多く，未遂犯処罰が原則化している印象もある。それは，未遂犯の処罰根拠が，犯罪を実現するのにふさわしい性質（具体的危険）をもった行為でありながら，何らかの事情によって犯罪実現が阻害された点に求められるからにほかならない。この点で，きわめて例外的な処罰しか予定されていない予備罪・陰謀罪とは決定的に異なる。

障害未遂と中止未遂　未遂犯は，どのような事情によって犯罪実現が阻害されたかという観点から，何らかの外部的事情で犯罪を実現させられなかった類型（刑43条本文）と，自分の意思で犯罪実現を阻止した類型（刑43条但書）に区別される。前者を 障害未遂 とよび，刑を減軽できるという効果（任意的

〔図15〕未遂犯と不能犯

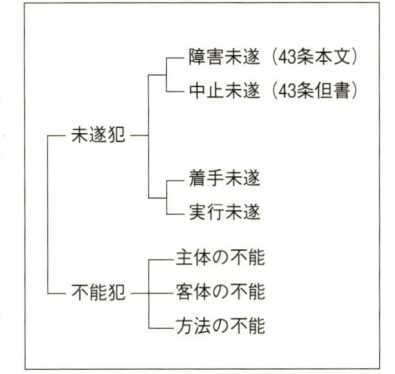

```
          ┌ 障害未遂（43条本文）
      ┌ ┤
      │  └ 中止未遂（43条但書）
未遂犯 ┤
      │  ┌ 着手未遂
      └ ┤
         └ 実行未遂

          ┌ 主体の不能
不能犯 ─ ┤ 客体の不能
          └ 方法の不能
```

減軽）が認められる。単に 未遂犯 という場合は，障害未遂のことを意味している。他方，後者を 中止未遂 または 中止犯 とよび，刑を必ず減軽するか免除するという効果（必要的減免）が認められる。障害未遂と中止未遂は，犯罪が実現しなかった原因が異なるだけでなく，その法的効果が大きく異なる点に注意が必要である。

着手未遂と実行未遂　また，「犯罪の実行に着手してこれを遂げなかった」場合をいう未遂犯は，実行行為への着手が認められる以上は，実行行為に着手した後のどの段階で犯罪実現が阻害されたかは問題にならない。したがって，実行行為に着手した後に，実行行為そのものが終了していない段階で未遂になった場合と，実行行為のすべてが終了した後に未遂にとどまった場合とが想定される。前者を，着手未遂（ 未終了未遂 ）といい，後者を 実行未遂（ 終了未遂 ）という。着手未遂と実行未遂は，いずれも「未遂」としては共通であり，法的効果において異なるところがない。ただ，中止未遂が認められる範囲と要件に実際上の違いが生じる。

2 犯罪の実現が妨げられた──障害未遂

(1) 障害未遂の意義

　犯罪を実現させられるだけの危険性がある行為（実行行為）に着手したものの，行為者自身の自発的な意思によってではなく，何らかの外部的事情によって犯罪の実現（結果発生）が阻害されてしまった場合を 障害未遂 という。たとえば，犯行の途中で外部からの邪魔が入った場合や，射撃が下手で弾丸を被害者に命中させられなかったような場合である。障害未遂は，行為者にとっては不本意な形で未遂に終わってしまった場合であるから，その効果も刑の任意的減軽にとどまる。

　未遂犯は「犯罪の実行に着手してこれを遂げなかった」場合に認められるから，未遂犯として扱うための要件は，犯罪の実行に着手したこと（実行の着手）と，犯罪が実現しなかったこと（犯罪の不完成），の2つということになる。実行の着手と犯罪の不完成は，障害未遂と中止未遂のいずれにも共通する要件である。

(2) 実行の着手

　実行の着手の意義　　実行の着手 とは，実行行為の一部を開始することをいう[*37]。実行の着手にまで至っていない行為は，犯罪の準備段階のものでしかなく，予備罪・陰謀罪としてきわめて例外的に処罰される場合を別にすれば，刑法においてとくに問題とされることはない。他方，実行の着手があった以上は，実行行為が終了しているかどうか（着手未遂か実行未遂か）は，未遂犯の成立や法的効果を左右するものではない。

　実行の着手が認定されれば未遂犯としての可罰性が付与されるから，実行の着手の判断基準は，未遂犯の処罰根拠を何に求めるかと

いう議論と密接不可分の関係にある。この点に関して，かつては，主観説 と 客観説 との間に厳しい対立が見られた。しかし，現在では，行為者の犯罪実現意思や性格の危険性に処罰根拠を求める主観説のアプローチ（主観的未遂論）はすでに克服され，支持を失っている。

*37 **早すぎた結果の発生**　　行為者が一連の関係にある第 1 行為と第 2 行為を行うことによって犯罪を実現しようとしたところ，第 1 行為によって結果が発生してしまった場合を，早すぎた結果の発生 とよぶ。第 1 行為が予備段階にあると評価される場合は，予備罪と発生結果に関する過失犯の成否が問題になるにとどまる。他方，第 1 行為が実行行為の一部として評価できる場合は，因果関係の錯誤（→ 94 頁）に類似する事案となり，第 1 行為と発生結果との間に相当性（相当因果関係）が認められる以上，故意の既遂犯の成立が認められる（最決平成 16 年 3 月 22 日刑集 58 巻 3 号 187 頁）。

実行の着手の判断基準　　実行の着手の有無を判断する際に，現在の学説および裁判実務は，行為のもつ客観的危険性に処罰根拠を求める客観説のアプローチ（客観的未遂論）をとることで一致している。したがって，結果発生の具体的危険を発生させうる行為の時点に未遂犯を認める点については異論がない。ただ，どのような事実にもとづいて客観的危険性を判断するのかという具体的な基準については，客観説内部でも見解が分かれ，構成要件に属する行為を基準とする立場（形式的客観説）と法益侵害の危険性を基準とする立場（実質的客観説）とがあり，後者においてはさらに，法益侵害の現実的危険性を基準とする見解（実質的行為説），法益侵害の危険性の程度を基準とする見解（結果説），犯罪計画全体の危険性を基準とする見解（折衷説）が主張されている。

判例は，形式的客観説を基調とするもの（大判昭和 9 年 10 月 19 日刑集 13 巻 1473 頁〔窃盗罪の着手について，財物に対する事実上の支配に密接した行為を要求〕）から，次第に実質的客観説へ傾斜してき

ていると一般に考えられている。また，判例のなかには，明示的に犯行計画に言及するものも見られる（前掲・最決平成16年3月22日〔クロロホルムで意識を失わせて海中で溺死させようとしたところ，クロロホルムの吸引で死亡した事案について，そのような犯行計画のもとでも殺人罪の着手を肯定できるとする〕）。他方，通説的な見解は，実質的行為説によるものとされている。ただ，個々の犯罪の構造や個々の事案における具体的な事情はさまざまであるから，統一的な基準にもとづく画一的な判断は容易でない。実行の着手の有無に関する実際の判断は，行為の客観的側面（犯罪実現の危険性）を重視した個別的判断によらざるをえない。

(3) 犯罪の不完成

犯罪の不完成は，構成要件に規定された結果が実現していないことであり，その具体的な判断はそれほど困難なものではない。ただ，犯罪の不完成である以上，その判断は，行為者の犯罪計画全体ではなしに，個々の構成要件についてのものであることに注意が必要である。たとえば，被害者を殺害して死亡保険金を騙し取ろうという保険金詐欺目的で被害者を殺害した場合には，殺害後に保険金の入手に失敗したとしても，保険金目的殺人という犯罪計画全体の未遂が問題になるわけではなく，殺人罪の既遂と詐欺未遂罪（刑250条）が成立することになる。

3 自分の意思で犯罪実現を阻止した──中止未遂

(1) 中止未遂の特殊性

中止未遂の意義と効果　可罰的な未遂の形態（可罰的未遂）には，障害未遂のほか，犯罪の着手後に行為者自身の意思で犯罪を実現させなかった類型（中止未遂）がある。たとえば，犯罪の遂行に

際してにわかに悔悟の念を生じた行為者が，実行に着手した後に実行行為の継続を放棄したり（犯罪実現の断念），実行行為が終了した後に結果発生を積極的に回避したような場合（犯罪実現の阻止）である。中止未遂は，行為者自身が犯罪の不完成を望んで未遂段階にとどめる場合であることから，障害未遂よりも寛大に扱われ，刑の必要的減免という法的効果が認められる。

中止未遂の法的性質　中止未遂を刑法が寛大に扱う理由については，大きく2つのアプローチがある。1つは，刑事政策的考慮としての「恩典」を強調するアプローチ（政策説）であり，中止未遂規定を犯罪から後戻りするための「黄金の橋」と考えている。もう1つは，犯罪の成立要件（違法性または責任の程度）に関連づけて説明するアプローチ（法律説）である。法律説は，さらに，自分で発生させた法益侵害の危険を自分自身で消滅させることに違法性の減少をみる 違法減少説 と，外部的事情による障害未遂に比べて行為者に対する非難が減少すると考える 責任減少説，両者をともに根拠とする 違法・責任減少説 に分かれる。

中止犯の規定が世間一般に必ずしも周知されていない現状と，効果が刑の免除ではなしに減軽にとどまる場合もあることからすれば，現行の中止未遂規定は，政策説を根拠とする優遇規定とみるには中途半端な内容である。他方，結果の不発生は結果発生の危険が消滅したことを意味するから，責任減少説だけで中止未遂を説明することも困難である。現行の中止未遂規定については，政策説と法律説のいずれかのアプローチを前提としたうえで，他の要素をも考慮して考えるのが適切であろう。

(2) 中止未遂の成立要件

犯罪の不完成　中止未遂の客観的要件は，中止行為によって，

犯罪が実現しなかったという事実に求められる。この点で、障害未遂との関係では特別な意義が認められなかった着手未遂と実行未遂の区別が、中止未遂の成否に関して実際的な意味をもつことになる。実行行為が終了していない 着手未遂 では、実行行為に着手した後に、その継続を放棄する不作為だけで犯罪は実現しない（因果の流れが始まらない）から、中止未遂は容易であり、広い範囲で認められうる。他方、実行行為がすでに終了し、結果発生に向かう因果の流れが始まっている 実行未遂 においては、結果発生に至る因果の流れを積極的な作為で遮断しないかぎり、犯罪の実現を回避することはできない。

　なお、学説のなかには、結果発生の阻止に向けて真摯な努力をしたにもかかわらず結果が発生した場合に、中止未遂としての扱いを類推してよいとする見解が見られる。しかし、中止未遂は犯罪の不完成を要件とする未遂犯の一種であるから、結果が発生している以上は中止未遂を問題にする余地はありえない。

　他人の助力の扱い　　実行未遂における中止の場合には、しばしば、行為者自身の結果回避行為に他人の助力が加わることによって、はじめて犯罪の実現が阻止される場合が見られ、その扱いが問題となる。「自己の意思により犯罪を中止した」ことが要件とされているため、他人の助力の介入があった場合は、原則として中止未遂は否定されることになる。ただ、行為者の結果回避行為が、自分自身で結果発生を阻止した場合と同視できる程度の努力があり、かつ結果阻止に相当程度の寄与が認められる事情があれば、他人の助力の介入が重要な役割を果たしたとしても、中止の効果を認めてよい場合もありえよう。たとえば、行為者が、殺人の故意で傷害を与えた段階で翻意し、できるかぎりの救命措置をとり、最終的には医師に

よって救命されたような場合が考えられる（福岡高判昭和61年3月6日高刑集39巻1号1頁）。

主観的要件としての任意性　中止未遂の主観的要件は，中止行為が行為者の意思にもとづいていることである（中止の任意性）。この点を緩やかに考えれば，外部的事情によってやめざるをえなかった場合（障害未遂）との限界がきわめて不明確なものになってしまう。たとえば，遠くに警察官の姿がみえたので，発覚をおそれて実行行為の継続を断念した場合も，自分の意思でやめたといえなくもないからである。ここから，判例は，主観的要件を厳格に解して，犯罪の発覚をおそれてやめた事案（大判昭和12年9月21日刑集16巻1303頁）や，恐怖・驚愕にもとづいてやめた事案（大判昭和12年3月6日刑集16巻272頁，最判昭和24年7月9日刑集3巻8号1174頁）などには，一律に任意性を否定してきた。こうした判例によれば，悔悟・改悛・同情・憐憫のような，自己の犯罪遂行を否定的に評価する規範的意識・感情に目覚めたうえで中止した場合にしか，任意性は認められないことになる。

　しかし，このような誉められるべき意識の目覚めがなかったとしても，犯罪意思の完全な撤回や放棄があれば，行為者自身の意思によるものと評価することは可能であり，中止未遂の主観的要件としては満たされているともいえる。ここから，学説の多くは，判例の厳格な態度と運用を批判しているのである。任意性の具体的判断は微妙で，統一的な基準を設定することは困難であるが，「やろうと思ってもやれない」場合（障害未遂）と「やろうと思えばやれるが，やることを欲しない」場合（中止未遂）で区別する，フランクの公式とよばれる基準が現実的なものであろう。

第5章 犯罪が成立するための要件(2) ── 拡張類型

4　結果を発生させられない場合 ── 不能犯

(1) 不能犯の意義と種類

不能犯の意義　障害未遂と中止未遂は，いずれも，犯罪を実現させられるだけの行為が実行されたにもかかわらず，実際には犯罪が実現しなかった場合である。それらに対して，犯罪が実現しない場合のなかには，事案の性質上，およそ犯罪の実現が不可能なものが見られる。たとえば，身分のない者が身分犯構成要件に規定する行為を実行した場合や，存在しない客体に向けて行為をした場合，結果を発生させられる可能性のない行為を行った場合である。このような事態を，一般に，不能犯 または 不能未遂 とよぶ[*38]。

これらの場合にも，行為者は，犯罪を実現できるという認識のもとで行為をしているから，事実に関する錯誤（故意を阻却する事実の錯誤の逆）はあるものの，犯罪実現の意思（故意）が認められる。しかし，およそ犯罪の実現が不可能であれば，行為者の行為は構成要件に該当せず，未遂犯として処罰することもできない。したがって，不能犯の概念は，刑法理論において格別の意味をもつものではない。しかし，不能犯と評価される類型が事前に確定しているわけではないため，個別具体的な事案との関係で，犯罪を構成しえない不能犯と可罰的未遂との区別を明らかにする必要が生じる。こうした事情から，不能犯は，可罰的未遂との限界をめぐって，未遂犯論の一部として議論されているのである。

> [*38]　**幻覚犯，迷信犯，構成要件の欠缺**　不能犯以外にも，構成要件を実現できない場合がある。たとえば，砂糖で人を殺せると思って砂糖水を飲ませた場合（幻覚犯）や，「丑の刻参り」で人を呪い殺そうとした場合（迷信犯），不倫が犯罪になると思っていた場合（構成要件の欠缺），である。これらの類型を不能犯に含める見

140

解もあるが，障害未遂との区別がまったく問題にならない事例として，最初から不能犯の議論から除かれるのが一般である。

不能犯の種類　不能犯は，構成要件のどの部分に錯誤が生じているかによって，主体の不能，客体の不能，方法の不能 にそれぞれ区別して論じられる。主体の不能とは，自分を公務員であると誤信した非公務員がその職務に関して金銭を受け取った場合のように，行為者としての要件（主体性）を欠くために犯罪（収賄罪）を実現しえない場合をいう。客体の不能とは，人だと誤信して人形に弾丸を撃ち込む場合のように，行為の客体が存在しないために犯罪（殺人罪）を実現しえない場合をいう。また，方法の不能とは，毒物の青酸カリだと誤信して人に栄養剤を飲ませた場合のように，その方法からは犯罪（殺人罪）が実現しえない場合をいう。

　これらのうち，主体の不能の事例は，その行為者にとっては可罰的な構成要件が存在しないため（構成要件の欠缺），不可罰となるのは当然であり，可罰的未遂との区別や限界が問題になることはない。これに対して，人が寝ていると思って空（から）のベッドに向けて発砲した場合や致死量に足りない毒薬を飲ませたような場合は，客体の不能や方法の不能として扱ってよい場合（不能犯）なのか，外部的な事情で犯罪実現が阻害されたにすぎない場合（障害未遂）として扱うべきか，が争われることになる。

(2) 障害未遂との区別の方法・基準

客観的危険説と具体的危険説　不能犯と障害未遂の区別については，これまでいくつかの見解が主張されてきたが，現在では，基本的に，客観的危険説（絶対的不能・相対的不能説）と具体的危険説との対立に収束している。客観的危険説は，行為時に存在していた

事情と行為後に判明した事情を基礎として，裁判時における事後的な客観的判断にもとづいて，行為者の意図していた犯罪の実現がおよそ不可能であった場合を不能犯（絶対的不能）とし，たまたま犯罪の実現が阻害されたにすぎない場合を障害未遂（相対的不能）とする。これは，客観的相当因果関係説に親近性をもつ考え方である。判例は，このような区別を基本的に承認している（最判昭和37年3月23日刑集16巻3号305頁）。

　他方，具体的危険説は，行為時に一般人が認識しえた事情と行為者がとくに認識していた事情を基礎として，行為時における一般人の判断にもとづいて，そのような状況下での行為に犯罪実現の可能性（危険性）が認められる場合を障害未遂とし，そのような可能性が認められない場合を不能犯とするものである。この立場は，判断基底・判断時点・判断者のそれぞれについて，折衷的因果関係説と類似した基盤にたつものといえよう。学説の多くは，具体的危険説を支持する状況が見られる。

　個別的な判断の必要性　　もっとも，客観的危険説と具体的危険説のいずれによっても，空ベッドへの発砲や致死量に足りない投毒の事例は障害未遂とされ，実際の結論が決定的に異なるまでのことはない。ただ，絶対的不能と相対的不能の区別そのものが必ずしも明らかではなく，客観的危険説の事後判断を徹底すれば，すべての未遂は絶対的不能だということにもなりかねない。他方，具体的危険説は，基本的に多くの支持を得ているものの，一般人が「どう感じたか」で結論が左右されることになる点で，基準としての妥当性を疑問視する学説も多い。そこで，最近では，客観的危険説と具体的危険説の対立を軸としながら，それらの不都合な点を修正する方向での個別的判断の必要性が主張されるようにもなっている。

Ⅱ 不注意も処罰されることがある── 過失犯論

1 不注意とその犯罪化

(1) 過失犯の例外的処罰

過失犯処罰の根拠　「罪を犯す意思がない行為は、罰しない」と規定する刑法38条1項本文は、罪を犯す意思（故意）にもとづく犯罪（故意犯）だけが刑法の対象になることを明らかにしている。しかし、われわれの日常生活においては、寝タバコの不始末から火事が発生したり、自動車のわき見運転で通行人を死傷させることがあるように、故意のない行為から社会的に見すごせない事態（結果）が生じることも珍しくない。そこで、刑法は、そのような事態に対処するために、38条1項に但書を設けて、処罰の趣旨をとくに明示する個別規定をおくことを条件として、不注意にもとづく結果発生を過失犯として例外的に処罰することを認めている。この意味で、過失犯は、故意犯に対して、処罰拡張類型ということになる。38条1項の意義や主観的構成要件要素としての過失については、すでに構成要件論のところで言及したから（→88頁、95頁）、以下では、過失犯の構造と成立要件を中心に述べることにする。

過失犯としての立法　どのような範囲で過失犯の処罰を認めるかは、最終的には、立法政策に委ねられている。ただ、例外的な処罰という観点から、一般論としては、重大な法益（公共の安全や個人の生命・身体など）に対する侵害や高度の危険が認められる場合にかぎられるべきであり、実際にもそのような類型にかぎられている。過失犯の構成要件は、「過失により」とするものが多いが（刑210条など）、「業務上必要な注意を怠り」（刑211条1項前段）や「失

火により」(刑116条)といった規定方法も見られる。ただ、このような規定形式の違いは、個々の犯罪類型の特徴(型)からもたらされるもので、必ずしも重要なものではない。重要なのは、その構成要件において、過失犯処罰の趣旨が明確にされていることである。過失の態様は、結果発生に対する認識の有無という観点から、認識なき過失 と 認識ある過失 に区別され(→96頁)、不注意の程度との関係で、単純過失 と 重過失、業務上過失 に区別される[*39]。

*39 **不注意の程度と過失犯** 重過失とは、通常の過失(単純過失)に比べ、注意義務違反の程度が重大なものをいい、単純過失よりも重く処罰される(刑211条1項後段)。業務上過失は、業務(社会生活上の地位にもとづいて反復継続して行う事務)に関わる注意義務違反を重く処罰するものであり(刑211条1項前段)、その加重処罰の根拠については、業務者であることから特に重い義務が政策的に要求されているとする見解と、業務者は注意能力が高いために注意義務違反における逸脱の程度が通常人よりも大きいとする見解が主張されている。

2 過失(犯)の実質

(1) 過失犯の意義と構造

過失犯は、不注意にもとづく行為が犯罪とされる類型である。しかし、日常生活における不注意のすべてが刑法上の過失として評価されるわけではないし、過失犯として犯罪化されているわけでもない。刑法上の過失は、刑法が要求する注意(注意義務)に反するという意味での不注意(注意義務違反)であり、そのような不注意にもとづいて結果を発生させた行為だけが過失犯として処罰される。注意義務違反の内容は、具体的には、「意識を集中していれば結果の発生を予見でき、予見にもとづいて結果の発生を回避しえた」にもかかわらず、「意識の集中を欠いたために結果を予見せず、そのために結果を回避できなかった」というものである。したがって、

過失犯の前提となる注意義務は，結果予見義務 と 結果回避義務 から構成されることになる。

過失犯の一般的構造をこのようなものとして理解する点については，異論が見られない。ただ，結果予見義務と結果回避義務の内容と両者の関係といった点については，結果無価値論と行為無価値論との対立を反映する形で，旧過失（犯）論と新過失（犯）論とが対立し，具体的な結論においても相違を生じうるものとなる。

(2) 旧過失論の主張

過失犯の構造　ドイツで目的的行為論が登場するまでは，過失は，故意と共通する行為者の内心の問題（責任要素）として，もっぱら責任論で論じられてきた。ここから，故意犯と過失犯は，構成要件論と違法論の段階では本質的に異なるところがなく，責任論の段階（行為者の主観面を検討する段階）においてのみ異なるものと考えられたのである。こうした理解は，結果無価値論と結びついたものであり，旧過失論（伝統的過失論）とよばれている。旧過失論によれば，実際に発生した結果を具体的に予見すべき義務（具体的予見義務）が行為者に存在し，それに違反したことが，結果無価値をもたらすことになる。したがって，過失犯の構造としては，結果に対する行為者の具体的予見義務が重視されているといってよい。

過失犯の成否　旧過失論は，結果の具体的予見義務は，行為者本人が結果発生を予見できた（主観的予見可能性があった）場合に認められ，結果の具体的回避義務は，予見しえた結果を行為者が回避しえた（主観的回避可能性があった）場合に認められると考えた。このように，過失を責任要素として責任論で考える旧過失論においては，行為者本人を基準とする注意義務が重視されていた。行為者に予見可能性が認められる以上，平均的一般人（社会で普通に生活し

ている人）の能力とは関係なく，行為者に結果回避義務を課すのは当然だと考えられたのである。したがって，過失犯の成否にとって重要なのは，すべての義務の前提となる具体的な発生結果に対する主観的予見可能性であるとされた。わが国の判例も，このような立場を前提にしていると思われる（最決平成元年3月14日刑集43巻3号262頁参照）。

(3) 新過失論の主張

過失犯の構造　これに対して，第2次世界大戦後のわが国において，ドイツ学説の影響のもとに，過失を主観的構成要件要素に位置づける立場が有力になり，旧過失論に対比して 新過失論 とよばれる。それは，故意行為と過失行為は構造的に異なっており，したがって故意犯と過失犯は構成要件・違法性・責任のすべての段階で本質的に異なるとするもので，目的的行為論と行為無価値論を前提として主張された。新過失論によれば，行為者に結果の具体的予見可能性が存在することを前提として，結果発生を回避すべき義務に違反したことが行為無価値をもたらすことになる。したがって，過失犯の構造としては，結果回避義務をとくに重視するものである。また，平均的一般人が履行できない義務を行為者に要求することは許されないとして，行為者に結果予見義務と結果回避義務を課す前提として，平均的一般人に結果予見可能性と結果回避可能性が認められなければならないとされた。

過失犯の成否　現に発生した具体的な結果に対する予見可能性を要求する点では，旧過失論と新過失論とで異なるところはない。しかし，主観的予見可能性の存在から結果回避義務をただちに導く旧過失論に対して，新過失論は，旧過失論の結論は結果責任を認めるものであるとして厳しく批判し，平均的一般人に要求される結果

回避義務以上のものを行為者に課すべきでないとした。新過失論によれば，結果予見可能性から導かれる結果回避義務は，平均的一般人の能力に見合うものであり，標準的な結果回避措置をとっていれば過失犯の成立は否定されることになる[*40]。こうした立場も，具体的な事案の解決としては，多くの場合に旧過失論の立場の結論と異ならない。両者の結論が異なるのは，行為者の能力が平均的一般人よりも高い事案にかぎられよう。下級審の判例のなかには，新過失論の立場から注意義務違反を否定したものが見られる（東京地判平成13年3月28日判時1763号17頁）。

[*40] 「許された危険」の法理　　高速度交通機関や医療業務のように，本来的に法益侵害の危険性が高い行為から犯罪的結果が発生した場合であっても，当該行為の社会的に高度な有益性（有用性）を根拠として，社会生活上必要とされる標準的な結果回避措置が講じられている以上は，過失犯の成立が否定されてよい。このような考え方を，許された危険の法理 とよぶ。このような考え方は，旧過失論から導くことは困難であり（主観的予見可能性が認められる以上は結果回避義務が生じる），新過失論から導かれるものである（主観的予見可能性が認められても，平均的一般人に要求される結果回避措置をとっていれば注意義務違反はない）。

(4) わが国特有の過失犯論

不安感説の主張　　その後，わが国の一部の学説で，新過失論の立場を前提としながら，不安感説 とよばれる特有の過失論（危惧感説または新・新過失論ともよばれる）を主張する立場が見られるようになった。それは，高度経済成長にともなう未知の分野での被害（公害や薬害）を念頭において，結果の「具体的」予見可能性を前提とする旧過失論と新過失論では適切な対処ができないとして，予見可能性の対象と内容を緩やかなものとし，それに見合うだけの回避措置を義務づけるものである。不安感説の契機となったのは，「何か悪いことが起こるかもしれないという不安感」を具体的な結果予

見に代替させた下級審判例（高松高判昭和41年3月31日高刑集19巻2号136頁〔森永ヒ素ミルク事件〕）であった。

不安感説の帰結　ただ，このような不安感説は，結果責任的な運用になるとして旧過失論を批判した新過失論を前提としながら，不安感を払拭するに足りるだけの結果回避措置を行為者に課す点で，より結果責任的な運用に傾斜するものになる。また，不安感説は，未知の事故等に有効に対処しうるとしても，交通事故のような通常の過失事例においては処罰の拡張をもたらすことになる。自動車運転に事故の不安がつきまとう以上，それを払拭するためには運転そのものを回避する義務を負わされかねないからである。こうしたことから，不安感説は，一般的な過失論としては多くの支持を獲得することができなかった。過失（犯）をめぐる理論的対立は，現在も，旧過失論（結果無価値論）と新過失論（行為無価値論）との間のものにとどまっている。

3　過失犯をめぐる論点

(1)　管理・監督過失

過失の競合　過失犯の成否は，直接的な結果を発生させた者について問題になるのが通常である。しかし，大規模火災などの事案では，直接の行為者の過失だけでなく，直接の過失行為者を管理・監督する立場にある者の過失を問題にすべき場面が増えてきている。これが，管理・監督過失 または 監督過失 とよばれる問題である。判例のなかには，管理者・監督者の地位を根拠として，ただちに管理・監督過失を肯定したと思われるものも見られる（最決平成2年11月29日刑集44巻8号871頁）。しかし，管理者・監督者の地位を根拠として過失犯の成立を認めることは，直接行為者の過失につい

て一種の連帯責任を認めることであり，責任主義における個人責任の原則（→35頁）に抵触することになる。

過失の同時犯　個人責任の原則によれば，直接の過失行為者を管理・監督する立場にある者については，直接行為者の過失とは区別して，管理・監督者自身の注意義務違反があったかが検討されなければならない。当該事案において，直接行為者の注意義務とともに管理・監督者の注意義務違反が認められる場合は，両者の間に同時犯（→156頁）形態での過失犯が成立し，管理・監督者の注意義務違反が否定される場合には，直接行為者の注意義務違反について過失犯が成立するにとどまる（札幌高判昭和56年1月22日刑月13巻1=2号12頁）。事案によっては，直接行為者の過失よりも管理・監督者の過失の方が重い場合もありうる（最決平成5年11月25日刑集47巻9号242頁）。このように，管理・監督過失とよばれるものは，事案の現象形態を表す名称であり，通常の過失と異なる「特殊な過失」を問題とするものではないし，特別な考え方を意味するものでもない。

(2) 信頼の原則

過失競合の特殊な事案　複数の関与者の過失が競合する事案のうち，特殊な形態として，行為者の過失と被害者の過失の両方が競合したために結果が発生する場合がある。たとえば，自動車運転者の不注意（不充分な安全確認）と被害者の不注意（禁止された態様での追越し）が競合した結果として，交通死傷事故が発生するような場合が典型である。こうした場合，民事事件においては，行為者と被害者の不注意の割合を算定し，両者を差し引き（相殺）したうえで，行為者の損害賠償額を決定することによって妥当な解決が図られている（過失相殺）。

しかし，刑法において問題となるのは，行為者の不注意が過失犯を成立させるかどうかである。過失犯は，成立するかしないかのいずれかでしかない。したがって，刑事事件では，関与者間の不注意を相殺したうえで犯罪の成否を判断するようなことは認められない。

信頼の原則　こうした事情のもとで，ドイツでは，1935年以来の一連の判例において，信頼の原則という考え方が確立されてきた。それは，複数の者が関与する社会事象において，行為者が他の関与者の適切な行動を信頼してよい場合には，他の関与者の不注意と行為者の不注意が競合したことから犯罪的結果が発生したとしても，行為者はその結果について過失責任を問われることはない，とするものである。その根拠は，不適切な行動をとる者のありうることまでを前提として結果の予見義務・回避義務を課すことは，行為者に不可能を強いることになりかねないとする点に求められる。

こうした信頼の原則は，第2次世界大戦後にわが国にも導入され，交通事故に関する判例（最判昭和41年6月14日刑集20巻5号449頁等）を通じて実務に広く受け入れられることになった。また，学説も，このような事案について，過失犯の成立を否定するという結論を支持している。

信頼の原則の適用範囲　信頼の原則の考え方は，関与者の適切な行動への信頼を許すものであるから，交通事故のように双方の不注意が競合する事案だけでなく，一方関与者の不注意が認められる場合に，他方関与者の結果回避義務の有無が問題になる事案にも妥当する。その典型はチーム医療の事案であり，外科手術チームの執刀医は，チームを統率する任務を負っているが，介助看護師による器具の消毒が十分であることを信頼して手術に専念することが許される（札幌高判昭和51年3月18日高刑集29巻1号78頁参照〔北大電

気メス事件〕)。また，管理・監督過失の事案においても，管理・監督者は直接の過失行為者の適切な行動を信頼してよい場合があり，そのような事情が認められる以上は，管理・監督者の過失が否定される (札幌地判昭和 61 年 2 月 13 日刑月 18 巻 1 = 2 号 68 頁)。

過失論との関係　信頼の原則は，過失犯の成否が問題とされる行為者に対して，他の関与者の不適切な行動までをも予想したうえで万全の措置をとる必要がないことを認めるものである。したがって，行為者は，他の関与者の適切な行動を信頼したうえでなお発生が予見される結果に対して，それを回避するのに適切な義務だけを履行すれば足りることになる。こうした考え方は，結果回避義務を限定するものであり，過失犯において，標準的な程度を超える結果回避義務までは要求しない新過失論の立場を前提にするものといえよう。信頼の原則の適用による解決を明示する判例も，新過失論に親和的なものである。

他方，この種の事案の解決にあたって主観的予見可能性の存在からただちに結果回避義務を認める旧過失論では，信頼の原則という特別な考え方を使うまでもなく，主観的予見可能性の有無を具体的に検討することで足りる。事実，旧過失論の学説のなかには，信頼の原則という考え方を不要とするものもある。

Ⅲ　複数の者が実現する犯罪 — 共犯論

1　さまざまな関与形態

(1)　共犯現象と共犯論

犯罪構成要件は，行為者が 1 人だけで実現する場合もあるし，2

[図16] 共犯の体系

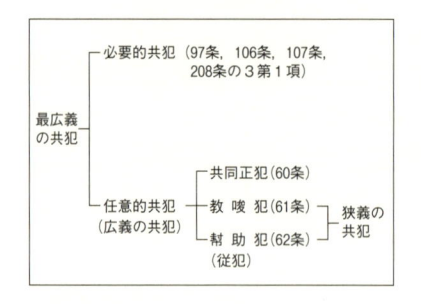

```
                ┌─ 必要的共犯（97条，106条，107条，
                │              208条の3第1項）
  最広義─┤
  の共犯   │                 ┌─ 共同正犯（60条）  ┐
                │                 │                         │ 狭義の
                └─ 任意的共犯 ─┼─ 教 唆（61条）     ├ 共犯
                    （広義の共犯）  │                         │
                                  └─ 幇 助 犯（62条）  ┘
                                         （従犯）
```

人以上の複数の者によって実現される場合もある。前者を 単独正犯 といい，後者を 共犯 という。単独正犯に対して用いられる「共犯」は，最も広い意味で使われる場合である（最広義の共犯）。後に見るように，「共犯」という文言は，使われる場面に応じてさまざまな意味をもっているため，「共犯」概念が多義的であることに注意を要する。多くの構成要件は単独正犯を前提に作られているため，そのような構成要件が複数の者によって実現された場合に，それをどのように取り扱うかが問題となる。

共犯に関わる論点を扱う場面を「共犯論」とよぶ。共犯論の論点には，共犯と身分，共犯関係からの離脱といった，共犯論に固有の問題のほか，共犯と錯誤，共犯の中止のように，単独正犯の論点が共犯現象との関係で問題になる場面もある。それぞれの論点について厳しい見解の対立が見られるのも共犯論の特徴といえよう。こうした事情を反映して，共犯論は「絶望の章」とまでいわれている。以下，共犯論の基本的な事項を確認しておくことにしよう。

(2) 必要的共犯と任意的共犯

最広義の共犯　構成要件のほとんどは，単独正犯によって犯罪が実現される場合を予定して作られている。しかし，構成要件によっては，そもそも複数の者の関与がなければ犯罪が成立しえない構造となっているものがある。たとえば，内乱罪（刑77条），騒乱罪（刑106条）は，はじめから首謀者・付和随行者など複数の行為者の関与を予定して規定されている。その一方で，単独正犯を予定

する構成要件を複数の者が実現する場合もありうる。いずれの形態であるかは別にして，複数の者によって犯罪が実現される場合を，もっとも広い意味で「共犯」ということがある（最広義の共犯）。最広義の共犯には，複数の者の関与がなければ犯罪が実現しえないもの（必要的共犯）と，単独正犯を予定している犯罪が複数の者の関与によって実現されるもの（任意的共犯）とがある。とくに後者との関係で，共犯は，単独正犯を予定している構成要件を拡張した類型（処罰拡張類型）といわれる。

必要的共犯　「必要的共犯」は，構成要件が規定する犯罪の実現形態の相違に応じて，多衆犯（集合犯）と対向犯とに区別される。多衆犯は，内乱罪（刑 77 条）や騒乱罪（刑 106 条），多衆不解散罪（刑 107 条）や凶器準備集合罪（刑 208 条の 3 第 1 項）のように，多数の者が同一方向で合同し協力することで成立する犯罪類型である。それは，さらに，関与者全員に同じ刑罰を法定している類型（後二者）と，関与者の役割に応じて異なる刑罰を法定している類型（前二者）とに分かれる。

これに対して，対向犯は，互いに向き合う方向で行為する複数の者が存在することによって成立する犯罪類型である。これには，賄賂罪における収賄者（刑 197 条以下）と贈賄者（刑 198 条）のように，双方の関与者が処罰される類型だけでなく，わいせつ物頒布等罪（刑 175 条）のように，一方の関与者だけ（頒布者等）が可罰的とされ，他方の関与者（頒布等の相手方）は不可罰とされる類型がある。また，双方処罰の場合には，民事再生法上の収賄罪と贈賄罪のように，双方が同等に処罰される類型（民再 261 条・262 条）があるほか，刑法上の収賄罪と贈賄罪（刑 197 条以下）のように，双方の法定刑に差が設けられている類型もある。

必要的共犯についても、任意的共犯に関する総則規定（刑60条）の適用が排斥されているわけではない（刑8条参照）。そのため、一方が不可罰の対向犯について、解釈論として、本来は不可罰とされる者の行為を教唆犯または幇助犯として処罰しうる場合があるのではないかが争われているのである（最判昭和43年12月24日刑集22巻13号1625頁参照）。

任意的共犯　**任意的共犯**は、複数の関与者が対等な立場で犯罪を実現する**共同正犯**（刑60条）と、犯罪を実行する（正犯になる）ように他人に働きかける**教唆犯**（刑61条）、正犯の犯罪実現を手助けする**幇助犯**（条文上の用語は**従犯**）（刑62条）の形態に区別される。これらの形態の共働現象をあわせて「共犯」とよぶことがあり、最広義の次に広い意味で用いられる概念である（**広義の共犯**）。

広義の共犯に含まれる共同正犯は、複数の者が正犯として任意的に共働する場合である。そこで、共同正犯を除いて、教唆犯と幇助犯だけを共犯とよぶことがあり、もっとも狭い意味で用いられる（**狭義の共犯**）。教唆犯と幇助犯は、正犯に従属する形で成立するものであることから（共犯従属性説）、**従属的共犯**ともよばれる。一般に「共犯」という場合は、教唆犯と幇助犯を指すことが多い。また、教唆犯と幇助犯の処罰規定は、処罰に値する関与形態を例示したものではなく、教唆と幇助の場合にかぎって従属的共犯を処罰する趣旨を明示したものと解されている（制限的共犯概念）。この意味で、従属的共犯は、処罰拡張類型といわれるのである。

2　複数の者が対等に関与する共犯 ── 共同正犯

(1) 共同正犯の構造と成立要件

共同正犯の意義と効果　　刑法は、2人以上の者が「共同して犯

罪を実行した」場合に，関与者のすべてを「正犯とする」ことを明示している（60条）。これが，「共同正犯」とよばれる共働現象であり，関与者各人の対等な協力関係に着目した規定である。

関与者が「共同して犯罪を実行した」と評価するためには，関与者各人の間に，犯罪実現に向けた行為を共同で実行するという意思の合致（共同実行の意思）と，共同実行の意思にもとづいて実行行為を分担するという事実（共同実行の事実）がなければならない。意思連絡にもとづく実行行為の分担が，共同正犯の構成要件的行為である。共同正犯においては，関与者それぞれが実行行為の一部を分担しあうことによって，自分が分担しない部分を互いに補いあう関係（お互いの合意にもとづく行為の利用・補充という協力関係）が認められる。

こうした関係から，関与者のすべてが，自分の分担しなかった（他の関与者に分担してもらった）部分を含めて，実現した犯罪の全体について正犯としての罪責を問われる。これを一部実行の全部責任の原則という。こうした理解は，関与者各人の行為が発生した結果に対して因果性（心理的因果性または物理的因果性）をもつことを根拠として，共同正犯の正犯性を根拠づけるもので，責任主義における個人責任の原則とも調和する。たとえば，XとYがAの殺害を合意して，2人でAに向けて発砲し，Xの弾丸が命中してAが死亡した場合，Yの弾丸は外れてしまった場合でも，YはXとともに殺人既遂罪の正犯としての罪責を負うことになる。

共同正犯の成立要件 共同実行の意思（共謀ということも多い）は，関与者各人が，互いに他の関与者の行為を利用・補充しあって構成要件を実現しようとする意思連絡にもとづいて形成する合意である。したがって，複数の者が同一犯罪の実現をめざす場合であっ

〔図17〕片面的共同正犯，承継的共同正犯

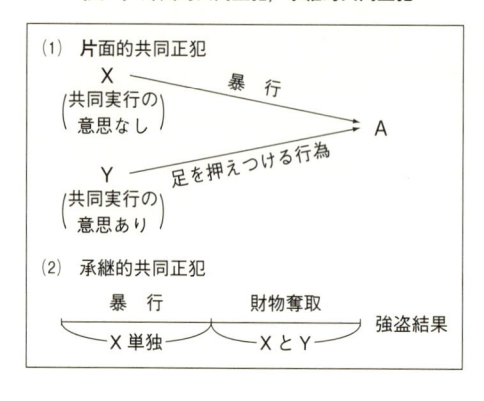

(1) 片面的共同正犯
```
X ─── 暴行 ───→ A
(共同実行の意思なし)
Y ─── 足を押えつける行為 ─→
(共同実行の意思あり)
```

(2) 承継的共同正犯
```
  暴 行    財物奪取
┌─────┬─────┐
│ X単独 │ XとY  │ 強盗結果
└─────┴─────┘
```

ても，関与者間に相互の意思連絡や合意がない場合は，同時犯[*41]とよばれる現象にすぎず，共同正犯は認められない。また，共同実行の意思が一方にしか認められない片面的共同正犯や，行為の途中から合意の形成と共同実行が認められる承継的共同正犯とよばれる現象は[*42]，その名称が与えるイメージにもかかわらず，本来的には共同正犯として扱われるべきものではない。意思連絡と合意は，共同者全員による事前の相談にもとづいて形成されるのが通常ではあるが，暗黙のうちに形成されることや順次連絡によって形成されることもありうるし（大判昭和7年10月11日刑集11巻1452頁参照），行為の時点（犯行現場）で瞬間的に形成されることもありうる。

共同実行の事実とは，関与者のそれぞれが合意にもとづいて実行行為を分担することによって，お互いに他の者の行為を利用・補充しあって犯罪を実現することである。実行行為そのものを実際に分担しあう場合が，刑法が予定している共同正犯の形態であり，後の共謀共同正犯に対置して，実行共同正犯とよぶことがある。

[*41] 同時犯　同時犯とは，2人以上の者が意思連絡なしに，同一客体に対して同一の犯罪を同時に実行する場合をいう。同時犯では，行為者間に何のつながりもないから，各人の行為について別個独立に犯罪の成否を検討すれば足りる。ただ，刑法207条は，政策的理由から特例を設けることによって，同時傷害（傷害罪の同

時犯）に共同正犯としての扱いを明示している。これは、傷害の原因行為の特定が困難だという点を考慮して、挙証責任を被告人側に転換し、「疑わしきは被告人の利益に」の原則の適用を否定するものである。

*42　**片面的共同正犯と承継的共同正犯**　片面的共同正犯とは、客観的には共同実行と評価しうる事実が認められるが、共同実行の意思が一方に（片面的に）あるだけで、関与者間に意思連絡がない場合をいう。承継的共同正犯とは、強盗罪（刑236条）を例にとると、ある者が実行行為の一部（暴行・脅迫による被害者の抵抗抑圧）を終えた後に、他の者が共同実行の意思にもとづいて実行行為の一部（財物の奪取）を行う場合をいう。後行者の関与時点以降には合意と共同実行が認められるから、そのかぎりで共同正犯が成立することに問題はない。ただ、先行者だけが実行した部分を含めた全体について、強盗罪の共同正犯が後行者に成立するかが争われる。古くは一般論として肯定する判例もあったが（大判昭和13年11月18日刑集17巻839頁）、承継的共犯を問題にした最高裁判例は、現在までのところ存在しない。

実行分担のない共同正犯　たとえば、XとYが強盗を行うことを共謀して、2人で綿密な計画をたて、その計画に従ってYだけがA宅に押し入って強盗を行った場合、Xには強盗罪の共同正犯は成立しないのだろうか。これが「共謀共同正犯」といわれる問題である。かつての学説のほとんどは、共同正犯は「実行共同正犯」にかぎられるとし、関与者の一部が共謀（犯罪実現に向けた合意）に参加するだけで実行行為を分担しない形態の「共謀共同正犯」という概念を否定してきた。

これに対して、判例は、いわゆる共同意思主体説とよばれる考え方*43から共謀共同正犯を認め、その範囲を徐々に拡張してきた。その背景には、上述の例のXが暴力団の親分でYがその子分というような場合、Yの背後で「黒幕的存在」として犯罪の実現に重要な影響力をもつXには「正犯」としての重い罪責を問うべきだとする考えがうかがわれる。その後、練馬事件判決（最大判昭和33年5月28日刑集12巻8号1718頁）を契機として、学説も、共謀共同

〔図18〕共同正犯

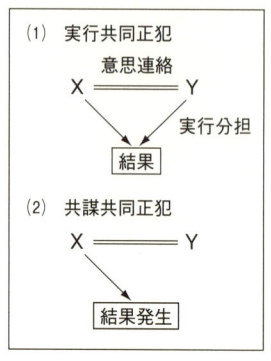

(1) 実行共同正犯
　　　意思連絡
　X ══════ Y
　　　　　　実行分担
　　　↓
　　〔結果〕

(2) 共謀共同正犯
　X ══════ Y
　　　↓
　〔結果発生〕

正犯の正犯性を認める方向へと大きく転換した。

現在では，実際に犯罪の実行を分担しなくても，犯罪の実現にとって「重要な役割」を果たした者については，共同正犯の成立を認める立場が有力となっている。このため，共謀共同正犯をめぐる現在の議論の課題は，正犯性を認める根拠ではなしに，その成立要件の明確化と成立範囲の限定といったものになっている（最決平成15年5月1日刑集57巻5号507頁参照〔スワット事件〕）。

*43　**共同意思主体説**　大審院判事でもあった草野豹一郎博士の提唱した見解で，異心別体である人々が共同目的に向かって合一するという社会心理的な活動に着目して，共犯を説明するものである。共同正犯は，2人以上の者が同一犯罪の実現に向けた共同目的のもとに一体となって共同意思主体を形成し，共同意思主体の活動として，共同者の一部が犯罪を実行する現象とされる。その責任は，民法の組合理論の類推によって，共同意思主体を形成した全員に認められる。

(2) 共同すべき「犯罪」

犯罪共同説　複数の関与者が共同すべき「犯罪」が何を意味するかについて，犯罪共同説という考え方と行為共同説（事実的共同説）という考え方が対立している。この対立は，従属的共犯をも含む共犯一般に共通する問題であるが，とくに共同正犯の本質との関係で表面化するものである。

犯罪共同説は，複数の者が特定の犯罪を実現する場合にかぎって共同正犯の成立を認めるもので，刑法60条の文言との関係で説得的な立場である。ただ，共同すべき特定の犯罪の範囲に関して，同

一の故意構成要件の共同（故意の共同）を要求する立場（かたい犯罪共同説）と，構成要件が重なりあう限度での共同があれば足りるとする立場（部分的犯罪共同説）が見られる。強盗罪と窃盗罪との間の共同正犯が問題になる場合，前者によれば，故意の共同がありえないことから共犯の成立が否定され，後者によれば，事実の認識が重なる限度（他人の財物に対する占有侵害）で共犯の成立が肯定されることになる。後者が多数説であり，判例も同様の結論を認めている（最決昭和54年4月13日刑集33巻3号179頁）。他方，いずれの立場も，特定の犯罪を実現する「意思の合致」を要求することから，意思の合致がありえない過失犯については，共犯の成立が否定されることになる。

行為共同説　これに対して，行為共同説は，特定の犯罪に複数人が関与する場合はもちろんのこと，共同で炊事する場合のように，犯罪以外の行為（構成要件に該当しない社会的行為）に複数人が関与したうえで，各人が認識していた犯罪結果（失火）を実現した場合にも共犯の成立を認める立場である。したがって，共同正犯においても，特定の犯罪を実現するための意思連絡や行為の分担までは必要とされず，犯罪の前段階の社会的行為を共同する意思の合致と社会的行為の分担という事実があれば，そこから発生した犯罪結果を共同実現したものと評価される。この見解によれば，異なる構成要件間での共同正犯や過失犯の共同正犯も当然に認められる。過失犯の共同正犯を認める判例も（最判昭和28年1月23日刑集7巻1号30頁），行為共同説的な根拠を示している。

　なお，部分的犯罪共同説と行為共同説は，理論的な前提や方向性は異なるが，具体的な事案や論点における結論としては同じものになることが多い。

3 関与の程度に差がある共犯——従属的共犯

(1) 2つの従属的共犯

犯罪を決意させる教唆犯　刑法は，任意的共犯として，複数人のすべてが正犯として対等に関与する共同正犯のほかに，正犯に比べて関与の程度が低い類型も共犯として処罰することを認めている。それが，正犯に従属した形で成立する，教唆犯と幇助犯であり，従属的共犯とよばれる。

教唆犯は，犯罪の実行を決意していない者を唆して犯罪の実行を決意させ，唆された者が正犯として犯罪を実行した場合に成立する。その効果は，「正犯の刑を科する」とされており（刑61条1項），教唆犯には正犯に適用すべき法定刑が適用される。この意味で，教唆犯は，従属的共犯ではあるものの，正犯に準ずる程度の当罰性をもつものと考えられているのである。また，教唆者を教唆した場合や幇助者を教唆した場合も，教唆犯として処罰される（刑61条2項，62条2項）。教唆行為は，他人に特定の犯罪実行を決意させるものであればよく，手段や方法には限定がない。ただ，不作為や過失による教唆は，現実的には想定することができない。

犯罪を手助けする幇助犯　教唆犯に対して，幇助犯は，正犯の犯罪の実行を援助することによって，正犯の犯罪実現を容易にするものであり（刑62条1項），正犯の犯罪実現を「促進する」ことに処罰根拠が求められる。幇助犯は，正犯に適用される法定刑を必ず減軽した刑（必要的減軽）で処断される（刑63条）ことから明らかなように，同じく従属的共犯とされる教唆犯に比べて，当罰性が低いものとされている。

幇助行為は，正犯の犯罪実現を促進するのに役立つものであれば

足り，とくに限定はない。凶器の貸与などの物理的方法による場合もありうるし，激励などの心理的方法による場合もありうる。前者を 物理的幇助 または 有形的幇助 といい，後者を 心理的幇助 または 無形的幇助 という。また，不作為の手助け（札幌高判平成12年3月16日判時1711号170頁），間接的な手助け（最決昭和44年7月17日刑集23巻8号1061頁），片面的な手助け（東京地判昭和63年7月27日判時1300号153頁）といった形態についても，正犯の犯罪実現を促進したと認められるかぎりで幇助犯が成立する。

(2) 従属的共犯の処罰根拠と従属性

従属的共犯の処罰根拠　狭義の共犯（教唆犯・幇助犯）については，その処罰根拠が争われ，それを正犯の処罰根拠と共通のものに求める見解と，共犯に独自のものに求める見解が主張されてきた。結果無価値論になじむ前者のアプローチからは，正犯の処罰根拠を法益侵害に求めることを前提として，正犯行為を介することによって法益侵害を惹起した点に共犯の処罰根拠を求める 惹起説（因果的共犯論）が主張された。他方，後者のアプローチからは，正犯と共犯は犯罪としての構造が本質的に異なるという理解を前提として，他人を犯罪に陥れた点に共犯の処罰根拠を求める 堕落説（責任共犯論）が主張された。現在は，惹起説が通説である。それによれば，正犯行為と共犯行為は法益侵害を惹起させるという点では共通しながらも，正犯行為を介して間接的に法益侵害を惹起する点で，共犯行為は正犯行為から区別されることになる。

従属的共犯の従属性　正犯行為の介在を必要とする惹起説によれば，狭義の共犯は，正犯の存在を前提として，正犯に従属する形で成立する。こうした考え方を 共犯従属性説 とよぶ。かつては，共犯は他人の行為（正犯行為）を前提として処罰されるのではなく，

共犯自身の行った行為を根拠として処罰されるとする考え方（共犯独立性説）が主張されたこともある。それによれば，狭義の共犯は，正犯が実行行為に着手していない段階でも既遂になりうるし，教唆・幇助の未遂も正犯の未遂と無関係に成立することになる。しかし，このような理解は，共犯処罰の早期化や処罰範囲の拡張をもたらすだけでなく，「人を教唆して犯罪を実行させた」，「正犯を幇助した」とする条文に明らかに抵触する。

　現行法の解釈としては，共犯従属性説によるべきであり，狭義の共犯を従属的共犯とよぶのも共犯従属性説を前提としているからである。このような共犯の従属性は，3つの場面のものに区別することができる。

(3) 従属性の意味

　実行従属性　1つは，従属的共犯の成否を問題にする要件としての従属性である。刑法61条1項と62条1項によれば，教唆犯と幇助犯が成立するためには正犯の存在が前提とされているため，正犯が実行行為に着手するまでは，そもそも従属的共犯の成否を問題にすることができない。共犯の成否を「検討すること」が正犯の実行の着手に従属しているという意味で，これを実行従属性とよぶことができる。

　要素従属性　つぎに，狭義の共犯の成立が，正犯の成否にどの程度の影響を受けるかという場面での従属性である。これは，正犯行為が犯罪成立の三分体系（構成要件該当性・違法性・有責性）のどの段階までを満たしていれば共犯の「成立が認められる」か，という従属の程度の問題であり，要素従属性とよぶことができる。犯罪成立の段階的判断においては，行為の客観面が評価対象になる違法性までは各関与者に連帯的に作用するが，主観面が評価対象になる

責任は各人に個別的に作用する。要素従属性は連帯的作用の問題であるから，狭義の共犯の成立は，構成要件に該当する違法な正犯行為に従属する必要があり，かつそれで十分だということになる。こうした理解を 制限従属性説 という。

　これに対して，正犯の責任（有責性）への従属までを必要とする立場（ 極端従属性説 ）も有力に主張され，ドイツの通説・判例であり，わが国の判例のとるところでもあった（大判明治37年12月20日刑録10輯2415頁）。しかし，わが国では制限従属性説が通説であり，判例もそれへの傾斜を示している（最決昭和58年9月21日刑集37巻7号1070頁参照）。なお，正犯の構成要件該当行為への従属で足りるとする立場（ 最小従属性説 ）や正犯行為の処罰条件の充足への従属までをも要求する立場（ 誇張従属性説 ）は，すでに現実的な妥当性を失っている。

　罪名従属性　　狭義の共犯に成立する犯罪と正犯に成立する犯罪は，同一罪名のものでなければならないのだろうか。これは，罪名従属性 とよばれる問題である。共犯形態で実現される犯罪について，かたい犯罪共同説（→158頁）をとれば，正犯と共犯に成立する犯罪は同一罪名のものでなければならないことになる。しかし，異なる構成要件の重なり合う部分について実行従属性と要素従属性が認められるかぎりは，従属的共犯を本質的に基礎づける従属性は満たされているから，罪名従属については緩やかに考えてよい。共犯の過剰の事案（→165頁）においては，罪名は従属しないことが当然のものとされている。

4 共犯論における若干の問題

(1) 共犯関係からの離脱

　共犯関係からの離脱 とは，共犯のうちの一部の者が犯罪の完成に至るまでの間に犯意を放棄して自己の行為を継続せず，その後の犯罪行為に関与しない場合をいう。正犯と幇助犯の関係でも問題になりうるが，共謀の存在が成立要件とされる共同正犯においてとくに問題となる。一部の者が離脱を表明した場合，犯意を放棄した者が与えていた法益侵害への影響を完全に断ち切ったと認められるときには，その後に残りの者が犯罪を続行して結果を発生させたとしても，その結果は犯意を放棄した離脱者に帰すことができないと考えられている。したがって，共犯関係からの離脱が認められるためには，離脱者が，離脱前の自己の行為と残りの者による離脱後の行為・結果との間の因果関係を切断する必要がある（最決平成元年6月26日刑集43巻6号567頁）。

　共犯としての実行行為に着手する前の段階では，共犯関係から離脱する意思を他の関与者に表明し，彼らがそれを了承すれば，共謀による物理的影響力と心理的影響力が消滅し，因果関係が切断されるから，離脱を認めることができる。他方，共犯としての実行に着手した後の段階では，離脱の意思が他の関与者に了承されただけでは物理的影響力は消滅しないため，共謀にもとづく行為・結果の発生を積極的に阻止しなければ，離脱は認められないことになる。

(2) 共犯と錯誤

　共犯の錯誤　行為者の認識と現実との間に食違いが生じること（錯誤）は，単独犯の場合にもしばしば見られるが（→91頁），複数の者が関与する共犯ではさらに頻繁に見られる。共謀の存在を成立

要件とする共同正犯においてさえ、関与者全員の意思が完全に一致することは考えられないし、ある者が認識した犯罪事実と他の者が実現した犯罪事実とが食い違うことも十分にありうるからである。これが 共犯と錯誤

〔図19〕 共犯における同一構成要件内での錯誤

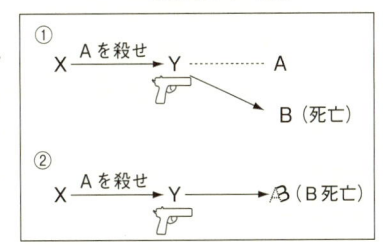

とよばれる問題であり、その扱いが議論されている。ただ、複数の者の関与という点を別にすれば、基本的な考え方は、単独犯における錯誤の場合の扱いと異ならない。

具体的事実の錯誤　具体的事実の錯誤 については、法定的符合説 によれば、客体の錯誤の場合と方法の錯誤の場合のいずれにおいても、共犯者の故意は阻却されない。問題となるのは、客体の錯誤と方法の錯誤とで異なった結論を認める具体的符合説による場合である。具体的符合説 によれば、問題になる錯誤が、客体の錯誤と方法の錯誤のいずれなのかを区別することが前提となる。

　XがYにAを殺せと教唆し、YがAを狙って発砲したところ、手元が狂ってAの近くにいたBに命中しBが死亡したという場合は、Bの存在を認識していないYにとって方法の錯誤であると同時に、Xにとっても方法の錯誤である。したがって、この場合は、単独犯における方法の錯誤の事案と同じように処理される。これに対して、XがYにAを殺せと教唆したところ、YはBをAと見間違えて（Aと思って）Bを撃ち殺したという場合はどうであろうか。この場合については、具体的符合説においても、直接に実行したYにとって客体の錯誤である以上は教唆者のXにとっても客体の錯誤とする考え方がある一方で、Yにとっては客体の錯誤である

が，AについてはXの撃った弾が外れたのと同じであり，方法の錯誤であるとする考え方とがありうる。

抽象的事実の錯誤　抽象的事実の錯誤 については，自分の認識した事実を超える重大な結果を共犯者が発生させた場合が，とくに共犯の過剰 の問題として論じられている。共犯の過剰については，抽象的事実の錯誤における単独犯の場合と同じように，構成要件が実質的に重なり合う限度において故意犯の成立が認められる（最判昭和25年7月11日刑集4巻7号1261頁，最決昭和54年4月13日刑集33巻3号179頁）。これは，単独犯の抽象的事実の錯誤について法定的符合説をとり，共犯の成立について部分的犯罪共同説をとることからの帰結である。したがって，共同正犯の場合には関与者の認識に応じてそれぞれの罪名が異なるし，従属的共犯の場合には正犯の罪名への従属は必要とされないことになる。

共犯形式の錯誤　共犯形式の錯誤 とは，教唆をするつもりで行為したところ，相手はすでに犯罪を決意していたため，単にその決意が強められたにすぎなかったような場合をいう。この場合，教唆を行う意思で，客観的には精神的幇助を実現しており，共犯の形式に食い違いが生じている。このような場合も，共犯そのものの構成要件の重なり合いを基準として，その重なり合いが認められる限度で犯罪の成立を考えればよい。共犯においては，共同正犯，教唆犯，幇助犯の順番で関与の度合いが小さくなり，共同正犯，教唆犯，幇助犯の構成要件はその順番に応じて重なり合う。したがって，重い共犯形式の認識で軽い共犯形式を実現した場合は，軽い共犯形式の限度で犯罪が成立し，軽い共犯形式の認識で重い共犯形式を実現した場合は，認識した軽い共犯形式の限度で犯罪が成立する。

このことは，間接正犯（→69頁）と従属的共犯との間にも妥当

する。間接正犯は正犯であり、従属的共犯（教唆犯・幇助犯）よりも重い犯罪形式である。したがって、間接正犯を行う意思で従属的共犯の事実を実現した場合は、後者の限度で処罰され、従属的共犯の意思で間接正犯を実現した場合には、認識していた従属的共犯の限度で処罰されることになる。

IV 犯罪にも数がある ── 罪数論

1 なぜ犯罪の数が問題になるのか

　構成要件は、1個の犯罪が成立する場合を予定している。また、犯罪の本質や成否を問題とする犯罪論も、1個の犯罪の成否を前提として展開される。しかし、実際の事件では、必ずしも1個の犯罪だけが問題になるわけではなく、行為者の実行した行為の数や惹起した事実について、犯罪の数を問題にしなければならない場合がある。この意味で、犯罪の数（罪数）を論じることは、1個の犯罪を前提として展開される議論の拡張的場面ということになる。また、わが国の刑法は、客観的に数個の犯罪が成立する場合にも、一定程度まとめて扱う（処断する）ことを認めているので、行為者の処断の仕方も問題にしなければならない。刑法で罪数を論じる意味は、「犯罪の成立の個数とその処断方法を確定すること」にある。犯罪論のこのような場面を「罪数論」とよぶ。さらに、国民は同一の犯罪については重ねて責任を問われないこと（一事不再理効）を保障されているから（憲39条後段、刑訴337条1号）、同一のものとして評価される犯罪の範囲を確定することも、罪数論の重要な課題とされることになる。

2　一罪と数罪

　近代刑法が前提とする行為主義（客観主義）によれば，犯罪の成立とその処断方法（科刑）については，成立した犯罪の個数に応じて行為者を別個に処断するというのが，もっとも素直な対応である。このような扱いを 併科主義 という。しかし，わが国では，単純一罪 と 単純数罪 *44 とを両極としながら，両者の間にいくつかの中間的な類型が認められており，犯罪の成立とその処断方法について独特の考え方がとられている。犯罪の成立とその処断方法が必ずしも素直に連動していない点に，罪数概念や名称，罪数をめぐる議論が複雑になる原因がある。

　罪数の基本的な形態は，成立・処断・一事不再理効のいずれの関係においても，文字通りに1個の犯罪しか問題になりえないものであり，本来的一罪 とよばれる。これには，単純一罪のほか，法条競合 と 包括一罪 という類型がある。本来的一罪の成否や成立範囲については，刑法はとくに規定するところがなく，すべてが解釈に委ねられている。これに対して，科刑上一罪 とよばれる類型は，「一罪」といわれるものでありながら，客観的には数個の犯罪が成立する場合を「一罪として処断」するものであり，一事不再理効についても「一罪として扱う」ものである。科刑上一罪として，刑法には，観念的競合 と 牽連犯 が規定されている（刑54条1項）*45。

　このような一罪に対して，数罪は，成立・処断・一事不再理効のいずれの関係においても，数個の犯罪として扱われるものである。これには，単純数罪のほか，数罪でありながら一定程度まとめて処断（併合処分）される 併合罪 *46 がある。

＊44　単純一罪と単純数罪

単純一罪は，1個の行為が1個の犯罪を成立させることから，1個の処断がなされる場合をいい，一事不再理効の及ぶ範囲もおのずから確定される。他方，単純数罪は，互いに関連のない数個の犯罪が成立するために，それぞれの犯罪が別個に処断される（併科）場合をいい，一事不再理効もそれぞれの犯罪との関係で論じられる。いずれも，もっとも素直にイメージされる形態である。

〔図20〕罪数の体系

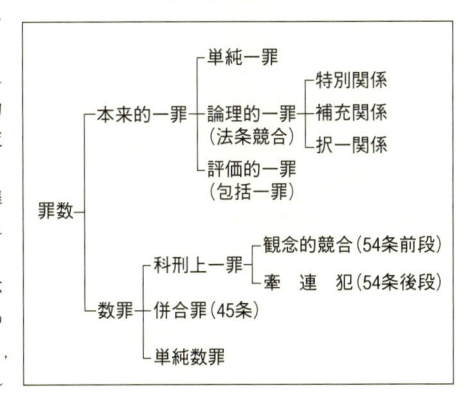

```
       ┌ 本来的一罪 ┬ 単純一罪
       │            ├ 論理的一罪 ─┬ 特別関係
       │            │  (法条競合)  ├ 補充関係
罪数 ─ ┤            │              └ 択一関係
       │            └ 評価的一罪
       │              (包括一罪)
       │            ┌ 科刑上一罪 ┬ 観念的競合（54条前段）
       └ 数罪 ──────┤            └ 牽 連 犯（54条後段）
                    ├ 併合罪（45条）
                    └ 単純数罪
```

＊45　**連続犯**　1947年に刑法が改正されるまでは，連続した数個の行為が同一の罪名に触れる場合を「連続犯」とよんで，科刑上一罪として扱うことが認められていた（旧55条）。しかし，その運用が次第に拡張されていったことから一事不再理効の範囲が拡大され，戦後の刑事訴訟法における捜査権の制限と調和しえなくなったため，廃止されることになった。

＊46　**併合罪**　併合罪とは，同一行為者による数罪のうちで確定裁判を経ていないものについて（刑45条），同時に裁判することが可能であったこと（同時審判の可能性）を根拠として，成立上の数罪をまとめて扱う（処断する）ものである。原則として，加重主義という考え方から，成立した犯罪のうちでもっとも重い罪の法定刑に一定の加重を施して処断する。処断刑は，もっとも重い刑の長期を1.5倍するのが通常であるが（刑47条），対象となる法定刑の種類などに応じて処断方法が詳細に規定されている（刑46条以下）。

3　犯罪の数とその扱い

(1)　本来的一罪

論理的な一罪（法条競合）　法条競合は，数個の犯罪が成立するように見えながら，「論理的に」1個の犯罪しか成立しえない場合

〔図21〕評価的一罪（包括一罪）の体系

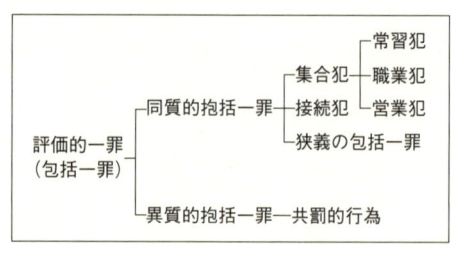

```
                              ┌ 常習犯
                       ┌ 集合犯 ┤ 職業犯
             ┌ 同質的抱括一罪 ┤ 接続犯 └ 営業犯
評価的一罪 ┤         └ 狭義の包括一罪
（包括一罪）│
             └ 異質的抱括一罪──共罰的行為
```

をいい，「特別関係」，「補充関係」，「択一関係」といった種類のものがある。特別関係は，殺人罪（刑199条）に対する尊属殺人罪（旧200条）や承諾殺人罪（刑202条後段）のように，競合する（重なり合う）法条が「一般法」と「特別法」の関係にある場合で，「特別法は一般法を排斥する」ものである。尊属殺人罪が「加重」特別類型であり，承諾殺人罪は「減軽」特別類型である。補充関係は，傷害罪（刑204条）に対する暴行罪（刑208条）のように，競合する法条が「基本法」と「補充法」の関係（特別関係と逆の関係）にある場合で，基本法が適用されない場合にかぎって補充法が適用される。択一関係は，背任罪（刑247条）と横領罪（刑252条）のように，競合する法条が互いに排斥しあう関係にある場合で，一方の成立が認められるかぎりは他方の成立がありえないものである。

評価的な一罪（包括一罪）　包括一罪は，論理的には数個の犯罪が成立しているにもかかわらず，価値的な評価にもとづいて全体が1個の構成要件的評価にまとめられる場合であり，科刑上一罪に近い性質をもっている。これには，同一の構成要件または同一の条文との関係で問題になる同質的包括一罪と，異なる構成要件の間で問題になる異質的包括一罪がある。前者の形態としては，集合犯，接続犯，狭義の包括一罪とよばれるものがあり，後者としては，共罰的行為（不可罰的行為ということも多い）がある。包括一罪は，いずれも実質的な価値的評価にもとづいて認められることから，包括

的な評価の根拠と包括の犯意（限界）がとくに問題となる。

集合犯は，構成要件が同種行為の反復を予定している犯罪をいい，常習賭博罪（刑186条1項）のような常習的な反復行為を予定するもの（**常習犯**），わいせつ物頒布罪（刑175条）のような職業的な反復行為を予定するもの（**職業犯**），無資格医業の罪（医師17条）のような営利目的の反復行為を予定するもの（**営業犯**）に分けられる。**接続犯**は，同一の継続的な犯意にもとづいて，場所的・時間的に近接した条件のもとで数個の同種行為が行われる場合である（最判昭和24年7月23日刑集3巻8号1373頁）。**狭義の包括一罪**は，収賄罪（刑197条）のように，同一条文が規定する数個の行為の間に密接な関連性が認められる場合をいう。

共罰的行為は，重い構成要件に該当する行為が軽い構成要件に該当する行為を価値的に吸収するものをいい，殺人罪に対する殺人未遂罪（刑203条）のような**共罰的事前行為**と，窃盗犯人（刑235条）による窃取物に対する器物損壊（刑261条）のような**共罰的事後行為**に区別される。

(2) 科刑上一罪

観念的競合（想像的競合）　　観念的競合は，1個の行為が数個の罪名に触れる場合であり（刑54条1項前段），行為が1個であること（行為の1個性）を根拠に一罪としての処断が認められる。1個の行為で数罪が成立することから，「一所為数法」ともよばれる。放火して死体を損壊した場合の現住建造物等放火罪（刑108条）と死体損壊罪（刑190条）の関係のように，1個の行為が異なる数個の罪名に触れる場合が典型であるが，1個の行為で数名の公務員の職務行為を同時に妨害する場合のように，1個の行為で同一罪名に数回触れる場合も当然に含まれる。

牽連犯　これに対して，牽連犯は，犯罪の手段と結果の関係にある数個の行為が別々の罪名に触れる場合であり（刑54条1項後段），数個の犯罪が相互に手段・結果という密接な（1個の行為に準ずる）関係にあること（牽連性）を根拠に一罪としての処断が認められる。たとえば，住居侵入罪（刑130条前段）と窃盗罪・強盗罪（刑236条）・強姦罪（刑177条）・殺人罪との関係や，身代金目的誘拐罪（刑225条の2第1項）と身代金要求罪（刑225条の2第2項）との関係などが典型的なものとされている。

科刑上一罪は，「吸収主義」という考え方により，成立した犯罪のそれぞれに対する法定刑のうちもっとも重い刑をもって処断される。刑種はもちろんのこと，刑期の上限と下限のいずれについても，もっとも重い刑が適用されることになる（最判昭和28年4月14日刑集7巻4号850頁参照）。科刑上一罪においては，一罪としての処断を根拠づける行為の1個性[*47]と牽連性のそれぞれについて，その判断基準と範囲がとくに問題となる。

> [*47]　**行為の単複**　観念的競合における行為の1個性の判断方法について，かつては，自然的観察による立場，社会的見解による立場，構成要件を基準とする立場が，それぞれ主張されていた。その後，最高裁判所大法廷は，「一個の行為とは，法的評価をはなれ構成要件的観点を捨象した自然的観察のもとで，行為者の動態が社会見解上一個のものとの評価をうける場合をいう」とし，構成要件的評価を判断基準としないことを明らかにしている（最大判昭和49年5月29日刑集28巻4号114頁）。

4　犯罪の数は何を基準に決定されるか

これまで見てきたように，わが国の刑法は，数個の犯罪が成立する場合の処断方法については規定しているものの，犯罪の成立の数を決定する際の基準や方法についてはとくに規定するところがなく，この点のすべてを解釈に委ねている。この点について，学説では，

行為者の犯罪意思の数を標準として判断する「犯意標準説」，行為の数を標準として判断する「行為標準説」，結果の数や侵害された法益の数を標準として判断する「法益標準説」，構成要件に該当する数や回数を標準として判断する「構成要件標準説」，罪数の態様によって異なる標準を用いて判断する「個別化説」が主張されている。現在，判例は構成要件標準説でほぼ一致しており，学説の状況も同様である。しかし，犯罪の態様によっては構成要件的評価だけでは判断が困難な場合もあり，実際には，犯罪意思・行為・侵害法益の数なども重要な考慮要素にせざるをえない。その意味では，構成要件を標準とした個別化説的なアプローチをとるのが現実的なものである。

Bridgebook
第6章
どのような刑法が適用されるのか

刑法の適用範囲

Ⅰ　刑法の適用範囲はなぜ問題になるのか

　第4章および第5章で述べてきたことは，行為時と裁判時の罰則（条文）の内容が同一であることを当然の前提とするとともに，日本人が日本国内で実行した犯罪を当然の前提としたものであった。しかし，前者との関係では，行為時と裁判時に時間的な間隔があることから，法定刑の改正など，行為時の罰則と裁判時の罰則の内容，さらには両者の中間に存在する罰則の内容が，それぞれ異なるという事態が生じうる。そのような場合，どの時点の罰則を行為者に適用すべきかを確定しなければならず，刑法の時間的な適用範囲（時際刑法）が問題になる。また，後者との関係では，外国籍の者が日本国内で犯罪を実行した場合や，日本人が日本国外で犯罪を実行した場合に，日本の刑法を適用できるかを明らかにする必要があり，刑法の場所的な適用範囲が問題となる。

　他方，誰に対して，どの時点の日本刑法を適用できるかが理論的に明らかになったとしても，それだけで十分というわけではない。日本の刑事政策を実現するためには，日本の刑事司法として，犯罪者を発見し（捜査権の執行），裁判をした（裁判権の執行）うえで，実際に処罰する（刑罰権の執行）必要がある。しかし，刑法を制定

する権利（立法権）だけでなく，これらの権利も各国の主権のもとで実現されるため，理論的には日本の刑法の適用が可能な行為者に対しても，実際には日本で処罰できないという事態は決して珍しくない。こうした点をも念頭において，本章で，刑法の適用範囲について考えてみよう。

II 刑法の時間的適用範囲と場所的適用範囲

1 刑法の時間的適用範囲

(1) 事後法の禁止

罪刑法定主義における事後法の禁止の原則（→25頁）によって，罰則は，それが施行された後の犯罪に対してだけ効力をもち，施行前の行為に遡って適用することはできない。したがって，行為時に適法であった行為が裁判時までに犯罪化された場合や，行為時の罰則の内容が裁判時までに重く改正された場合には，裁判時の刑法を適用することは許されない。そのような事後法の適用は，行為者にとって不意打ちとなるからである。

その一方で，事後法の禁止 については，2つの場合に，被告人に有利な内容の事後法の遡及適用を認めるという例外が存在している。1つは，行為時に処罰されていた行為について事後法で刑が廃止された（不可罰となった）場合に免訴とするものであり（刑訴337条2号），もう1つは，事後法によって刑が軽くされた場合には軽い方の刑を適用するというものである（刑6条）。したがって，中間時法でいったん不可罰とされた行為が裁判時法で再び可罰的とされた場合にも免訴となり，行為時・中間時・裁判時の罰則がそれぞれ異

なった法定刑を規定している場合には、そのうちのもっとも軽いものが適用されることになる。改正刑法草案2条2項は、この趣旨の明示を提案していた。

(2) 事後法の判断

事後法との関係で問題になるのは、行為者に不利益になるような内容の罰則の施行日と犯罪の行為日が同日であった場合に、何を基準として事後法を判断するかである。これについて、判例は、一般国民が官報販売所で官報を購入・閲覧しうるようになった最初の時点を基準とする立場（最初の購読可能時説）をとり、その前後で事後法になるかどうかを判断している（最大判昭和33年10月15日刑集12巻14号3313頁）。他方、学説においては、罪刑法定主義における具体的な予告機能を重視する観点から、行為者が所在していた地方の官報販売所で官報を購入・閲覧しうるようになった最初の時点を基準とする立場（地方別購読可能時説）も有力である。

2 刑法の場所的適用範囲

(1) 前提としての国内犯処罰

国家主権からの帰結としての属地主義　日本の領域（領土、領海、領空）内で犯された犯罪（国内犯）については、行為者の国籍とは無関係に（日本人であっても外国人であっても）、すべての者に日本の刑法が適用される（刑1条1項）[*48]。刑法の場所的適用範囲を検討する場合、このような扱いが前提であり、属地主義とよばれる。国内の秩序や安全の維持は刑法の本来的な役割であり、刑罰権の実現は国家主権の重要な一部をなすものだからである。世界の諸国も、属地主義を当然の前提としている。

そのため、場所的適用範囲を検討するに当たっては、犯罪の場所

(犯罪地)が日本の領域内にあったかどうかの確定が重要となる。犯罪地の確定については，結果の発生した場所とする見解（結果説），行為の実行された場所とする見解（行為説），犯罪を構成する事実の一部が存在する場所のすべてとする見解（遍在説または混合説）が主張されている。遍在説が世界的な趨勢であり（ドイツ刑法9条1項は遍在説を明示している），日本の判例・通説も，遍在説の立場から国内犯の成立範囲を広く認めている。

旗国主義　なお，刑法1条2項は，厳密には日本の領域（領海または領空）内ということのできない「日本船舶」と「日本航空機内」における犯罪についても，領域内における犯罪の場合と同じように，国内犯として扱う（日本の刑法を適用する）ことを明示している（旗国主義）。このような扱いは，実際上，公海または公空で行われた犯罪にとって意味をもつことになる（最決昭和58年10月26日刑集37巻8号1228頁）。

*48　**訴訟障害**　国内犯として日本刑法の適用が認められる場合にも，一定の社会的地位や立場にある者に対しては，例外的に，刑罰権の発動が全面的または部分的に阻害されることがある（人的障害）。たとえば，天皇・摂政は在任中に訴追されず（皇室典範21条参照），国会議員は原則として会期中は逮捕されず（憲50条），在任中の国務大臣は内閣総理大臣の同意がなければ訴追されない（憲76条）。また，国際法上の例外として，外国の元首・外交官・使節および日本に駐留する外国軍隊の構成員については，外交特権にもとづいて訴訟条件が欠けることから訴追できないことになっている。

(2) 処罰拡張としての国外犯

国外犯の種類と根拠　日本の領域外で犯された犯罪（国外犯）は，犯罪地に主権を有する国にとっての国内犯であるから，日本の刑事司法は一切関わらないという対応もありうる。しかし，刑法は，

日本の領域外の犯罪であっても，日本の刑事司法が関心をもつものについては，補充的に日本の刑法の適用を認めるという態度をとっている。刑法2条は，日本の重要な国家的利益や社会的利益を害する犯罪の処罰の必要性という観点（国家保護主義）から，内乱罪（77条）等の重大犯罪を列挙したうえで，誰がどこで犯しても日本刑法を適用することを明示している。これを **すべての者の国外犯** とよぶ。3条は，現住建造物等放火罪（108条）をはじめとする犯罪を列挙して，日本国民が日本国外でそれらを犯した場合に日本刑法を適用することを規定している。これは **日本国民の国外犯** とよばれ，日本人という属性に着目した国外犯（積極的属人主義）である。また，4条は，日本国の公務の適正・廉潔性を保護するという観点（保護主義）から，公務員という属性に着目した国外犯に日本刑法が適用されることを規定している。

新しい国外犯　現行刑法制定当時の国外犯は，以上のようなものであった。しかし，その後，国際的な人の移動が頻繁になったこと（ボーダーレス社会の発現）から，2つの類型の国外犯が新たに付け加わっている。1つは，**世界主義** とよばれる考え方を基礎として，国際条約の批准にもとづいて，日本の刑法で処罰すべきことが義務づけられる国外犯である（刑4条の2〔条約による国外犯〕）。対象となるのは，日本刑法の各則に規定する犯罪のうち，個々の条約によって特定された犯罪であり，犯罪地や行為者の国籍と無関係に日本の刑法が適用される。もう1つは，日本国民が日本国外で犯罪被害にあう事態が増加していることに対応するため，日本国民の保護を目的として（国民保護主義または消極的属人主義），日本国民を被害者とする外国人による国外犯を処罰するものである（刑3条の2〔国民以外の者の国外犯〕）。

(3) 刑事司法における国際協力

裁判権の執行 国内犯と国外犯のいずれについても，日本で処罰するためには，日本で裁判を執行する必要がある。そのため，日本国外にいる犯罪者については，国際司法共助 の手続によって，犯人を引き渡してもらわなければならない。犯人が日本国外に逃亡した場合の扱いについては，すでに 1953 年に逃亡犯罪人引渡法が制定されている（昭和 28 年法 68 号）が，一般の犯罪人引渡しについては，アメリカ合衆国（1980 年）と大韓民国（2002 年）との間に条約を締結しているだけで，この点での制度的対応は不十分なものにとどまっている。そのため，アメリカ人と大韓民国人以外の外国人が日本で犯罪を行って帰国した場合には，日本の国内犯でありながら，日本の刑事司法は直接的に手を出すことはできない。せいぜいのところ，逃亡先の国に日本に代わって処罰（代理処罰）することを要請するという対応で満足するほかはなく，現状は中国やブラジル相手に一定の成果が見られる程度である。

以上とは逆に，日本の国外犯は犯罪地に主権を有する国の国内犯であるから，属地主義にもとづいて，日本の裁判権や刑罰権の執行は劣位におかれ，事実上，日本の刑事司法が手出しできない事態が多い。そこで，滞在国での国内犯として処罰された者が日本に帰国する場合を想定して，外国判決の効力についての規定を刑法におく（5 条）*49 一方で，外国における日本人受刑者の効果的な改善更生と円滑な社会復帰の促進を目的とした国際受刑者移送法（平成 16 年法 66 号）が制定されている。また，国際的な犯罪の摘発との関係では，捜査上の国際協力（国際捜査共助）の必要性が大きくなってきており，1980 年には国際捜査共助法が制定されている（昭和 55 年法 69 号）。

＊49 **外国判決の効力**　　刑法5条本文は、外国で確定判決を受けた者について、同一行為に対して日本で再び裁判し、処罰することを明示的に認めている。したがって、外国刑事判決には、日本における一事不再理の効力（憲39条参照）が及ばないということになる。ただ、刑の執行の場面では外国での執行実績が考慮され、刑の必要的減軽・免除（必要的算入主義）が認められる（刑5但書）。

刑事司法の将来　　刑罰権の実現は国家主権の重要な一部であり、各国の刑事司法や刑事政策はそれに拘束されるとともに、限界づけられている。従来、刑罰権の実現が主として国内問題として論じられていたのも、当然のことであったといえよう。しかし、今日のグローバル化とともにボーダーレス化した社会は、それらを国内問題にとどめておくことを許さない状況をもたらしている。実際にも、薬物犯罪や組織犯罪、テロ犯罪などについては、すでに、国際的な協力なしに防止・摘発・処罰することは不可能な状況にある。こうしたなかで、今後の刑法の場所的適用については、世界主義の考え方がさらに強調されることが要請されよう。その究極は、「誰が」「どこで」犯罪を行ったかを問わずに、どこの国の刑法も適用できるとするものである。そして、その実現のためには、国際司法共助と国際捜査共助の一層の緊密化が求められることになる。国家主権を超越した国際刑法の実現までは不可能であるにしても、ヨーロッパ共同体における刑事司法の統一化に向けた努力や、管轄が限定されてはいるものの国際刑事裁判所の設置（2003年）など、世界主義の実現に向けた動きは顕著である。日本の刑事司法の将来も、もはや、こうした国際化の動きと無関係でいることはできない状況を迎えている。

Bridgebook

第 7 章

刑法も不変ではない

刑法改正の動向と内容

I 実現しなかった刑法典の全面改正

1 全面改正に向けた動き

(1) 刑法の安定性

わが国の刑法は、明治維新後の近代化を推進していく過程のなかで、フランスのナポレオン刑法典（1810年）を継受した旧刑法の制定（1880〔明治13〕年）を経て、ドイツ刑法の影響を強く受けて1907（明治40）年に大改正され、現在に至っている（→6頁）。刑法は、他の法令に比べて安定性の強い法律ではあるが、決して不変のものではなく、時代の推移や社会の状況によって変化することがありうる。明治期の末期に成立した現行刑法も、これまでに何回かの改正を経験している。ただ、わが国の場合は、条文を口語化した1995年の改正を別にすれば、刑法典の「全面改正」といえるほどの根本的な変化はなく、必要な限度における刑法典の部分改正（法定刑の変更や犯罪類型の新設など）と特別刑法の立法によって新たな事態に対処してきた、という点に大きな特徴が見られる。

(2) 全面改正の機運と動向

第2次世界大戦まで 明治40年に成立した現行刑法典に対し

ては，大正の末期から昭和の初期にかけて，わが国に固有の伝統である「本邦の淳風美俗」や「忠孝その他の道義」などの強調を背景として，わが国独自の刑法典を実現するための全面改正への機運が高まった。そうした動きのなかで，新たな刑事政策的動向（犯罪者処遇）にも配慮した改正作業が進められることになり，改正刑法予備草案（1927年）を経て，改正刑法仮案（1931年に総則部分，1940年に各則部分）が公表されるに至った。

仮案の基本的な性格は，当時の国家主義的な体制と社会防衛的要求を調和させたものであった。とくに，刑罰の種類として資格喪失，資格停止，居住制限，譴責などを追加する一方で，不定期刑を採用し，さらには刑罰以外の刑事処分である保安処分を導入するほか，宣告猶予制度を採用するなどの特徴が見られた。改正刑法仮案は，その成立直後（1941年）に第2次世界大戦が始まったために，法典として実現することはなかった。ただ，その後の部分改正において，仮案が提案した規定のいくつかは個別に立法され，現在に至っている（刑19条，19条の2，96条の2，96条の3など）。

第2次世界大戦後　第2次世界大戦後には，憲法，刑事訴訟法，少年法などが，アメリカの占領政策の強い影響のもとで大改正されることになった。刑法典についても，日本国憲法の精神および新しい社会情勢に応じた全面改正が必要とされ，1956年10月に法務省内に設置された刑法改正準備会で議論が重ねられた結果，1961年12月に改正刑法準備草案が公表された。そして，「刑法に全面的改正を加える必要があるか」という法務大臣の諮問を受けて法務省内に設置された（1963年5月）法制審議会刑事法特別部会は，約8年半にわたる審議を経たうえで，改正刑法草案を作成して法制審議会に報告した（1972年3月）。刑事法特別部会の報告を受けた法制審

議会は，その内容について2年あまりの審議を経た後，改正刑法草案を決定して法務大臣に答申した（1974年5月）。この改正刑法草案こそは，わが国の刑法典の全面改正を企図した歩みの集大成というべきものであった。

改正刑法草案の内容は多岐にわたっているが，とくに重要なものとして，①罪刑法定主義の要請・趣旨に積極的に応えようとしたこと，②責任主義を徹底したこと，③刑事政策的な新たな措置を導入したこと，④新たな社会的要請に応じた犯罪類型の整備を図ったこと，を指摘できる。

2　改正刑法草案の内容と社会の反応

(1)　草案の内容

①に関しては，罪刑法定主義の原則を冒頭に明示する（1条，2条1項）とともに，不作為による作為犯（12条），みずから招いた精神の障害の扱い（17条），不能犯（25条），間接正犯（26条2項），共謀共同正犯（27条2項）などに条文上の根拠を与えたほか，全体として，一般人に理解が容易な現代語を用いて条文を構成することとした。②の主要なものは，違法性の意識を欠いたことに相当の理由がある場合には罰しないものとし（21条2項），結果的加重犯の処罰に結果発生の予見可能性を要求し（22条），犯人の責任に応じて刑を量定するとした（48条1項）ことである。

③については，懲役刑と禁錮刑の下限を3月とし，拘留刑の上限を90日（併科の場合は120日）とした（35条1項，36条1項，39条1項，40条）うえで，自由刑の執行に関する基本原則を明示（35条3項，36条3項，39条3項，47条）するとともに，刑の適用の一般基準（48条）を明示した。また，常習累犯に対する相対的不定期刑

を規定し（58条，59条），刑罰以外の刑事処分としての保安処分を導入して，行為者に応じて治療処分と禁絶処分とを規定した（97条以下）。他方では，各則全体として，個々の犯罪類型における法定刑が一般に加重されている点が注目される。

④としては，私戦（126条），周旋第三者収賄（142条），集団反抗（154条），騒動予備（168条），被保護者に対する姦淫（301条），企業秘密の漏示（318条），自動車等の不法使用（322条），自動設備の不正利用・無賃乗車（339条），準恐喝（346条）など，広い範囲にわたって新たな犯罪類型を創設する一方で，尊属殺人罪（刑200条〔当時〕），尊属傷害致死罪（刑205条2項〔当時〕），尊属遺棄罪（刑218条2項〔当時〕），尊属逮捕監禁罪（刑220条2項〔当時〕）の廃止（条文の削除）を提案するものでもあった。

(2) 草案に対する反応

こうした内容の改正刑法草案には，①および②，さらには尊属に対する犯罪の加重処罰類型の廃止との関係では，一般に肯定的な評価が与えられた。他方，全体として，後期旧派の立場を前提とする国家主義的な色彩と性格が強いことが厳しく批判された。また，具体的な場面では，保安処分制度の新設，法定刑の引上げ，新たな犯罪類型の創設の関係でも厳しい批判にさらされた。とくに，保安処分制度の導入に対しては，精神医療分野に対する国家権力の介入の阻止を理由とする絶対反対論（精神神経学会）をはじめとして，濫用的な運用への危惧（政治犯への悪用など）が表明され，刑法学界の大勢も反対の立場をとるものであった。こうした状況のもとで，法務省も代案を公表するなどの対応をしたものの，改正刑法草案は日の目をみることなく終わった。とくに，保安処分制度については，現在に至っても当時の議論の影響を脱していない感があり，議論自

体がタブーになっているかのような状況が見られる。

II 刑法典の部分改正

1 第2次世界大戦前の改正

　刑法典の部分改正は，法定刑の変更，犯罪類型の新設，条文の削除などの多岐にわたっている。以下では，便宜上，いくつかの重要な時期に区切って時系列的に改正の内容を確認しておこう。

　1921年改正（大正10年法77号）　議員提出法案にもとづくもので，業務上横領罪（253条）の法定刑の短期1年の部分を削除し，単に10年以下の懲役とした。これにより，短期が1月になり（12条1項），刑罰の範囲が広がった。

　1941年改正（昭和16年法61号）　主要な改正点は，労役場留置期間の延長（18条），没収の範囲の拡張（19条），追徴規定の新設（19条ノ2），強制執行不正免脱罪（96条ノ2）および入札妨害罪・談合罪（96条ノ3）の新設，「安寧秩序ニ対スル罪」（第2編第7章ノ2，105条ノ2〜105条ノ4）の新設（後の1947年改正で削除），失火罪（116条）の法定刑の加重，業務上失火罪および重失火罪の新設（117条ノ2），公正証書等不実記載罪（157条）の法定刑の加重であった。また，単純収賄罪（197条1項前段）の法定刑を加重するとともに，受託収賄罪，事前収賄罪，第三者供賄罪，加重収賄罪，事後収賄罪（197条1項後段，197条2項，197条ノ2，197条ノ3）をそれぞれ新設し，贈賄罪の規定（198条）を全面改正し，没収・追徴の特別規定（197条ノ5）を新設して，賄賂罪の全面的な見直しを行った。これらのうちの多くは，すでに改正刑法仮案が提案してい

たものであった。ただ，この改正の時期が第2次世界大戦直前ということもあって，その基本的な性格は，同年の治安維持法改正法律（昭和16年法54号）や国防保安法（昭和16年法49号），翌年の戦時刑事特別法（昭和17年法64号）などとともに，戦時体制の一環をなすものという色彩が強かった。

2 終戦から刑法典の口語化までの改正

1947年改正（昭和22年法124号）　第2次世界大戦に敗北したわが国は，明治憲法にもとづく国家・社会体制や政治体制を大転換し，新たに制定された日本国憲法のもとで，民主国家としての歩みを始めることになった。そこで，日本国憲法の精神（平等や人権の尊重など）に合致するかどうかという観点から法律全般が見直されることになり，刑法典についても全般にわたって重要な改正が加えられた。

まず，①天皇を元首とする国家体制（明憲1条〜4条）が変更されたことにともなって，皇室に対する罪（旧73条〜76条）や皇居皇陵侵入罪（旧131条）を削除するとともに，外国の元首等に対する暴行・脅迫・侮辱罪（旧90条，91条）を削除し，名誉に対する罪の親告罪規定を改正し（232条），「帝国」の文言を「日本国」に改めた（3条，4条，226条）。これらは，後記の③の内容とも密接に関連している。また，②平和主義，国際主義（憲法前文など）および戦争放棄（憲9条）の立場から，通謀利敵罪（旧83条〜86条），戦時同盟国に対する外患援助罪等の適用規定（旧89条），1941年改正で新設した「安寧秩序ニ対スル罪」をそれぞれ削除し，世界主義の観点から法例（現在は「法の適用に関する通則法」）の規定（旧3条，旧5条）を改正した。

③個人主義，自由主義，平等主義（憲13条，14条，24条など）にもとづく改正は，多岐にわたっている。たとえば，夫婦平等と男女同権の観点から姦通罪（旧183条）を削除し，名誉毀損罪の法定刑を加重する（230条）一方で，事実の証明を許容する規定（230条ノ2）を設けて言論の自由との調和を図った。また，家族的倫理よりも公民的倫理を重視するところから，親族による犯人蔵匿罪の不可罰（105条）を刑の裁量的免除に改め，親族相盗例（244条，257条）から「家族」を削除した。さらに，個人の尊重の観点から，暴行罪（208条）の法定刑の引上げと非親告罪化，脅迫罪（222条）の法定刑の引上げとともに，重過失致死傷罪を新設することとした（211条後段）。他方，社会的法益に対する罪についても規定が強化され，公然猥せつ罪（174条）と猥せつ文書頒布罪（175条）の法定刑が引き上げられた。

④公務員制度の根本的な変化（憲15条）に対応して，職権濫用罪（193条〜195条）の法定刑を引き上げる一方で，公務員に対する名誉毀損罪の事実証明との関係で要件の緩和を明示した（230条ノ2第3項）。

⑤二重処罰の禁止（憲39条）にもとづいて裁判確定後の再犯による加重規定（旧58条）を削除し，一事不再理効の範囲を限定するために連続犯規定（旧55条）を削除した。また，⑥憲法の直接の要請によるものではないが，刑事政策的な見地から，刑の執行猶予の要件の緩和と取消事由を拡張する（25条）とともに，前科抹消の制度が新設された（34条ノ2）。さらに，自国民保護主義による国外犯処罰規定（旧2条1号）を削除し，外国判決の効力規定（5条）を改正した。

1953年改正（昭和28年法195号）　刑の執行猶予の要件をさら

に緩和し，再度の執行猶予を導入する（25条）一方で，必要的保護観察制度を新設し（25条ノ2），刑の執行猶予の裁量的取消を規定した（26条ノ2）。また，仮出獄の取消事由が改められた（29条1項4号）。

1954年改正（昭和29年法57号）　国内犯に関する旗国主義を航空機にも適用することとし（1条2項），刑の執行猶予に任意的保護観察を導入した（25条ノ2）。

1958年改正（昭和33年法107号）　証人威迫罪（105条ノ2），斡旋収賄罪（197条ノ4），斡旋贈賄罪（198条2項），凶器準備集合罪・結集罪（208条ノ2〔現在は208条の3〕）を新設するとともに，現場共同による強姦罪等の非親告罪化を明示した（180条2項）。

1960年改正（昭和35年法83号）　戦後に頻発した不動産の不法占拠事案に対応するため，不動産侵奪罪（235条ノ2）と境界毀損罪（262条ノ2）とを新設した。

1964年改正（昭和39年法124号）　幼児を拐取して身代金を要求する事件の発生を契機として，身代金拐取罪（225条ノ2）および身代金拐取予備罪（228条ノ3）の新設をはじめ，「略取及ヒ誘拐ノ罪」（第2編第33章）の諸規定を見直した。

1968年改正（昭和43年法61号）　併合罪関係を遮断する確定判決を「禁錮以上の刑に処する」場合に限定する（45条後段）とともに，業務上・重過失致死傷罪（211条）の法定刑に懲役刑を加えた。

1980年改正（昭和55年法30号）　収賄罪（197条〜197条ノ4）および斡旋贈賄罪（198条）の法定刑をそれぞれ引き上げた。

1987年改正（昭和62年法52号）　条約による国外犯の処罰規定（4条ノ2）を新設したほか，コンピュータに関連した諸行為を処罰する規定（7条ノ2，157条，158条，161条ノ2，234条ノ2，246条ノ

2，258条，259条など）を新設した。

1991年改正（平成3年法31号）　罰金の額を1万円以上とし（15条），科料の額を1000円以上1万円未満に改めるとともに（17条），刑の執行猶予の要件としての罰金額を50万円以下とした（25条1項）。また，刑法典の各条文が法定する罰金の上限額を罰金等臨時措置法で修正して適用してきた従来の方法を改め，各条文に法定された罰金の上限をそのまま用いることにし，それに対応するために罰金の上限を大幅に引き上げた。

3　刑法典の口語化とその後の改正

1995年改正（平成7年法91号）　制定当時からカタカナによる文語体で表記されていた刑法典の全条文を，口語文によって平易な表現に改めた。内容に変更を加えないことを原則とした改正であったが，法の下の平等（憲14条1項）の観点から実質的な改正にも及び，瘖唖者を心神喪失者または心神耗弱者として扱う規定（旧40条）が削除されるとともに，尊属に対する犯罪（尊属殺人，尊属傷害致死，尊属遺棄，尊属逮捕・監禁）の加重処罰規定（旧200条，205条2項，218条2項，220条2項）がすべて削除された。

2001年改正（平成13年法97号・法138号・法153号）　法97号により，「支払用カード電磁的記録に関する罪」（第2編第18章の2）が新設され，国外犯の対象犯罪にも追加された（2条7号）。法138号により，危険運転致死傷罪（208条の2）を新設する一方で，軽微な過失致傷の場合における刑の裁量的免除規定を追加した（211条2項）。法153号（保健婦助産婦看護婦法の一部を改正する法律）により，「助産婦」の文言を「助産師」に改めた（134条1項，214条）。

2003年改正（平成15年法122号・法138号）　法122号により，

日本国民以外の者の国外犯に関する規定（3条の2）を新設した。また，法138号（仲裁法の新設）により，汚職の罪に関する刑法197条～197条の3の規定から，「又は仲裁人」の文言が削除された。

2004年改正（平成16年法156号）　いわゆる集団強姦罪（178条の2）を新設し，国外犯の対象犯罪に追加した（3条5号）。また，強制猥せつ・強姦に関する罪（176条以下），傷害罪（204条），傷害致死罪（205条），危険運転致死傷罪（208条の2第1項）の法定刑をそれぞれ引き上げる一方で，強盗致傷罪（240条前段）の法定刑の下限を7年から6年に引き下げて，減刑事由が1つでもあれば執行猶予を付しうるものになった。さらに，懲役刑と禁錮刑の上限を15年から20年に引き上げ（12条1項，13条1項），それらの加重の限度を30年に引き上げ（14条），いわゆる重罰化の方向性を明らかにすることになった。

2005年改正（平成17年法50号・法66号）　法50号（「刑事収容施設及び被収容者等の処遇に関する法律」の制定）により，「監獄」の文言を「刑事施設」に改めた（11条，12条2項，13条2項など）。法66号により，人身売買罪を新設し（226条の2），国外犯の対象犯罪に加えた（3条11号）。

2006年改正（平成18年法36号）　業務上過失致死傷罪（211条）の罰金刑の上限を引き上げる一方で，公務執行妨害罪および窃盗罪に，選択刑としての罰金刑を加えた（95条，235条）。また，労役場留置に関する規定を整備した（18条6項）。

2007年改正（平成19年法54号）　危険運転致死傷罪の対象に2輪自動車を加える（208条の2）とともに，自動車運転過失致死傷罪を新設した（211条2項）。

2010年改正（平成22年法26号）　法定刑として死刑を規定する

犯罪の公訴時効（刑訴250条）を撤廃したことにともない，刑の時効（31条）と時効の中断（34条1項）から死刑を除外した。

Ⅲ　特別刑法における立法動向

1　新たな事態への対応

(1)　特別刑法による対応

新たな事態への対処方法　社会の急速な進展や大きな変化などにともなって，現行刑法の制定当時には予想さえもできなかった事態が生じ，それへの対応として，新たな犯罪類型を創設する必要に迫られることがある。その際，刑法典のなかに関連する条文や類似の犯罪類型がすでにある場合には，刑法典に新しい犯罪類型を挿入したり，既存の条文を変更したりする方法がとられ（刑法改正），コンピュータ関連犯罪の新設などはその典型である。しかし，実際には，そのような対応が困難なため，特別刑法の立法によって対応する場合がきわめて多く，内容も非常に多岐にわたっている。以下では，小型の六法にも一般に採録されている特別刑法のうち，代表的なものについて確認しておこう。

代表的な特別刑法と立法理由　「暴力行為等処罰ニ関スル法律」（大正15年法60号）は，集団による暴行等（集団犯罪）や常習的な傷害・暴行等（常習犯）に対処するために立法され，刑法典上の暴行罪や脅迫罪よりも重い刑罰を設けている（一般に「暴力行為等処罰法」と略称される）。「盗犯等ノ防止及処分ニ関スル法律」（昭和5年法9号）は，昭和最初期の経済的不況を背景に首都で多発した強盗・窃盗に対する犯罪対策として急遽立法され，盗犯や住居侵入に

対する正当防衛の特則を規定するとともに、常習強窃盗に対する刑罰を著しく加重している（一般に「盗犯等防止法」と略称される）。

「破壊活動防止法」（昭和 27 年法 240 号）は、暴力主義的破壊活動の取締りを目的として制定された治安立法体系の中核として、暴力主義的破壊活動を行った団体の規制、公安調査官による調査などを規定しているが、政治的自由や思想・信条の自由などとの関係で強い批判にさらされているものでもある（一般に「破防法」と略称される）。「航空機の強取等の処罰に関する法律」（昭和 45 年法律 68 号）は、1970 年 3 月に発生した「日航よど号ハイジャック」事件を契機にハイジャック防止措置の一環として立法され、ハイジャック行為に対する厳しい対応を規定している。「人質による強要行為等の処罰に関する法律」（昭和 53 年法 48 号）は、1977 年 9 月に発生した「ダッカ事件」を契機として制定されたもので、人質をとっての強要行為の処罰を規定するとともに、刑法典上の強要罪では対処できない第三者強要をも処罰対象としている。

「人の健康に係る公害犯罪の処罰に関する法律」（昭和 45 年法 142 号）は、戦後に深刻化した公害問題に対する法的対応を実現した 1970 年の公害国会において、公害対策関連の 14 法のひとつとして新設されたもので、人の生命・健康に被害をもたらす公害行為を処罰する（一般に「公害罪法」と略称される）。「不正アクセス行為の禁止等に関する法律」（平成 11 年法 128 号）は、今日の高度情報通信社会の健全な発展に寄与することを目的として、刑法典上の業務妨害罪やコンピュータ関連犯罪の予備的な行為にすぎない、コンピュータへの不正アクセス行為（ハッキング）を禁止し、その違反者を処罰している。「児童買春、児童ポルノに係る行為等の処罰及び児童の保護等に関する法律」（平成 11 年法 52 号）は、日本の男性

が東南アジア地域において児童買春を行う事態（海外買春ツアー）が頻出したことを契機として，児童買春・児童ポルノを規制する目的で制定されたものである。

(2) 薬物犯罪への対応

薬物犯罪対策は各国における重要な課題であり続けているが，わが国の対策の大きな特徴は，一方であへん煙に関する罪を刑法典のなかに規定しながら（第14章），他方でいわゆる薬物4法とよばれる特別刑法（取締法規）で対処している点にある。規制対象薬物の違いに応じて，「大麻取締法」（昭和23年法124号），「覚せい剤取締法」（昭和26年法252号），「麻薬及び向精神薬取締法」（昭和28年法14号），「あへん法」（昭和29年法71号）をそれぞれ制定し，規制対象薬物・原料の輸出入，所持，製造，譲渡，譲り受け，使用などを統一的な観点から取り締まっている。あへんについては，あへん法が刑法典に優越することから（特別法は一般法を排除する），あへん法の適用がない場面にかぎって刑法第14章の条文の適用がありうる。しかし，実際には，刑法第14章が適用されることは皆無に近い状況になっている。

(3) 軽微な犯罪への対応

以上のような新たな事態への対応とは異なるものとして，刑法典上の犯罪と同程度の処罰までは必要がないが，まったく無視したり放任したりすることまではできないような反社会的行為も存在する。そこで，軽犯罪法（昭和23年法律39号）を制定して，日常生活における身近で比較的軽微な犯罪行為を，拘留または科料によって処罰することとしている。これは，省令によって罰則を定めていた従前の警察犯処罰令が日本国憲法の精神と合致しなくなったことから，同令の規定する58個の犯罪類型を34個に整理統合したうえで，法

律の形式によって規定したものである。ただ,「反社会的行為」の内容やその処罰の必要性に関する評価は人によって大きく異なりうることから,軽犯罪法1条4号の行為（不就労かつ住居不定の者による諸方のうろつき）のような犯罪については,罪刑法定主義における「適正な犯罪化」の観点（→32頁）から削除（非犯罪化）を主張すること（立法論）も可能である。

2 犯罪の国際化への対応

人々の経済生活や社会活動がグローバル化し,ボーダーレス化している現在にあっては,社会の変化への対応は国内の問題であるだけにとどまらず,国際的な動向がわが国の立法に大きな影響を与えることがある。すでに言及した特別刑法の多くも,国際的な動向とまったく無関係に制定されたわけではない。ここでは,とくに国際的な動向の強い影響のもとで制定された,2つの法律を取り上げておこう。

1つは,国際的な薬物犯罪対策を目的として締結された麻薬新条約等に対応するために立法された,「国際的な協力の下に規制薬物に係る不正行為を助長する行為等の防止を図るための麻薬及び向精神薬取締法等の特例等に関する法律」（平成3年法94号）である（一般に「麻薬特例法」と略称される）。従来の薬物犯罪対策が規制対象薬物を中心としたものであったのに対して,本法は,各国の協力のもとに経済的側面からの規制を強化・徹底（「薬物犯罪は経済的に引きあわない」ことを実現）することによって,薬物犯罪の根絶をめざしている。内容は多岐にわたるが,従来のわが国の刑事司法との関係で特徴的な内容としては,広範な国外犯処罰,犯罪捜査手法としてのコントロールド・デリバリーの導入[*50],マネーロンダリン

グ行為の犯罪化[*51],薬物犯罪に関連する不法収益の徹底的剥奪（没収・追徴の強化）[*52],不法収益の推定[*53],などである。

もう1つは,「組織的な犯罪の処罰及び犯罪収益の規制等に関する法律」（平成11年法136号。一般に「組織犯罪処罰法」と略称される）で,「犯罪捜査のための通信傍受に関する法律」（平成11年法137号。一般に「通信傍受法」と略称される）とともに,国際的な協調にもとづく組織的犯罪対策として立法された。その主たる内容は,組織的または不正権益目的の殺人・殺人予備・詐欺・刑の加重,営利目的拐取予備罪の新設,組織的犯罪における犯人隠匿等の刑の加重,犯罪収益等を用いた法人支配目的行為の処罰,マネーロンダリング処罰,広範かつ徹底的な不法収益の剥奪などである。これら以外にも,テロ犯罪対策の国際的協調のあり方などが課題となっている。

さらに,国際的な犯罪への対応においては,刑法の場所的適用範囲との関係で,今後は,国際司法共助や国際捜査共助を目的とした条約の締結や国内法の整備,さらには世界主義の拡充といった動きが予想されるところである（→179頁）。

*50 コントロールド・デリバリー 従来の薬物犯罪への対応は,国内での流通の防止に重点をおき,外国からの持込みを税関（水際）で摘発するものであったため,多くは末端の犯罪者（運び屋）の検挙にとどまり,実効性に乏しいという実情があった。そこで,捜査機関が規制薬物を発見した場合でも,その場でただちには摘発せずに,十分な監視のもとに通関・搬送させて,背後の大物（薬物犯罪組織の上位者）を特定し,検挙するための捜査手法を導入した。これをコントロールド・デリバリーといい,監視付移転や泳がせ捜査ともよばれる。これには,規制薬物をそのまま搬送させる類型（ライブ・コントロールド・デリバリー）と,規制薬物を抜き取ったうえで安全な代替物を入れて搬送させる類型（クリーン・コントロールド・デリバリー）の2つがある。

*51 マネーロンダリング罪 マネーロンダリング（資金洗浄）罪とは,財産の隠匿や事実の仮装（架空名義での預金,正当な取引の偽装,金融商品の購入など）

の手段によって,薬物犯罪から得られた不法収益の由来や取得を隠蔽したり,あたかも正当なものであるかのように偽装したりする行為を処罰するために創設された。その後,同罪の経済犯罪的な性格が強調されるようになり,組織犯罪対策法にも規定されることになった。マネーロンダリングの犯罪化にともなって,その実効性を担保するために,金融機関における本人確認,金融機関に対する疑わしい取引の届出義務(一般的な守秘義務に優越する),捜査機関による文書等の閲覧などの制度が導入された。

*52 **特別刑法における没収・追徴**　刑法典上の 没収・追徴 は,犯罪に関連した,犯人以外の者に属さない「物」を対象として,任意的になされるのが原則である(刑19条,19条の2)。ただ,賄賂罪における「収受した賄賂」が必要的に没収・追徴される限度で,例外が認められている(刑197条の5)。これらに対して,麻薬特例法は,没収・追徴対象を「物」から「不法収益」に拡張するとともに,薬物犯罪との関連性を緩和して対象を拡大し,広範な第三者没収・追徴を認め,必要的没収・追徴とすることで,薬物犯罪に関連する経済的利益の徹底的な剥奪を可能にする構造をとっている(16条〜18条)。同様の態度は,組織犯罪処罰法にも見られるところである(13条〜16条)。

*53 **不法収益の推定**　刑事裁判における犯罪事実の立証責任は,原告である検察官が負っている。合理的な疑いの余地がない程度に犯罪事実が証明されない場合には,「疑わしきは被告人の利益に」の原則によって,無罪判決をしなければならない。被告人は,有罪が確定するまでは無罪が推定されているからである。したがって,犯罪事実の存在を推定する規定をおくことは,このような関係が逆転し,犯罪事実の不存在の立証責任を被告人に負わせることになる(立証責任の転換)。没収対象とされる不法収益も,犯罪事実の一部であり,不法収益の推定規定をおくことは,刑事法上の大原則との関係で大きな問題となるものである。

3　刑法理論・刑事法上の原則と処罰の必要性(刑事政策)との不調和?

どのような形によるにしても,刑法の改正(立法)は,それまでの刑法では適切な対応ができない事態が生じた場合に行われることが多い。したがって,それは,改正の必要が生じた個別的な場面に対応するパッチワーク的なものにならざるをえない。また,それは,

刑事政策の効果的な実現という積極的な目的を追求するものである一方で，その目的を過度に強調する場合には，従来の刑法理論や刑事法上の原則と抵触する可能性があることに注意しなければならない。

たとえば，犯罪関連事実の存在を推定するような規定をおくことは，犯罪関連事実がないことの立証を被告人に転換して，「疑わしきは被告人の不利益に」という運用を認めるものになることから，無罪推定原則と正面から対立する。この問題は，すでに，公害罪法5条の「因果関係の推定」規定との関係で生じていたところである。ただ，同条はこれまでの適用例もなく，今後の適用も予想されないことから，そこでの問題は表見的なものにとどまっていた。これに対して，麻薬特例法や組織犯罪処罰法が導入した「不法収益の推定」規定は，薬物・組織犯罪対策としての活用実績があり，今後の積極的な活用も予想されることから，きわめて現実的な問題になっている。

また，基本的人権との調和が問題になる場面もあり，結社の自由（憲21条1項）との関係で破壊活動防止法が批判され，通信の秘密（憲21条2項）との関係で通信傍受法が批判されることがある。

さらに，最近の罰則のなかには，保護法益が必ずしも明確でないものも見られる。たとえば，「ヒトに関するクローン技術等の規制に関する法律」はヒト・クローン胚等の動物体内への移植を処罰するが（3条，16条），その保護法益の捉え方については，必ずしも見解が一致しているわけではない（→57頁）。

以上のように，社会の進展に対応するための刑法改正や犯罪類型の新設において，刑事政策（処罰の必要性）と刑法理論との関係は，いずれか一方に忠実であれば解決されるような状況にはなく，両者の調和をどのように達成するかが今日の重要な課題になっている。

さらに，わが国が国際社会のなかで孤立できない以上，国際社会の情勢も国内法のあり方に大きな影響を与えることになる。他の法律と比べて確固とした理論体系を誇ってきた刑法も，理論に忠実なだけではすまされない場面と時期に直面しているのである。

第8章

少年の犯罪に対する特別な扱い

少年司法システム

I 少年司法システムの独立

1 欧米における動向

(1) 少年観の変化

「小さな大人」としての子ども　ごく概略的にいえば，中世以前のヨーロッパでは，「何が犯罪で，何のために刑罰を科すのか」は意識されることがなく，社会にとって何らかの害悪や不都合が生じた以上，それへの反動（反作用）として処罰することが行われていた。これを 結果責任 とよぶ。こうした対応においては，反動としての処罰が可能であるかぎりは，害悪をもたらす主体の違いには関心がもたれず（動物や自然現象も主体になりえた），成人と少年の区別はもとより意識されることがなかった。

その後，近代市民社会の時代になると，旧派の刑法理論（→10頁）にもとづいて，結果責任的な処罰は不当なものとされ，刑罰は，犯罪に対する社会的非難の手段として目的的に理解されることになった。また，旧派は，人間を理性的な存在とみなしたことから，罪刑法定主義にもとづく自由な行動選択が保障されているかぎりで，責任能力のある犯罪者を社会的に非難することができると考えた。

このような旧派の考え方によれば、犯罪の主体については、責任能力年齢に達していることだけが重要であり、社会的な意味での少年と大人との区別は重視されることがなかった。責任能力年齢に達している以上、少年も、小さな大人として処罰の対象になると考えられていたのである。

子どもの特性の承認　しかし、18世紀後半からの産業革命を契機として、社会情勢に大きな変化がもたらされ、社会の急激な工業化と人口の一極集中が進み、都市の出現とその大規模化がもたらされた。その結果、許容量を超えた都市の肥大化が深刻な社会問題を生み、きわめて悲惨な状況が子どもや少年に顕在化することになった。それは、①もっとも安価な労働力として、炭鉱や工場などで搾取される少年、②家庭の崩壊の犠牲として、放任されたり路上生活を余儀なくされる少年、③食べるために犯罪や非行に走らざるをえない少年、であった。とくに、責任能力の存在を根拠として③の少年を処罰しても、犯罪や非行が減少することはなく、窃盗などの財産犯罪はかえって増加するという状況が見られた。

こうしたなかで、人間の行動は環境と素質によって決定されているとする新派刑法理論（→11頁）が有力となり、とりわけ少年犯罪者にはそれが妥当するとされた。完全な責任能力が認められる少年犯罪者も、成人と比べて相対的な未成熟のゆえに問題行動に走りやすい反面、よい環境を与えてやれば改善（再社会化）する可能性（可塑性）が高いと考えられたのである。ここから、少年を小さな大人と見るのではなく、大人とは質的に異なる独自の存在と見る少年観が確立され、行為に対する非難よりも将来に向けた再社会化を重視する少年司法システムの理論的基盤が形成されることになった。

(2) 子どもの救済運動と福祉モデル少年法制

子どもの救済と少年法制　　新派刑法理論が有力になる一方で，19世紀半ば以降の欧米において，搾取されている少年，親の統制から離れた少年，反社会的な行為に走る少年のすべてを，要保護少年として救済する機運が高まり，富裕な階層の人々を中心とする社会運動（子どもの救済運動）が盛んになっていった。その成果は，人道的な工場法の制定，養護施設や児童保護施設の創設，病院や学校の充実，刑務所の改革，少年用の刑務所の設置などとして実現した。少年司法システムの創設は，そうした社会運動の成果の1つとして，それまでは成人の刑事司法に組み込まれていた少年犯罪者を，独自の司法システムの対象としたものである。この動きは，1899年にアメリカ・イリノイ州シカゴに世界最初の少年裁判所が創設されたことに始まり，その後の20世紀初頭の先進諸国に急速に広がって，世界的な潮流となっていった。

福祉モデルの特徴　　子どもの救済運動から出発した少年司法システムは，その対象を犯罪少年や非行少年（反社会的存在）に限定せず，すべての要保護少年に福祉的対応を実現するためのシステム（福祉モデル）として構想された[*54]。また，救済の効果をあげるためには，国や社会の積極的な関与が必要とされ，実の親の保護（監護権）に代わるパターナリスティックな関与（国親思想またはパレンス・パトリエという）が当然だと考えられた。さらに，個々の少年がかかえる問題を明らかにしたうえで（要保護性の解明），それを解消するための最適な扱い（最善の処遇）を実現するためには，柔軟で裁量的な手続と融通性に富む扱いが望ましいと考えられた。そこでは，要保護性の解消を唯一の歯止めとして，処遇中に重い内容の処遇に変更することや，処遇を終えた少年に再処遇を与えること

201

すら認められたのである。福祉モデルの特徴は，広範な管轄，国や社会の積極的な関与，定式化されない柔軟な手続と関係者の広範な裁量権の行使にまとめることができる。

＊54 **大陸法系の少年法制**　福祉モデル少年法制は，主としてコモン・ロー法系の少年法制（アメリカなど）として発展したものである。一方，大陸法系の少年法制（ドイツなど）は，アメリカの動向の影響を受けながらも，成人の刑事司法システムを改良することによって，独自の少年司法システムを実現する方向をとった。ドイツの法制にならった刑法のもとで，わが国も，1922（大正11）年に大陸法系型の旧少年法を制定することになった。

2　日本における動向

(1)　懲治からの出発

わが国の一般的な少年処遇は，1872（明治5）年の「監獄則并図式」における懲治監から始まった＊55。そこでは，少年犯罪者は，成人犯罪者と同じく処罰の対象とされながらも，刑の執行は成人から隔離された懲治監で行われた。その後，1880（明治13）年の旧刑法の制定と翌年の監獄則改正によって，懲治監が「懲治場」に変更され，新たな「懲治処分」が始まった。それは，刑法の対象になりえない幼年者（刑法不論者），瘖唖者，尊属親の請願による放恣不良の子弟（素行不良者）を一般的な収容対象としたうえで，16歳未満の者と16歳以上の者を区別し，16歳以上で20歳未満の者をさらに初犯者と再犯以上の者に区別して，それぞれを別の監房に収容した。このような対応は，悪習汚染の防止という点では一定の前進であったが，少年を処罰の対象とする点には変わりがなかった。

＊55 **江戸期における犯罪少年の扱い**　個別的にみれば，懲治処分が確立する前

にも，少年の特性に配慮した特別な扱いがなかったわけではない。たとえば，江戸幕府8代将軍徳川吉宗が編纂させた公事方御定書には，「幼年者は心底も可改候（しんていあらたかべくそうろう）」という改善可能性への言及があるほか，殺人や放火等の重罪を犯した子どもについては，15歳まで親類に預けたうえで（一種のプロベーション），刑罰を減軽するといった対応が規定されていた。

(2) 感化から司法システムへ

感化処遇　こうしたなかで，旧刑法の制定直後から，懲治場における懲罰的な少年処遇に実効性のないことが自覚されるとともに，欧米諸国の感化教育事業の視察にもとづく懲矯院設置運動が盛んになり，不良少年一般に対する独自の処遇の必要性が強調されるようになった。その後，私立感化院による民間の感化事業の進展をうけて，1900（明治33）年に 感化法 が制定され，不良少年処遇における懲罰主義思想から教育保護思想への転換が実現した。ただ，現行刑法の施行にともなう1908（明治41）年の感化法改正までは，懲治場制度が残されており，公認の感化院も2府3県（東京，大阪，神奈川，埼玉，秋田）にしか設立されなかったため，教育保護の理念が十分に実現されるまでの状況が出現することはなかった。現行刑法の施行と感化法改正で懲治場留置の規定が削除されたことによって，はじめて，成人犯罪者と異なる理念にもとづく不良少年（18歳未満）の処遇が内務省管轄の感化院によるものに一本化されることになったのである。

少年司法システムへ　不良少年一般を対象とする感化院での処遇が確立された後も，人道主義・博愛主義と刑事政策上の予防主義・合理主義の厳しい対立を背景として，少年処遇をめぐる議論は収束することがなかった。前者は，欧米を中心とした先進的少年法制の紹介とその導入を主張し，刑罰よりも保護処分を重視する少年

裁判所設置運動を推進した。後者は，現行刑法の制定にともなう刑事未成年者（14歳未満）対策の必要性，少年犯罪（者）の増加への対応の必要性を強調し，累非行少年（常習的な非行少年）対策における感化主義の実効性に対する懐疑論を展開した。こうした状況のなか，刑事訴訟法の改正作業の過程で，日露戦争後の犯罪少年の増加をきっかけとして，少年法の制定が議論されることになった。そして，1922（大正11）年に，穂積陳重の「米国における子供裁判所」と題する講演を理論的な支えとして司法省が少年審判法案を公表し，旧少年法（大正少年法）が制定されることになったのである。

II　1922年少年法（旧少年法）とその内容

1　少年保護と処遇における二分体制の確立

旧少年法（大正11年法42号）は，同時に制定された矯正院法とともに，それまでの少年処遇制度（18歳未満の不良少年を感化法にもとづいて福祉的観点から内務省が管轄する）を大きく改め，14歳以上で18歳未満の少年は司法省が管轄することとし，司法的機能を軸としながら福祉的機能を加えて成立した。これによって，18歳未満の非行少年に対する保護と処遇が，原則として，14歳未満の者に対する内務省管轄のもの（感化法と感化院法）と，14歳以上の者に対する司法省管轄のもの（少年法と矯正院法）に分離され，少年保護と処遇における二分体制が確立された。その後，1933（昭和8）年に少年教護法が制定され（感化法の廃止），第2次世界大戦後の1947（昭和22）年には，少年教護法が，児童虐待防止法，母子保護法とともに児童福祉法に統合された。他方，1948（昭和23）年には，

現行の少年法が，同時に制定された少年院法や翌年制定の犯罪者予防更生法（現在の更生保護法）などとともに，旧少年法と矯正院法の体制を引き継いだ。これによって，旧少年法によって確立された少年保護と処遇の二分体制は，児童福祉法にもとづいて厚生省（現在の厚生労働省）が管轄するものと，少年法などにもとづいて法務省が管轄するものに固定されたのである。

2 旧少年法の内容

(1) 旧少年法の性格と構造

　旧少年法は，独自の少年司法システムを支えるものとして成立したが，当時のコモン・ロー法系の福祉モデル少年法制ほどには保護主義を徹底せず，治安対策的な性格の強いものであった。それは，18歳未満の者を「少年」としたうえで（1条），少年犯罪者に対しては原則として刑事処分（刑罰）をもって臨み，保護処分（少年審判所での扱い）を例外的なものとしたのである（2条）。すなわち，16歳以上の犯罪少年と短期3年以上の懲役・禁錮を法定する犯罪（重罪）を犯した少年については，成人犯罪者と同じように刑事裁判手続の対象とし，検察官が不起訴処分にした場合と検察官が保護処分手続を選択した場合だけが，例外的に保護事件として扱われるべきものとされた。少年事件の扱いの選別は，もっぱら検察官の裁量的判断に委ねられていたのである（検察官先議）。

　他方，16歳未満の少年による重罪でない事件については，保護処分（少年審判所での扱い）を優先するものとし（27条），刑罰法令に違反した14歳未満の者（触法少年）と将来的に罪を犯すおそれのある者（虞犯少年）も保護処分の対象とされた（4条）。後者は刑事処分に付すことができない少年であり[*56]，前者は，年齢や事案

の内容が一般に刑事処分に適さないものと考えられたのである。これらの扱いは，旧少年法の福祉的機能を示すものであり，福祉モデル的な発想にもとづいたものであったといえよう。

> * 56 **刑事処分の対象にならない少年**　　触法少年は，刑事未成年（責任無能力者）であるために刑事事件として扱えないものであるのに対し，虞犯少年は，刑事システムが前提とする侵害原理（法益の侵害や危険が認められないかぎり刑法は干渉できない）に抵触するために刑事事件として扱えないものである。欧米の福祉モデル少年法制は虞犯と類似の状態をステイタス・オフェンスとして広く管轄対象としたが，1970年代以降，ステイタス・オフェンスを管轄から排除する動き（司法モデル化）が盛んになり，司法システム化が進められた。

(2) 刑事事件における特別な配慮

　刑事処分の対象とされた少年は，基本的には，成人の刑事事件と同じように，通常の刑事裁判手続で扱われた。ただ，その場合にも，いくつかの場面で，少年という事実に配慮して，成人と異なる扱いが認められた。たとえば，捜査段階においては，やむをえない事情のある場合にかぎって勾留が認められ，勾留する場合も原則として独居に収容し（67条），少年保護司（現在の家庭裁判所調査官の前身）による社会調査と医師による心身診断が義務づけられた（64条）。また，公判段階においては，少年被告人の手続は他の少年と分離され（68条以下），公判への保護者の呼出しが求められ，保護者・付添人・少年保護司の審判出席権と意見陳述権（73条，42条以下）が認められた。

　刑の執行段階においては，行為時16歳未満の者に対する死刑の回避と無期刑の制限（7条），不定期刑（執行期間に幅のある刑罰）の一般的採用（8条）と分界を設けた場所での執行（9条），仮出獄要件の緩和（10条以下），換刑処分の禁止と資格制限の緩和（13条以

下）などが規定された。さらに，公開裁判の対象となる少年の刑事事件も，出版物による報道が禁止され，違反は処罰（1年以下の禁錮または罰金）の対象とされた（74条）。

(3) 保護事件としての扱い

保護処分の対象とされる少年は，新設された「少年審判所」によって扱われるものとされた。少年審判所は，行政機関（行政裁判所）として設置され（15条，17条），審判官も判事にはかぎられず（21条），不服申立権も保障されていなかった。また，保護・教育経験のある少年保護司が少年審判所に配置され，審判前から処分執行までの全段階にわたって関与しうるものとされた（4条など）。少年の保護事件は，非司法的（行政的）対応こそがふさわしいものと考えられたのである。

審判手続については，少年保護司による社会調査と医師による心身診断を義務づけ（31条以下），非公開で審問主義的な手続にもとづいて少年審判所の積極的な関与を認める（33条以下，45条）一方，国選を含めた付添人の選任を認め（42条），保護者・付添人・少年保護司の審判出席権と意見陳述権が認められた（43条以下）。また，保護事件の報道は当然に禁止された（74条）。

保護処分に関しては，審判不開始による事件の終結を認めた（40条以下）ほか，9種類の多様な保護処分（訓誡，学校長訓誡，書面誓約，保護者への条件付引渡，補導委託，少年保護司観察，感化院送致，矯正院送致，病院送致・委託）を規定する（4条）とともに，要保護少年に対する少年審判所の仮保護処分（37条）と，虞犯少年の保護処分には保護者の同意を必要とした（55条）。また，保護処分に対する少年審判所の取消権と変更権を認めた点（5条）や，少年保護司と少年審判所が処分執行に関与することを認めた点（57条以下）

には，非司法的な対応によって保護事件に柔軟に対処しようとする姿勢をうかがうことができる。

こうした注目すべき内容で構成された旧少年法は，施行当初の適用地域が大都市圏に限られ，少年審判所の設置も東京と大阪でしか実現しなかったが，1942（昭和17）年までには全国規模での実施が実現したといわれている。

Ⅲ　1948年少年法（現行少年法）——保護主義の徹底

1　福祉モデル少年法制の採用

(1)　現行少年法の基本的性格

現行少年法の成立　1946（昭和21）年の日本国憲法の発布をきっかけとして，新憲法との整合性という観点からわが国の法制度の全面的な見直しが行われ，少年の保護・処遇法制についても，児童保護立法の統合による保護事業の一本化，少年教護法と少年法の統合，所管省の一元化などが議論された。少年法については，わが国の司法当局は小規模の改正によって対応するつもりであったが，連合国総司令部（GHQ）のルイス博士から全面改正の提案があり，全米プロベーション協会によるアメリカ標準少年裁判所法案にもとづいた少年裁判所法案が司法当局に交付された。こうしたアメリカの強い示唆のもとに，1948年，わが国は旧少年法の全面改正に踏み切り，現行少年法（昭和23年法168号）が成立することになった。

少年法の理念　現行少年法は，いわゆるパレンス・パトリエを基礎とする福祉モデル少年法制の全盛期であったアメリカ少年裁判所制度を模範として制定された。したがって，形式的には旧少年法

III 1948年少年法（現行少年法） ── 保護主義の徹底

の全面「改正」によっているものの，少年年齢の上限の引上げ，保護主義の明示とケースワーク機能の強調などに見られるように，内容的には，非行少年の保護・処遇体系に関する新立法と見うるものであった。とくに，「少年の健全な育成を期し，非行のある少年に対して性格の矯正及び環境の調整に関する保護処分を行うとともに，少年及び少年の福祉を害する成人の刑事事件について特別の措置を講ずる」とする目的条項（1条）に，その理念（保護主義の徹底）が明らかにされている。

現行少年法の特徴　少年事件については保護事件としての扱いを優先させ，刑事事件としての扱いは例外とされているように（20条），現行少年法は，刑法に対する特別法として制定されたものである。また，犯罪少年についても保護処分を優先し（**保護処分優先主義**），旧少年法の原則と例外を逆転させる一方で，14歳未満の者については児童福祉法上の扱いを優先させて，少年保護・処遇の二分体制を維持した。なお，少年事件の扱いを司法機関としての家庭裁判所に委ねた点に，少年法制を司法システムの一部とみる姿勢が示されている。現行少年法は，保護処分を優先しながらも，少年事件を司法システムで扱うものとして構成されたのである。

(2) 少年法の管轄

少年法は，処分時または裁判時を基準として（行為時基準ではない），20歳未満の者を少年としたうえで（2条1項），「非行のある少年（非行少年）」を，少年事件を専門に扱う **家庭裁判所** の管轄とした（3条1項）。また，非行少年としては，**犯罪少年**，**触法少年**，**虞犯少年** の3類型が規定された。犯罪少年とは，罪を犯した14歳以上の少年であり，触法少年とは，14歳未満（刑事未成年）で刑罰法令に触れる行為（責任無能力者であるために「犯罪」という文言を使えな

209

い）をした少年である。また，虞犯少年とは，3条1項3号に掲げる事情（虞犯事由）があって，将来的に犯罪または触法行為をするおそれ（虞犯性）のある者をいう。虞犯事由の列挙による制限はあるものの，欧米の初期の少年法制におけるステイタス・オフェンス類似の虞犯を管轄対象としたところに，福祉モデルの安定期であった当時のアメリカ少年法制の影響が強く見られる。

2 少年の保護事件

(1) 審判の前段階

捜査段階 少年事件の捜査においては，少年審判規則や犯罪捜査規範，少年警察活動要綱などに少年の未成熟さへの配慮が見られるが（逮捕時の手錠使用の制限など），基本的な捜査の構造は成人事件の場合と異ならない。しかし，少年事件について，少年法は，すべての事件を家庭裁判所に送ったうえで（**全件送致主義**）[57]，家庭裁判所だけが扱いを判断するものとし（**家庭裁判所先議主義**），成人事件の扱いにならって旧少年法が認めていた検察官の裁量や選別（**起訴裁量主義** と **検察官先議主義** にもとづく扱い）を明確に拒否した（41条，42条）。少年事件は，個々の少年の要保護性に応じた処遇を優先するところから，犯罪の程度や行為者の情状などにもとづく裁量的な運用（刑訴248条）にはなじまず，専門機関としての家庭裁判所の判断によるべきだと考えられたのである。

[57] **全件送致主義の例外** 実務では，全件送致の例外として，1950（昭和25）年に軽微事案の **簡易送致手続** が導入され，全体の40パーセント程度の割合を占めている。これは，事案が軽微で要保護性に問題のない少年について，毎月1回，一括して家庭裁判所に事件を送付するもので，原則として書面審査のうえで審判不開始によって終局する。これには，成人の微罪処分に対する「犯罪捜査規範」の処置が準用される。

Ⅲ　1948年少年法（現行少年法）—— 保護主義の徹底

事件送致　適正な社会的非難を目的とする成人事件では，被告人が犯罪を行ったかどうかの確認（事実認定）が審理の中心となるため，事件や被告人について裁判官に予断（推測や予測）を与えないよう，起訴状に余計な内容の記載や資料を添付することが禁じられている（起訴状一本主義による予断排除〔刑訴256条6項〕）。これに対して，個々の少年の要保護性と最善の処遇を重視する少年事件では，検察官の事件送致にあたって参考事項の記載や参考資料を添付することが求められ，処遇意見をつけることも認められている（少年審判規則8条）。

調査段階　送致にもとづいて家庭裁判所が受理した事件については，家庭裁判所裁判官による法的調査（非行事実についての書類調査）とともに，家庭裁判所調査官によって少年の環境調査（社会調査）が行われる（8条）。調査は，受理した事件のすべてについて義務づけられ（**全件調査主義**），審判の前段階で行われなければならない（**調査前置主義**）。また，必要に応じて，少年鑑別所による心身の状態の鑑定（資質鑑別）が行われる。社会調査の結果は，鑑別結果をも活用し（9条），調査官の処遇意見を付して裁判官に報告される。こうした手続の結果として，送致された少年の約40パーセントが，要保護性の不存在や低下を理由に，審判を受ける必要がないものとして処理（審判不開始）されている。

(2) 少年審判

審判の特徴　少年審判は，審判の必要があると判断（審判開始決定）された少年について，非形式的な手続にもとづいて，非公開の場で行われる（22条）。また，要保護性は個々の少年ごとに判断されなければならないことから，同一少年による複数の事件については，併合して審判することが要請される（併合審判の原則）一方で，

複数の少年による同一の事件については，少年ごとの審理が要請されている（個別審理の原則）。

審判が非形式的な手続とされたのは，要保護性の解明にもとづく最善の処遇選択を実現するためには，刑事裁判のような対審構造や厳格な適正手続は不適切だと考えられたからである。このため，審判は，行為者の社会的非難を求める検察官を排除するものとして構成された。また，審判の非公開についても，成人事件では公開裁判を受ける権利が憲法82条1項で認められているにもかかわらず，公開による利益（密室裁判の回避）と副次的な不利益（世間にさらされること）とを比較して，世間にさらされることによって少年の再社会化が阻害される不利益が大きいと考えられている。

判事補の単独関与　審判は，刑事手続への移送（逆送）の場合を除き，事実認定，要保護性の解明，最善の処遇選択のすべてにわたって，判事補（未特例判事補）が単独ですることができるとされている（4条）。判事補の職権は，判事に比べて，原則として裁判を単独で行うことができない（裁判所法27条1項）などの制限を受ける。他方，「判事補の職権の特例等に関する法律」1条は，判事補として5年以上の職歴を有する者で最高裁判所の指名を受けた者（特例判事補）については，このような制限をしないものとしている。少年法4条は，未特例判事補についてさえも，単独審理の制限を解除しているのである。

このような点からすれば，現行少年法は，少年事件は事実認定が比較的単純で，しかも要保護性の解明と最善の処遇選択に少年が素直に協力することを前提として構成されているといってよい。しかし，その後，少年犯罪の質的変化や少年の気質の変化，事実認定が困難な事件の顕在化など，少年審判をめぐる状況が大きく変わり，

2000年の改正へとつながることになった。

審判を経た事件の扱い　審判に付された少年であっても，処分を決定するまでの間に要保護性が解消したり，大きく低下したような場合には，保護処分に付されることはない（23条）。このような扱いを 不処分決定 とよぶ。現在，審判に付された少年の40パーセント程度（送致少年の約25パーセント）が不処分決定を受け，保護処分に付される（保護処分決定を受ける）少年は60パーセント弱（約35パーセント）である。また，それほど数は多くないが，児童福祉機関に送致される少年もあり，刑事処分を求めて検察官に送致される少年もある（→217頁）。それぞれ，調査の結果としてのものと審判の結果としてのものをあわせて，前者は0.2パーセント程度であり，後者は2パーセント程度である。

試験観察の活用　少年法は「少年事件の扱いの全段階を通じて積極的に少年の要保護性の解消をめざす」ものとして構成されており，2000年改正の22条1項は，審判の方式についても，「自己の非行について内省を促す」ことを明示した。こうした観点から，実務においては，本来は処分の要否や内容を見きわめるための制度である 試験観察（25条）を利用して要保護性を積極的に解消・低下させる運用が行われ，とくに 補導委託（同2項3号）は事実上の処遇と同様の成果をあげている。この意味で，試験観察は，「中間処分」としての実績をもつといわれる。

(3) 保護処分とその執行

保護処分の種類　現行少年法は，旧少年法では9種類が認められていた 保護処分 を，3種類のもの（保護観察，児童自立支援施設送致・児童養護施設送致，少年院送致）に整理した（24条）。これらのうち，本来は児童福祉法上の措置である児童自立支援施設送致・児

童養護施設送致は(同1項2号),主として14歳未満の者に用いられ,原則として強制的な処遇を行うことはできない*58。また,実際の処分数も,刑事手続への送致よりも少数にとどまっている。したがって,少年法にもとづく処遇は,保護観察と少年院送致を中心に展開されているといってよい。

保護処分は,処遇を通じて少年であることが前提となるため,20歳までには終了するのが原則である。ただ,処分時の年齢や処分中の事情などから,保護観察と少年院送致においては,成人後も一定期間継続することが認められている。

* 58 **強制的措置** 児童自立支援施設で強制的な措置がとれるのは,国立武蔵野学院(男子)と国立きぬ川学院(女子)に限られている。このため,医療的措置が必要であったり,犯罪性が深化した14歳未満の少年については,これまでも収容処遇のあり方が問題になっていた。2007年改正によって,それらの少年を医療少年院または初等少年院で処遇する制度が導入されることになった(24条1項但書)。

保護観察処分 保護観察(24条1項1号)*59は,少年の身柄を収容(自由を拘束)せずに社会内で処遇するもので,保護観察所が管轄し,保護観察官と民間の保護司の連携によって行われる。保護処分の主流として,保護処分全体の80％近くを占めている。保護観察は最短2年間で対象者が20歳に達するまでを原則とするが(一般保護観察),処遇の多様化の観点から,家庭裁判所の処遇勧告にもとづいて,軽微な事案に対する「短期保護観察」(6か月以上7か月以内)と交通事犯に対する「交通短期保護観察」(3か月以上4か月以内)も認められている。保護観察は,一般に遵守すべき事項(更生保護法50条)のほかに,相当な範囲の特別遵守事項(同51条)を定めて行われ,遵守事項を守りながら保護観察官・保護司との接触を通じて,少年自身による社会内での自立を支援するものとして

構想されている。

＊59 **保護観察** 保護観察は，少年法の保護処分としてのもの（更生保護法48条1号）にかぎられず，さまざまな者を対象とする多様なものがあり（同2号・3号・4号，売春防止法26条1号），要件や効果がそれぞれに異なっている。また，保護観察を本来的に担当する保護観察官の人員不足が慢性化しており，実務上は，保護観察官の指導のもとで，保護司（民間ボランティア）の活動に頼っているのが現状である。

少年院送致処分 少年院送致 は，矯正教育の専門施設である少年院に収容して処遇するもので（少年院法1条），保護処分全体の約20パーセントを占めている。少年院は，懲戒の場であった矯正院から出発したが，現在は教育と訓練を中心とした処遇を行い，対象少年の状況（心身の故障の有無，犯罪的傾向の程度，年齢）に応じて，医療・特別・中等・初等の4種類のものに区別されている（同2条）。少年院での処遇は，教科教育と職業補導，その他適当な訓練と医療を通じて，少年の自覚に訴え，院内で規律のある生活習慣を身につけさせて，社会生活に適用させることをめざしている（同4条）。具体的には，1年間をめどに段階的に向上させるようにプログラム化された処遇（「累進処遇」という）が行われている。さらに，少年の状況（犯罪の重さや犯罪傾向の程度など）に応じて，家庭裁判所の処遇勧告にもとづいて，「一般短期処遇」（6か月以内）や「特修短期処遇」（4か月以内）が認められる一方で，長期のもの（1年以上2年以内と2年以上）も認められている。

3 少年の刑事事件

(1) 逆送制度

従前の対応 少年司法システムは，刑事裁判システムから独立

してはいるものの、完全に閉ざされているわけではなく、刑事処分が適切な少年を刑事裁判手続に送致する道を残している。全件送致主義をとる少年法は、検察官が家庭裁判所に送致した事件のうち、刑事処分相当 と判断される事件（少年）を改めて検察官に送致する方法をとり、逆送（検送）とよばれている。刑事処分相当性については、保護処分の「優先性」を重視する程度について議論があり、保護処分の可能性がない場合にのみ逆送が許されるとする立場（「絶対的保護優先主義」または「保護不能説」とよばれる）と、刑事処分の方が保護処分より適切な場合には逆送が許されるとする立場（「相対的保護優先主義」または「保護不適説」とよばれる）とが対立している。しかし、一般には、年齢や事案の重大性、犯罪性の深化の程度などにもとづいて判断されている*60。

> *60 **交通事犯の特殊な扱い** 事案の重大性や内容を考慮した刑事処分相当性判断は、絶対的保護優先主義になじむものである。しかし、交通事犯のように、罰金刑で処断するのが適切だと思われる事案については、逆送して罰金刑を科すという実務が確立しており、実際の数も多い。絶対的保護優先主義だけが少年の要保護性の解消にとって最善の結論を導くというわけでもない。

2000年改正　1948年に成立した現行少年法は、その後も安定的に運用されてきたが、2000年に大規模に改正されることになった。

2000年の改正まで、逆送時の年齢について特別の配慮がなされ、送致時16歳未満の少年の逆送が一律に禁じられていた（旧20条但書）。行為時14歳以上で送致時16歳未満の少年については、責任能力がある（刑41条）にもかかわらず、刑事処分の対象とされないことになっていたのである。しかし、2000年の改正によって、20条但書による禁止が削除され、刑法とのズレが解消されることになった。また、2000年改正は、行為時16歳以上の少年が故意犯

で被害者を死亡させた場合には逆送「決定をしなければならない」とする規定を新設し（20条2項），逆送判断における原則と例外を逆転させた（一般に 原則逆送制度 とよばれる）。

　逆送年齢の引下げと原則逆送制度の導入は，一般に厳罰化要求にもとづくものだといわれているが，裁判官が少年事件の特性への配慮を忘れ，安易な逆送の活用に流れる危険性が懸念されるものでもある。とくに，刑事処分相当性が認められれば逆送が可能な制度のもとで，原則逆送制度を新設することの必要性には疑問がある。

(2) 逆送事件の扱い

　逆送された事件は，刑事事件として裁判所に公訴提起することが強制され（45条5号），成人刑事事件と同様の手続によって公開法廷で裁かれる。ただ，その扱いは成人刑事事件と完全に同じではなく，勾留が制限されたり（43条以下），同一性情報の報道が禁止される（61条）。また，刑事裁判所が保護処分を相当と判断すれば，事件を家庭裁判所に再移送することも認められる（55条）。

　とくに，刑の宣告と執行の場面では多くの制約が見られ，行為時18歳未満の者に対する死刑の回避と無期刑の制限（51条），不定期刑の一般的採用（52条）と成人受刑者から区別した場所での執行（56条），仮釈放要件の緩和（58条以下），換刑処分（労役場留置）の禁止（54条）と資格制限の緩和（60条）などが規定されている。これらは，旧少年法における刑事処分についても認められていたものであり，刑事処分が相当な少年であっても，できるかぎり少年の一般的特性にふさわしい扱いをしようという配慮にもとづいている。少年法1条の目的は，少年刑事事件にも当然に妥当するのである。

　なお，2000年の少年法改正によって，14歳以上で16歳未満の少年が新たに刑事処分の対象となったことから（20条1項），従来は

14歳以上の少年に対する処遇の場として位置づけられてきた少年院が，それらの少年に対する刑の執行の場として機能することが認められた（56条3項）。

4　同一性情報の報道禁止

(1) 従前の対応

　保護事件と刑事事件の区別とは無関係に，少年事件をめぐる大きな争点の1つは，少年の同一性推知情報（氏名，年齢，職業，容貌など）の報道（いわゆる 実名報道 ）に対する禁止規定（61条）の扱いであり，重大事件が起きるたびに社会的な問題とされてきた。この点について，現行少年法は，報道の自由や知る権利という憲法21条の権利とのバランスに配慮して，旧少年法のような厳しい態度を改め（違反に対する罰則を削除した），報道機関の自主的で抑制的な行動に期待することにした。

　その後，「小松川事件」（1958年）における新聞各紙の実名報道をきっかけとして，法務省の仲介で日本新聞協会と最高裁判所などとの協議がもたれ，少年法61条の趣旨を明確に確認したうえで，「少年が逃走中で，放火，殺人など凶悪な累犯が明白に予想される場合」や「指名手配中の犯人捜査に協力する場合」など，少年保護よりも社会利益の擁護が強く優先する場合にかぎって禁止を解除するという協定が確立された。その後もさまざまな紆余曲折はあったものの，新聞報道は，このガイドラインの精神を尊重する方向で動いてきているといえよう。

(2) 状況の変化

　しかし，「女子高生コンクリート詰め殺人事件」（1988年）の後，実名報道の舞台は新聞から週刊誌に移り，それとともに状況が大き

く変化することになった。週刊誌による実名報道の多くは,少年法61条そのものの存在意義を疑問視し,その否定をさえ意図するものとなったのである。こうしたなかで,従来は61条違反を根拠として(元)少年の損害賠償請求を認めてきた裁判所の対応にも,大きな揺らぎが見え始めている。

「堺市通り魔殺人事件」(1998年)をめぐる損害賠償請求に対して,大阪高等裁判所は,61条は少年に報道されない権利を与えたものではなく,罰則のない61条の優越性は低いなどとして,実名報道を追認する態度を明らかにした(大阪高判平成12年2月29日判時1710号121頁〔確定〕)。また,最高裁は,「木曽川・長良川リンチ殺人事件」(1994年)に関して,少年らを容易に特定しうる仮名の使用について,プライヴァシー権の侵害はないとした(最判平成15年3月14日民集57巻3号229頁)。こうした事情を背景として,この問題は憲法上の論点にまで及び,社会の多くの人々を巻き込んで激しく争われるものとなっているのである。

Ⅳ 少年法をめぐる動向

1 少年法改正

(1) 実現しなかった抜本的改正

抜本的改正に向けた動き 現行少年法は,刑事処分優先から保護処分優先に基本姿勢を転換し,少年年齢の上限を引き上げるなど,旧少年法に比べて福祉モデル的な方向へ大転換した。そうした事情もあり,1960年代の半ば以降,現行少年法を抜本的に改正しようとする動きが強くなった。1966 (昭和41) 年には,法務省が「少年

法改正に関する構想・同説明書」を公表し，戦後の少年非行の激増と質的変化（凶悪化，知能犯化）に対する積極的施策の策定，制定当初から内在していた問題と新たな問題への対応，家庭裁判所による処遇の不十分さの回避を目的として，年齢層に応じた刑事政策を実現するための処遇の個別化，検察官先議と当事者主義的構造の導入，検察官関与による適切な刑事政策の実現，保護・矯正の執行面の充実，独立の総合的調査機構の設置を提言した。

こうした提言を受けて，「少年法改正要綱」が法制審議会少年法部会に諮問され（1970〔昭和45〕年），刑事処分を優先する青年層（18歳以上20歳未満）の設置，検察官関与と権利保障の強化，一定範囲の司法前処分（全件送致の例外）の導入，保護処分の多様化と柔軟な対応などが議論された。しかし，69回（6年余）にわたる議論を経たものの，最終結論には至らなかった。

中間報告・答申とその後の実務　少年法部会は，部会長試案（1975〔昭和50〕年）をもとに「法制審議会少年法部会中間報告」をまとめ（1976年），同一内容の「少年法改正に関する中間答申」を法務大臣に答申した（1977年）。それは，「現行少年法の基本的構造の範囲内で，差し当たり速やかに改善すべき事項」として，少年の権利保障の強化と一定範囲の検察官関与によって少年審判手続の改善を図る，年長少年（18歳以上20歳未満）に対して刑事手続的な特則を認める，捜査機関による不送致を導入する，保護処分の多様化と弾力化を図ることを主な内容としていた。それは，妥協的な解決をめざしたものであったが，日本弁護士連合会や学界の激しい反対にあって実現には至らなかった。

1960年代は，アメリカやカナダにおいて，福祉モデル少年法制が厳しい批判に直面し，司法モデル少年法制への転換の基盤が形成

されつつあった時期に当たる。しかし，中間答申を否定したわが国は，かなり純粋な形で導入した福祉モデル少年法制を基本的に維持する姿勢を示したのである。ただ，その後の実務の解釈と運用において，中間答申で指摘された問題点を積極的に改善する方向で改革が進められ，相当のものが実現されている。

(2) 2000年の改正

改正の内容 その後，少年事件の様相の変化（事実認定の困難な事件の出現など）や，少年事件に対する社会の認識の変化（いわゆる厳罰化要求など），被害者救済の必要性が強調されるなど，社会情勢に大きな変化が見られるようになり，2000年の改正を促すことになった。2000年改正は，国会審議の過程で議員提案による修正を受け，最終的には，①保護者に対する措置（25条の2），②観護措置期間の伸長（17条以下），③裁定合議制の導入（裁31条の4），④一定事件における事実認定手続への検察官関与（22条の2），⑤検察官関与事件への国選付添人の選任（22条の3），⑥検察官の抗告受理申立権（32条の4以下），⑦審判方式における内省促進の要請（22条1項），⑧保護処分の終了後の取消し（27条の2），⑨逆送可能年齢の引下げと原則逆送制度の導入（20条），⑩少年刑の緩和の制限（51条2項，58条2項），⑪被害者による記録の閲覧謄写（5条の2以下），⑫被害者からの意見聴取（9条の2），⑬被害者への審判結果通知制度（31条の2），を内容として成立した。それは，翌年4月1日より施行され，必要に応じた5年後の見直しが予定されていた。

改正に対する評価 2000年改正の評価はさまざまであり，一致した見方があるわけではない。ただ，逆送可能年齢の引下げや原則逆送制度の導入，事実認定手続への検察官関与などは，いわゆる

厳罰化の流れの一環と見られることが多い。しかし，検察官関与を厳罰化の流れと見るのは，社会的非難を求める刑事裁判での役割（原告官）のイメージにもとづく誤解であり，正しくない。検察官関与が認められたのは，誤りのない事実認定を実現する役割（審判の協力者）を期待されたからにほかならない。こうした誤解も含めて，2000 年改正後の動向は，慎重に見極める必要がある。

(3) その後の改正

2007 年改正　「長崎事件」（2003 年）や「佐世保事件」（2004 年）のような深刻な触法事件が相次いで発生したことを契機として，2007 年改正が実現した。主な改正内容は，①触法事件に対する強制調査を含む調査権限を警察に与える（6 条の 2 〜 6 条の 5）とともに，②重大な触法事件について，警察から児童相談所への送致と児童相談所から家庭裁判所への送致を義務づける（6 条の 6・6 条の 7），③とくに必要な場合にかぎって，触法少年の初等・医療少年院への送致を認める（24 条 1 項但書），④保護観察の遵守事項に違反した少年への警告と収容保護処分（施設送致）の申請権を保護観察所長に認める（26 条の 4），⑤国選付添人の選任対象事件を拡張する（22 条の 3・第 32 条の 5），というものであった。

2008 年改正　犯罪被害者等基本法（平成 16 年法 161 号）の成立後，犯罪被害者への配慮を内容とする法整備の要請に対応するため，被害者等への配慮規定を中心に 2008 年改正が実現した。主な改正内容は，①被害者等による少年審判傍聴の裁量的許可制度の導入（22 条の 4，第 22 条の 5），②少年事件記録の閲覧・謄写の対象範囲の拡張（5 条の 2），意見聴取対象者の範囲の拡張（9 条の 2），③審判期日における審判状況の説明制度の導入（22 条の 6），であった。

2 今後の課題

(1) 国際的動向

　少年司法システムがどうあるべきかは、わが国に特有の問題ではなく、多くの国々に共通したものである。すでに第2次世界大戦前から、少年司法に関する国際ルールを策定して標準化しようとする動きが見られた。その結果、これまでに、1985年の少年司法運営に関する国連最低基準規則（北京ルールズ）、1989年の児童の権利に関する条約（子どもの権利条約）、1990年の少年非行の防止に関する国連ガイドライン（リヤド・ガイドライン）および自由を奪われた少年の保護に関する国連規則が採択されている。わが国も1994年に子どもの権利条約を批准し（平成6年条約2号）、それに国内法としての効力が認められている。また、他の国連規則は、わが国に直接的な効力をもつものではないが、子どもの権利条約の基本的な考え方を具体化するものとして大きな意味をもっている。こうした国際的な動きとの調和を図っていくことが、今後のわが国にとっての重要な課題である。

(2) 対応の二分化

　他方、いわゆる厳罰化の動きについては、少年（事件）に質的な変化が見られるとしても（これ自体も証明されていない）、少年の特性（未成熟と可塑性）を考えた場合、安易に同調すべきものではない。過去の悪しき行為に対する非難よりも、将来に向けた再社会化を重視すべきであるという少年法の基本姿勢は、否定されてはならないからである。しかし、これまで、要保護性の違いに応じた処遇という点で、重大で深刻な少年（事件）とそれ以外の少年の区別的対応が十分であったかは反省する必要がある。一般に厳罰化を求めたと

いわれるアメリカ諸州やカナダの少年法も，後者についてまで厳しい対応をするものにはなっていない。前者に対する毅然とした対応と，後者に対するダイヴァージョン（正規の司法システムから離脱させる）を含めた柔軟な対応は，今後に向けて十分な検討が必要とされよう。その際，最近の英語圏の国々で導入が検討されている 修復的司法 *61 の動きも，後者の少年（事件）については参考になる。

*61 **修復的司法** 修復的司法は，原状回復手続に被害者と加害者，社会を参加させて，社会の原状（に近い）回復が実現した場合に事件を終結させるものである。ダイヴァージョンの1つの形態として，成人事件での活用（刑事和解など）も試みられているが，本来的に非要式的な手続で構成される少年事件についてはとくに有用であるとされ，ニュージーランドなどでの成功例が報告されている。

Bridgebook

第9章

犯罪を犯した精神障害者に対する特別な扱い

心神喪失者等医療観察法

I 新法制定に至るいきさつとその法的な性格

1 犯罪を犯した精神障害者に対する従来の処遇

(1) 措置入院の概要

これまで，わが国においては，重大な犯罪を行ったが，精神障害者またはその疑いがある者が不起訴になった場合，あるいは責任無能力を理由として無罪の確定判決を受けた者などは，刑事司法の手続きからははずされ，精神保健福祉法25条・29条にもとづいて，検察官の通報により，措置入院の手続がとられることになっていた。この措置入院とは，指定医の診察の結果，その診察を受けた者が精神障害者であり，かつ，医療保護のために入院させなければその精神障害のために自身を傷つけまたは他人に害を及ぼすおそれ（自傷他害のおそれ）があると認められた者について，知事の権限で指定の病院に強制的に入院させる制度のことである。

(2) 措置入院の問題点

精神障害者の再犯防止のために活用されていない　措置入院は，精神障害者を行政的な判断だけでなるべく早く精神医療に結びつけようとする制度であるという点では優れているが，このような精神

225

障害者が再犯を行うことを防止するためには不十分であるという指摘が従来からなされてきた。なぜならば、検察官が通報した者のすべてが措置入院になるわけではなく、知事が調査した結果、その必要がないと判断した場合や2名の指定医による診察の結果、措置要件に該当しないと判断され、その対象とならないケースが相当数存在するといわれているからである。また、このような精神障害者については、いったん措置入院させた医療機関がいわば厄介払いをするために、比較的短期間で退院させてしまっているという指摘も存在した。このように、精神保健福祉法における措置入院制度は、重大な犯罪行為を行った精神障害者の再犯防止のために活用されていたわけではないのである。

保安処分を求める動き　　そのため、以前から、重大な犯罪行為を行ったにもかかわらず、精神障害を理由に司法による責任追及が行われないのは不当であるという理由から、このような事態に対応するためには、彼らに対して刑罰に代えて保安処分を科すことができるよう刑法を改正すべきである、という見解が主張されてきた。

2　心神喪失者等医療観察法の制定への流れ

(1)　治療処分・禁絶処分の導入をめざして——1974年改正刑法草案

1974（昭和49）年には、法制審議会が、精神障害によって禁固刑以上の犯罪を行った者について保安上必要があると認められる場合には、法務省が設置する保安施設に収容し、治療および看護のために必要な措置を行うという治療処分と、アルコール依存、薬物依存等により禁固刑以上の犯罪を犯し、保安上必要があると認められる場合には、保安施設に収容し、依存状態を除去するために必要な措置を講じるとする禁絶処分という、2つの処分を内容とする保安処

分制度の導入を盛り込んだ改正刑法草案を提案した。

しかし，①精神障害者の将来の危険性を予測することは困難である，②不確かな危険性を根拠として精神障害者に処分を科すことは彼らを不当に差別することになり，人権侵害に結びつく，③保安施設における医療は，保安を重視せざるをえないから，治療関係を成立させることが困難である，ということなどを主な理由とする日本精神神経学会，日本弁護士連合会などの反対により実現しなかった。

(2) 保安処分制度導入の失敗と精神保健法制定

保安処分制度の導入へ向けた 1981 年の動き　その後，1981（昭和56）年には，法務省が，保安処分を治療処分のみに限定し，その対象者を，殺人，放火，強盗，強姦，強制わいせつ，傷害のいわゆる「六罪種」を行った者に限定する「保安処分制度（刑事局案）の骨子」を発表したが，やはり反対が強く，実現には至らなかった。

任意入院制度の創設など ── 精神保健法制定　その後，1984年3月に，宇都宮病院で，入院患者を看護職員が金属パイプで殴打し，死亡させるという事件が起こり，わが国の精神医療全体が海外から強く非難され，国連の場においても厳しく非難されたことから，1987（昭和62）年に，当時の精神衛生法を改正して，精神保健法 を制定した。この改正は，任意入院制度，精神保健指定医および精神医療審査会制度の創設を柱とするものであった。

しかし，このような状況に対して，触法精神障害者に対する司法的対応が存在しないのに，彼らの人権の保護の方ばかりを厚くするというのは具合が悪いのではないか，精神障害者で処遇の困難な者に対して特別な処遇を行う制度を設けるべきではないかという意見が強く出されるようになった。

(3) 措置入院の拡充を求める動き──道下研究

これを受けて，1989年から，厚生科学研究による「精神科領域における他害と処遇困難性に関する研究」（いわゆる道下研究）が出され，その結論を受けて，公衆衛生審議会が1991年に中間意見を出した。その内容は，処遇困難患者の処遇について，法律の改正によってではなく，措置入院の運用によって対応しようというものであった。当時の言葉で，ウルトラ措置とよばれ，それは，処遇困難患者の処遇の改善を図るために，国立または都道府県立の精神病院に専門病棟を整備して，これらの者に対して特別な医療を行おうという提案であった。しかし，これも強い反対運動にあって挫折した。

(4) 心神喪失者等医療観察法の制定に至る社会的な動き

なお続けられた特別な処遇制度の導入の検討　しかし，その後も，重大な犯罪を行った精神障害者の再犯を防止するため，特別な処遇制度を設けるべきであるとする要望が，とりわけ，日本精神病院協会（当時）などを中心に強く出され，1999（平成11）年の精神保健福祉法の改正の際に，衆議院厚生委員会において，「重大な犯罪を犯した精神障害者の処遇のあり方について，幅広い観点から検討を早急に進めること」という付帯決議がなされた。

これを契機として，2001年1月29日に，重大な犯罪を犯した精神障害者が犯罪を繰り返さないようにするための対策を様々な観点から協議・検討することを目的として，法務省・厚生労働省による合同検討会が設けられた。

池田小学校事件　このような状況の中で，2001年6月8日に，精神病院に入退院を繰り返していたAが，大阪教育大学付属池田小学校に侵入し，児童8名の刺殺を含む23名を殺傷するという衝撃的な事件が起こった。Aについては，それより2年以上前に傷

害事件を起こしていたが,その時は措置入院させられ,約40日後に退院させられていたものの,結果的に起訴猶予処分になっていたという事実が,事件後に判明した。

これを契機として,法務省,厚生労働省により急遽法律案が作られ,2003(平成15)年7月に,心神喪失者等医療観察法(以下,医療観察法)が制定・公布され,2005(平成17)年7月から施行された。

Ⅱ 医療観察法のあらまし

(1) 法律の目的

医療観察法 は,殺人,放火,強姦,強制わいせつ,強盗,傷害などの重大な犯罪行為を行ったが,不起訴処分となった心神喪失者,心神耗弱者,または責任無能力を理由として無罪の確定判決を受けた者,あるいは限定責任能力を理由として執行猶予つきの有罪の確定判決を受けた者(以下,対象者)に対して,適切な処遇を決定するための手続等を定めることにより,継続的かつ適切な医療ならびにその確保のために必要な観察および指導を行うことによって,その病状の改善およびこれにともなう同様の行為の再発の防止を図り,その社会復帰を促進することを目的として制定されたものである(1条)。

(2) 新たな司法処分制度の創設

このように,医療観察法は,検察官の申立てを受けた裁判所が鑑定などを基礎としてその処遇を決定するという,新たな司法処分の制度を創設したものである。その処遇には,指定入院医療機関(国立または都道府県立病院)に入院させて治療を行う 入院による医療 と,指定通院医療機関に通院させて治療を行う 入院によらない医療 とが

ある。これは，前述したように，これまで，このような精神障害者に対する強制入院の決定・処遇の変更・退院の決定等を事実上精神保健指定医による診断を基礎として精神医療側が決定し，厚生労働省の責任において行っていたのを大きく転換したものである。

(3) 手続の流れ

医療観察法が規定する手続の概要はつぎのようなものである。

まず，対象者について，検察官が地方裁判所に対して処遇の要否・内容を決定することの申立てを行う（33条）。その要件は，①対象者が2条2項に規定された対象行為を行ったこと，②対象者が心神喪失，心神耗弱を理由として不起訴処分となったこと，または裁判において心神喪失によって無罪判決が確定したこと，あるいは心神耗弱により自由刑の執行を免れたことである（2条3項）。

このような検察官の申立てを受けた地方裁判所の裁判官は，対象者について 鑑定入院 を命じる（34条1項）。その後，裁判所は，原則として，対象者について，精神保健判定医またはこれと同等以上の学識を有すると認める医師に鑑定を行うことを命じなければならない（37条1項）。

検察官からの申立てを受けた裁判所の審判は，1人の裁判官と1人の精神保健審判員からなる合議体により行われる。さらに，精神保健福祉の専門家である精神保健参与員を審判に関与させ，処遇の要否・内容についての意見を聴くことができる（36条）。

(4) 決定の種類

合議体は，審判期日を最低1回は開いたうえで，処遇を決定する。決定の種類には，①入院による医療を受けさせる旨の決定，②入院によらない医療（通院による医療）を受けさせる旨の決定，③この法律による医療を行わない旨の決定があり（42条1項），そのうち

から1つを選んで言渡す。

①の決定がなされた対象者には,指定入院医療機関で医療を受ける義務が生じる（43条1項）。入院期間の上限は,法律には規定されていないが,おおむね18か月とされている。

②の決定がなされた対象者には,指定通院医療機関で医療を受ける義務が生じる（43条2項）。その期間は原則として3年で,2年まで延長が可能であり,最長5年が上限であることが規定されている。通院期間中は,保護観察所に所属する社会復帰調整官による観察に付され（これを 精神保健観察 という）,継続的に医療を受けることを確保するため,その通院の状況や生活の状況を見守り,必要な指導が行われることになっている。また,通院中の対象者が守るべき事項を守らないような場合には,再び指定入院医療機関に入院させられることもある。

Ⅲ　改善された点と今後への課題

1　治療水準の向上

このように,重大な他害行為を行った精神障害者の処遇を裁判所が決定するという新たな司法処分の制度を創設した医療観察法により,わが国に初めての司法精神医療が導入されたものといえる。医療観察法の施行以来これまで,多くの関係者の努力により,いわゆる 触法精神障害者 に対する治療水準は大幅に引き上げられ,彼らに対する処遇も,その大枠においてよく機能しているように思われる。

もっとも,その反面,この法律の運用においていくつかの問題点も指摘されるようになってきている。つぎに,そのうちのいくつか

を指摘しておくことにしよう。

2 問題点①──検察官の強い権限と捜査段階の簡易鑑定

(1) 検察官の広範な裁量

わが国の刑事司法においては、起訴・不起訴の判断について、検察官にきわめて広範な裁量が与えられている。すなわち、検察官は、被疑者が有罪であると考える場合にも、被害の程度、彼の行状などを考慮して、あえて起訴を行わないという処理を行うことが許されている（刑訴248条）。また、起訴を行う権限は、原則として検察官にのみ認められている（刑訴247条）。

医療観察法の処遇の申立ての仕組みもこれに全面的に依拠している。医療観察法の対象者は、心神喪失または心神耗弱を理由として不起訴になった者、あるいは裁判で自由刑の執行を免れた者であるが、このような者について医療観察法の申立てを行うのも、検察官にだけ許されている。このように、わが国においては、このような精神障害者に刑罰でのぞむか、医療観察法の処遇を行うか、それとも精神保健福祉法の措置入院に回すかを決定する権限は、検察官だけがもっているのである。

(2) 簡易鑑定にともなう問題

検察官は、被疑者の精神状態を評価するため、通常、精神科医に簡易鑑定を依頼する。これは、2〜3時間程度の面接で精神状態についての判断を行うもので、これによって、精神障害の迅速なスクリーニングが可能になっている。

しかし、この簡易鑑定のレベルにばらつきがあるとも指摘されている。そのため、誤った簡易鑑定が行われることもあり、それにもとづいて検察官が責任能力に問題があるとして不起訴にした場合、

不適切な事案が医療観察法による処遇に回ってくることがある。

また、精神医療関係者からは、検察官は簡易鑑定にもとづいて安易に不起訴処分にして医療観察法の方に回しているのではないか、問題を精神医療に丸投げしているのではないかという批判も強く出されている。

(3) 訴追か医療かを判断する専門機関の導入

このように、わが国の医療観察法においては、検察官が対象者に対する処遇を決定する権限をすべて握っているため、対象者に対する検察官の刑事政策的考慮を治療の必要性という医療的判断に優先させるおそれがあり、彼に適切な治療を与えることができなくなるのではないかという懸念も指摘されているところである。

このような、精神障害者に刑罰で対応すべきか、それとも医療的な処遇でのぞむのが適切かという問題には、犯罪を行った少年に対する処遇をどのようにすべきかということと同質の問題が存在している。このことから、学説においては、このような精神障害者の処遇を決定するについても、専門の鑑定人を擁する少年鑑別所のような、検察官とは別の医療専門機関を積極的に関与させる制度、たとえば、対象者を簡易鑑定に回すのではなく、すぐに全権を専門の医療機関に送致し、そこで、精神科医などが専門的な鑑定を行い、刑事訴追が妥当か、それとも医療観察法による医療的処遇でのぞむのが妥当かを決定する、という制度に改めるべきであるという提案がなされている。以上のような抜本的な制度改正は、今後検討に値するものであるように思われる。

3 問題点②──責任能力と処遇の申立てのリンク

(1) 治療は責任能力がない場合にはじめて行われる

　医療観察法では、重大な他害行為を行った精神障害者が心神喪失、心神耗弱を理由として自由刑の執行を免れたときにはじめてこの法律による処遇の申立てが行われるという枠組みになっており、責任能力とこの法律による処遇の申立てとが完全にリンクしている。すなわち、この法律は、対象者が自由刑の執行を免れたときにはじめて治療の方に移行させるという理念で成り立っており、刑罰の執行に代えて治療を与えるという考え方ではないということである。

(2) 治療は刑罰執行の適否にかかわらず行うべき

　しかし、重大な他害行為を行った精神障害者に適切な医療を施し、彼の社会復帰を促進するという医療観察法の目的からするなら、そのための適切な処遇を行うということと、彼に責任能力があるか否かということとは直接的な関係はないはずである。諸外国では、責任能力の有無にかかわらず、犯罪を犯した精神障害者に対して、彼に責任能力があるとして刑罰を科す場合であっても、治療が必要な場合には、刑罰を執行する前に医療の方へ移行させて治療を行う、あるいは刑罰に代えて医療の方へ移行させ治療を行うということが幅広く認められている。

　わが国においても、今後は、責任能力と医療観察法における処遇とのリンクを外し、重大な他害行為を行った精神障害者で治療の必要な者については、まず、この法律による治療を行い、その後に刑罰を執行するというような制度の導入も検討してよいのではないかと思われる。

(3) 刑事施設内の受刑者に対する精神医療

　また，このことと関連して，医療観察法のもとでも，刑事施設内の精神医療の問題は依然として改善されないという問題がある。前述したように，医療観察法では，重大な他害行為を行った者の責任能力と検察官による処遇の申立てがリンクしており，行為者が自由刑の執行を免れた場合にのみ医療観察法による処遇に回される仕組みになっているため，刑務所で受刑中の精神障害者は，この法律にもとづいて創設された指定入院医療機関において治療を行う対象には含まれてはいないのである。

　しかし，諸外国においては，指定入院医療機関のような特別な医療機関に，受刑中の精神障害者を移送し，刑期の範囲内で治療を与えるということが行われている。このような制度は，犯罪を犯した精神障害者に早期に治療を与え，彼の改善を図るという意味できわめて有意義なものであると思われる。

4　問題点③——合議体の構成

(1) 審判をするのは裁判官と精神保健審判員の2名

　医療観察法における審判は，1人の裁判官と1人の精神保健審判員による合議体で行うということになっている（11条1項）。しかし，このような2人合議制というのは，諸外国の制度から見てもかなり珍しいものであり，通常は，法律関係者，精神医療関係者，精神保健福祉の専門家（たとえば，ソーシャルワーカー）という3職種によって構成されている例が多い。

　医療観察法制定当初においては，精神保健福祉の専門家がまだ十分には育っていないので，とりあえず2人合議制にするということで，このような仕組みになったようである。そこで，医療観察法

は，精神保健参与員を合議体の準メンバーとして関与させることにしたが，現行法では，それはあくまでもその知識と経験にもとづいて裁判官と精神保健審判員とを補助する性格のものと位置づけられており，そのため，精神保健参与員は，評決権を有していない（11条1項，14条）。

(2) 精神保健参与員も合議体に加えるべき

しかし，精神障害者を地域のどのようなリソースを用いて社会復帰させていくかという点に関しては，むしろ，精神保健参与員こそが専門的知見を有している。このようなことからするなら，重大な他害行為を行った対象者に対して適切な医療を施すことにより，その社会復帰を促進するという医療観察法の最終目的を実現するためには，本来は，精神保健参与員も交えた三者で合議体を形成し，多角的な観点から意見を出し合い，個々の対象者の社会復帰促進に適した処遇を決定するということが望ましいように思われる。また，現在においては，医療観察法制定当初とは異なり，精神福祉の専門家もかなり育ってきているのが現状である。

このようなことからするなら，医療観察法の見直しにおいては，そのような方向でも法改正が是非とも行われるべきである。

5 問題点④── 治療方針の改善

(1) 治療反応性がないかぎり処遇の対象とならない

医療観察法では，対象者に治療反応性がある場合にのみ，この法律による処遇を行うことができるものと理解されている。治療反応性とは，単に治療可能性の有無をいうのでなく，治療者の治療に一定程度の水準で反応できるかどうかという総合判断を示す言葉であると理解されている。このことから，精神医療関係者においては，

一般的に，医療観察法の医療は統合失調症の対象者が主なターゲットであり，治療反応性に乏しい人格障害者・知的障害者・発達障害に罹患している者などについては，この法律の対象とすべきではないとする考え方が強いようである。

(2) 治療の受け皿の欠如

しかし，医療観察法の運用として，以上のような理解で処遇を行っていく場合に問題になるのは，わが国の場合，これらの者に対する適切な受け皿が存在しないことである。たとえば，現実には，人格障害，知的障害，発達障害が主診断であるような場合には，ほとんどの場合，完全責任能力または心神耗弱とされ，結局は刑務所で刑を執行される例が多いものと思われる。しかし，刑務所においては心理プログラム等が充実しているわけでもなく，また，医療刑務所での処遇にも限界があり，刑務所が彼らの適切な処遇の場であるとはいえない。

(3) 人格障害者に対しても治療を行う諸外国

これに対し，諸外国，たとえば，アメリカ，カナダ等においては，人格障害者に対しても積極的に治療を実践している。また，わが国の精神医療関係者のなかにも，知的障害，器質性精神障害者，人格障害者も含めて治療反応性がない精神障害者はいないし，また治療反応性は治療によって高められていくべきであり，速効性の治療効果が期待できず，短期間に社会復帰できるまで回復する可能性がない対象者であっても，医療観察法による治療を受けるべき機会を与えるべきである，と主張される立場もある。

(4) 疑わしきは医療に

前述したように，医療観察法における処遇を与える根拠が対象者に社会復帰促進のための医療的利益を与えるということからするな

ら，積極的に治療反応性があることが証明されないかぎり医療観察法の処遇の対象とすべきではないとするのではなく，「疑わしきは医療に」という原則にもとづいて，このような者についても，医療観察法における指定入院医療機関において手厚い処遇を行い，本人に治療へのインセンティヴを与えるような処遇をするという選択肢が考えられてよいように思われる。

6 問題点⑤——処遇困難者への対応

(1) 取り残された処遇困難者

　医療観察法は，一定の重大な他害行為を行った精神障害者だけを切り分けて特別な処遇を行う制度を創設したものである。そのため，これまで精神医療の現場でもっとも問題とされてきた，その者の示す様々な病状や問題行動のために一般の精神病院内での治療に著しい困難がもたらされる患者である，いわゆる処遇困難者への対応は，未解決のまま残されてしまった。

　たしかに，これまでは，重大な他害行為を行った精神障害者に対する処遇のあり方と処遇困難者に対するそれとは同じ問題として論じられる傾向があった。しかし，処遇困難性とは病院内でその対処に困ることを指すものであり，過去に重大な他害行為を行ったかどうかとは直接的な関係はない。現に，処遇困難者のうち，過去に重大な他害行為を行った者はその一部にすぎないという精神医療関係者の指摘も見られる。医療観察法のもとにおいても，処遇困難者が一般の精神病院から指定入院医療機関に移るということは考えられないのである。

(2) 指定入院医療機関の活用

　このように，処遇困難者の問題は決してなくなってしまったわけ

ではない。かつて提案されたような，処遇困難者のための専門病棟を新たに設立するということも考えられるが，おそらく，そのような者の困難性に対応し，彼らに適切な医療を施すことを保障するには，わが国の現状では指定入院医療機関が数少ないリソースであるように思われる。その意味で，前述した刑事施設と指定入院医療機関との相互乗入れだけでなく，一般精神病棟と指定入院医療機関との相互乗入れの制度を創設するということも考えられてよいのではないだろうか。たしかに，指定入院医療機関に入院させることにより，処遇困難者の問題がすべて解決されるとは思われないが，今後は，このような方向も積極的に検討されてよいように思われる。

事項索引

〔あ 行〕

安楽死 …………………………… 111
意思責任の原則 ………………… 35
異質的包括一罪 ………………… 170
医師の延命義務の限界論 ……… 113
意思連絡にもとづく実行行為の
　分担 …………………………… 155
一部実行の全部責任の原則 …… 155
一身の刑罰阻却事由 …………… 128
井上正一 ………………………… 13
違法減少説 ……………………… 137
違法性 …………………………… 18
違法性阻却事由の錯誤 ………… 91
違法性の錯誤 …………………… 123
違法・責任減少説 ……………… 137
違法阻却事由 ………………… 61, 99
違法の相対性 …………………… 116
医療観察法 ……………………… 229
因果関係 ………………………… 80
因果関係の錯誤 ………………… 94
陰謀罪 …………………………… 131
ヴェルツェル …………………… 51
疑わしきは被告人の利益の原則 … 44
営業犯 …………………………… 171
応報刑論 ………………………… 10
大場茂馬 ………………………… 14
小野清一郎 ……………………… 14
お雇い外国人 …………………… 7
泳がせ捜査 ……………………… 195

〔か 行〕

改正刑法仮案 …………………… 182
改正刑法準備草案 ……………… 182
改正刑法草案 …………………… 182
改正刑法予備草案 ……………… 182
改定律令 ………………………… 6
拡張解釈 ……………………… 27, 42
拡張的構成要件（修正された構
　成要件） ……………………… 132
確定的故意 ……………………… 90
科刑上一罪 ……………………… 168
加重主義 ………………………… 169
過失犯 ………………………… 62, 143
過剰防衛 ………………………… 104
勝本勘三郎 ……………………… 14
家庭裁判所 ……………………… 209
家庭裁判所先議主義 …………… 210
可罰的違法性の理論 ……… 114, 115
仮刑律 …………………………… 6
カルネアデスの板 ……………… 106
ガロファロ ……………………… 12
簡易鑑定 ………………………… 232
簡易送致手続 …………………… 210
感化法 …………………………… 203
監視付移転 ……………………… 195
慣習刑法の禁止 ………………… 24
慣習法 …………………………… 24
間接正犯 ………………………… 69
鑑定入院 ………………………… 230
監督過失 ………………………… 148
観念的競合 ……………………… 168

事項索引

管理・監督過失	148
危険犯	77
旗国主義	177
既遂犯	130
帰責における責任主義（狭義の責任主義）	34
起訴裁量主義	37, 210
起訴便宜主義	37
起訴法定主義	37
期待可能性の理論	125
規範的責任論	34
木村亀二	14
逆送（検送）	216
客体の不能	141
客観説	135
客観的危険説	141
客観的帰責連関	80
客観的帰属論	85
客観的処罰条件	127
客観的責任	33
旧刑法	7
旧少年法	204
旧派（古典学派）	10
旧過失論（伝統的過失論）	145
教育刑論	12
狭義の共犯	154
狭義の刑法	5
狭義の包括一罪	170, 171
教唆犯	154, 160
行政刑法	5
行政取締法規	5
行政犯	3
共同意思主体説	157
共同実行の意思	155
共同実行の事実	155
共同正犯	154
共罰的行為	171
共罰的行為（不可罰的行為）	170
共罰的事後行為	171
共罰的事前行為	171
共犯	152
共犯関係からの離脱	164
共犯形式の錯誤	166
共犯従属性説	161
共犯独立性説	162
共犯と錯誤	165
共犯の過剰	166
共謀	155
共謀共同正犯	156
業務上過失	144
極端従属性説	163
挙動犯（単純行為犯）	76
禁止の錯誤	123
公事方御定書	6
具体的危険説	141
具体的危険犯	77
具体的事実の錯誤	93, 165
具体的符合説	165
国親思想	201
虞犯少年	205, 209
傾向犯	52, 98
形式的意味の刑法	5
刑事処分相当	216
刑事政策	2
刑事犯	3
継続犯	79
刑罰権	2
刑罰法規適正の原則	31
刑罰法規明確性の原則	29
軽犯罪法	193

241

刑　法	5	誤想過剰防衛	105
結果回避義務	145	誤想防衛	104
結果責任	33, 199	誇張従属性説	163
結果的加重犯	35	コントロールド・デリバリー	195
結果犯	77		
結果無価値論	18, 51	〔さ　行〕	
結果予見義務	145	罪刑法定主義	10
決定論	11	罪刑法定主義の現代的内容	29
原因において自由な行為	36	罪刑法定主義の古典的内容	29
厳格故意説	64, 122	最広義の共犯	153
現行少年法	208	最小従属性説	163
検察官先議主義	210	罪名従属性	163
原則逆送制度	217	作為犯	71
限定責任能力	118	試験観察	213
謙抑主義	38	事後法の禁止	26, 175
謙抑性の原則	38	自己予備行為（真正予備行為）	131
牽連犯	168	時際刑法	174
故　意	88	事実の錯誤	91
故意犯	62	自手犯	69
故意犯処罰の原則	88	自然人処罰の原則	66
行為共同説（事実的共同説）	158	自然犯	3
行為刑法	60	実行共同正犯	156
行為主義の原則	60	実行行為	131
行為無価値論	18, 51	実行行為と責任の同時存在の原則	35
広義の共犯	154	実行従属性	162
広義の刑法	5	実行の着手	134
広義の責任主義	34	実行未遂（終了未遂）	133, 138
構成要件	29, 60	執行猶予制度	37
構成要件該当性	60	実質的意味の刑法	5
国外犯	177	実証主義的犯罪論	11
国際司法共助	179	実名報道	218
国際捜査共助	179	児童福祉法	204
国内犯	176	酌量減軽	2
個人責任の原則	35	惹起説（因果的共犯論）	161
御成敗式目	6		

事項索引

自由意思	10
重過失	144
集合犯	170
従属的共犯	154, 160
従犯	154
修復的司法	224
主観説	135
主観的違法要素	52, 97
主観的構成要件要素	63, 97
主観的正当化要素	53
主観的責任の原則	34
縮小解釈	42
主 刑	4
受刑中の精神障害者	235
主体の不能	141
貞永式目	6
障害未遂	133, 134
消極的責任主義	36
承継的共同正犯	156, 157
条件関係論	81
条件説	81
常習犯	171
状態犯	79
少年院送致	215
少年審判	211
条文解釈	40
処遇困難者	238
職業犯	171
触法少年	209
触法精神障害者	231
処罰拡張類型	153
侵害犯(実害犯)	77
人格障害者	237
新過失論	146
親告罪	128

心神耗弱者	118
心神喪失者	118
真正不作為犯	72
真正身分犯	68
新派(近代学派)	11
新派刑法理論	200
信頼の原則	150
新律綱領	6
心理的幇助	161
すべての者の国外犯	178
制限故意説	64, 122
制限従属性説	163
精神保健観察	231
精神保健参与員	236
精神保健審判員	235
精神保健福祉法	225
精神保健法	227
正当化事由	61, 99
正当業務行為	111
正当防衛	101
正 犯	66
世界主義	178
責任(有責性)	34, 61
責任減少説	137
責任主義	34
責任説	123
責任なければ刑罰なし	34
責任能力	117
責任無能力	118
積極的責任主義	36
接続犯	170, 171
絶対的不定刑・絶対的不定期刑の禁止	30
絶対的不能・相対的不能説	141
全件送致主義	210

事項索引

全件調査主義	211
相対的意思自由論	16
相当因果関係説	83
相当性説	83
即成犯	79
属地主義	176
措置入院	225
尊厳死	112

〔た 行〕

対向犯	153
対物防衛	102
大宝律令	6
滝川事件（京都大学事件）	15
滝川幸辰	14
択一関係	170
多衆犯（集合犯）	153
他人予備行為（不真正予備行為）	131
堕落説（責任共犯論）	161
単純一罪	168
単純過失	144
単純数罪	168
団藤重光	16
単独正犯	152
着手未遂（未終了未遂）	133, 138
中止犯（中止未遂）	133, 136
抽象的危険犯	78
抽象的事実の錯誤	92, 166
抽象的符合説	92
調査前置主義	211
懲治監	202
超法規的違法阻却事由	111, 114
庁 例	6
治療反応性	236

適正処罰の原則	31
同質的包括一罪	170
同時犯	156
唐 律	6
特別刑法	5, 191
特別予防論	12
富井政章	13

〔な 行〕

2000 年改正	221
日本国民の国外犯	178
入院によらない医療	229
入院による医療	229
任意的共犯	153, 154
認識ある過失	96, 144
認識なき過失	96, 144
認容説	90

〔は 行〕

早すぎた結果の発生	135
パレンス・パトリエ	201
犯 意	88
犯罪共同説	158
犯罪社会学派	11
犯罪者のマグナ・カルタ	20
犯罪少年	209
犯罪地	177
犯罪徴表説	12
犯罪論	59
反対解釈	41
被害者なき犯罪	57
非決定論	10
必要的共犯	153
非身分犯	68
表現犯	98

平野龍一	16
ビルクマイヤー	12
不安感説	147
フェリー	12
フォイエルバッハ	21
不確定的故意	90
付加刑	4
不可罰的（共罰的）事後行為	79, 171
不処分決定	213
不真正不作為犯	72
不真正身分犯	68
物理的幇助	161
不能犯（不能未遂）	140
不法領得の意思	99
フランクの公式	139
文理解釈	41
併科主義	168
併合罪	168
ベッカリーア	9
片面的共同正犯	156, 157
ボアソナード	13
保安処分制度	12
防衛の意思	103
法益	17, 55
法益均衡の原則	109
法益保護の原則	18
包括一罪	168
法条競合	168, 169
幇助犯	154, 160
法人の犯罪能力	66
法定減軽	2
法定的符合説	93, 165
法定犯	3
方法の不能	141
法律主義	21
法律なければ犯罪なく，法律なければ刑罰なし	21
法律の錯誤	123
法令行為	110
保護観察	214
保護観察官	214
保護観察所	214
保護司	214
保護処分	213
保護処分優先主義	209
保護法益	55
補充性の原則	109
没収・追徴	196
補導委託	213
本来的一罪	168

〔ま 行〕

牧野英一	14
正木亮	14
マネーロンダリング（資金洗浄）罪	195
未遂犯	131, 133
未必の故意	91
身分犯	68
宮城浩蔵	13
宮本英脩	14
無形の幇助	161
目的刑論	12
目的的行為論	51, 63, 122
目的犯	131
目的論的解釈	41

〔や 行〕

夜警国家論	9
やわらかな決定論	16

有形的幇助……………………… 161
有責性………………………… 34, 61
許された危険の法理……………… 147
要素従属性……………………… 162
要保護少年……………………… 201
養老律令………………………… 6
予備罪…………………………… 131

〔ら　行〕

リスト…………………………… 11
量刑における責任主義…………… 34
両罰規定………………………… 67
類推解釈………………………… 42
類推解釈の禁止…………………… 27
歴史的解釈……………………… 41
レッセ・フェール………………… 9
ロンブローゾ…………………… 12
論理的・体系的解釈……………… 41

〈編著者紹介〉

町野　　朔（まちの・さく）
　　1966年　東京大学法学部卒業
　　現　在　上智大学生命倫理研究所教授

丸山　雅夫（まるやま・まさお）
　　1980年　上智大学大学院法学研究科博士課程修了
　　現　在　南山大学法科大学院教授

山本　輝之（やまもと・てるゆき）
　　1983年　上智大学大学院法学研究科博士後期課程
　　　　　　単位取得満期退学
　　現　在　成城大学法学部法律学科教授

ブリッジブック刑法の基礎知識
〈ブリッジブックシリーズ〉

2011（平成23）年7月20日　第1版第1刷発行　2335-0101

編著者	町野　　朔
	丸山　雅夫
	山本　輝之
発行者	今井　　貴
	渡辺　左近

発行所　信山社出版株式会社
〒113-0033　東京都文京区本郷6-2-9-102
電　話　03（3818）1019
ＦＡＸ　03（3818）0344
E-mail info@shinzansha.co.jp

Printed in Japan

©町野　朔，丸山雅夫，山本輝之，2011．
印刷・製本／松澤印刷・渋谷文泉閣
ISBN978-4-7972-2335-4　C3332
NDC 326.102　刑法総論

さあ，法律学を勉強しよう！

　サッカーの基本。ボールを運ぶドリブル，送るパス，受け取るトラッピング，あやつるリフティング。これがうまくできるようになって，チームプレーとしてのスルーパス，センタリング，ヘディングシュート，フォーメーションプレーが可能になる。プロにはさらに高度な「戦略的」アイディアや「独創性」のあるプレーが要求される。頭脳プレーの世界である。

　これからの社会のなかで職業人＝プロとして生きるためには基本の修得と応用能力の進化が常に要求される。高校までに学んできたことはサッカーの「基本の基本」のようなものだ。これから大学で学ぶ法律学は，プロの法律家や企業人からみればほんの「基本」にすぎない。しかし，この「基本」の修得が職業人の応用能力の基礎となる。応用能力の高さは基本能力の正確さに比例する。

　これから法学部で学ぶのは「理論」である。これには2つある。ひとつは「基礎理論」。これは，政治・経済・社会・世界の見方を与えてくれる。もうひとつは「解釈理論」。これは，社会問題の実践的な解決の方法を教えてくれる。いずれも正確で緻密な「理論」の世界だ。この「理論」は法律の「ことば」で組み立てられている。この「ことば」はたいへん柔軟かつ精密につくられているハイテク機器の部品のようなものだ。しかしこの部品は設計図＝理論の体系がわからなければ組み立てられない。

　この本は，法律の専門課程で学ぶ「理論」の基本部分を教えようとするものだ。いきなりスルーパスの修得はできない。努力が必要。高校までに学んだ「基本の基本」を法律学の「基本」に架橋（ブリッジ）しようというのがブリッジブックシリーズのねらいである。正確な基本技術を身につけた「周りがよく見える」プレーヤーになるための第一歩として，この本を読んでほしい。そして法律学のイメージをつかみとってほしい。

　さあ，21世紀のプロを目指して，法律学を勉強しよう！
　2002年9月

信山社『ブリッジブックシリーズ』編集室

〔図12〕2つの対物防衛

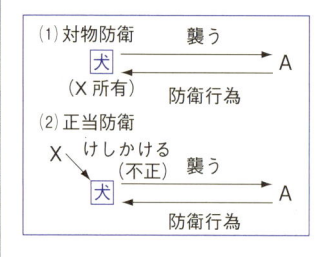

(1) 対物防衛
```
 犬  ——襲う——→ A
(X所有) ←—防衛行為—
```

(2) 正当防衛
```
X＼けしかける
  （不正）
   犬  ——襲う——→ A
      ←—防衛行為—
```

〔図15〕未遂犯と不能犯

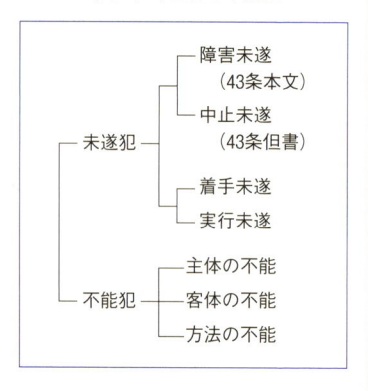

- 未遂犯
  - 障害未遂（43条本文）
  - 中止未遂（43条但書）
  - 着手未遂
  - 実行未遂
- 不能犯
  - 主体の不能
  - 客体の不能
  - 方法の不能

〔図13〕責任無能力と限定責任能力

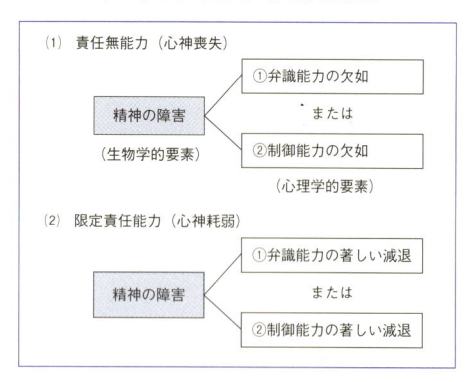

(1) 責任無能力（心神喪失）

精神の障害（生物学的要素）
- ①弁識能力の欠如
- または
- ②制御能力の欠如

（心理学的要素）

(2) 限定責任能力（心神耗弱）

精神の障害
- ①弁識能力の著しい減退
- または
- ②制御能力の著しい減退

〔図14〕予備・陰謀，未遂

```
    予備・陰謀      未遂
 犯罪の企て　実行の着手　既遂
```

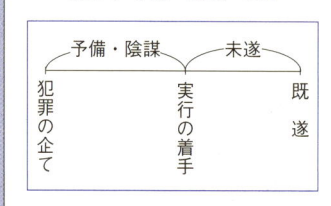

〔図16〕共犯の体系

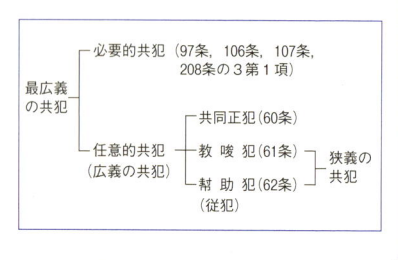

最広義の共犯
- 必要的共犯（97条，106条，107条，208条の3第1項）
- 任意的共犯（広義の共犯）
  - 共同正犯（60条）
  - 教唆犯（61条）　｝狭義の共犯
  - 幇助犯（62条）（従犯）